REINHOLD SEBOTT
DAS KIRCHLICHE STRAFRECHT

REINHOLD SEBOTT

DAS KIRCHLICHE STRAFRECHT

Kommentar zu den Kanones 1311–1399
des Codex Iuris Canonici

VERLAG JOSEF KNECHT · FRANKFURT AM MAIN

Die Deutsche Bibliothek – CIP-Einheitsaufnahme
Sebott, Reinhold:
Das kirchliche Strafrecht : Kommentar zu den Kanones 1311–1399
des Codex iuris canonici / Reinhold Sebott. –
Frankfurt/Main : Knecht, 1992
 ISBN 3-7820-0640-2

1. Auflage 1992. Alle Rechte vorbehalten. Printed in Germany.
© 1992 by Verlag Josef Knecht-Carolusdruckerei GmbH,
Frankfurt am Main.
Papier: Werkdruckpapier, holz- und säurefrei,
gestellt von Ernst A. Geese, Hamburg.
Gesamtherstellung: Druckerei Wagner GmbH, Nördlingen
ISBN 3-7820-0640-2

INHALTSVERZEICHNIS

Vorwort 7
Abkürzungsverzeichnis 9
Einleitung 15

Teil i
STRAFTATEN UND STRAFEN IM ALLGEMEINEN

Titel i
Bestrafung von Straftaten im allgemeinen 19

Titel ii
Strafgesetz und Strafgebot 28

Titel iii
Straftäter 43

Titel iv
Strafen und andere Maßregelungen 77
  Kapitel I Beugestrafen 77
  Kapitel II Sühnestrafen 92
  Kapitel III Strafsicherungsmittel und Bußen 100

Titel v
Strafverhängung 108

Titel vi
Aufhören der Strafe 126

Teil II
STRAFEN FÜR EINZELNE STRAFTATEN

Titel I
Straftaten gegen die Religion und die Einheit der Kirche 157

Titel II
Straftaten gegen die kirchlichen Autoritäten und die Freiheit der Kirche 171

Titel III
Amtsanmaßung und Amtspflichtverletzung 189

Titel IV
Fälschungsdelikt 214

Titel V
Straftaten gegen besondere Verpflichtungen 219

Titel VI
Straftaten gegen Leben und Freiheit des Menschen . . 229

Titel VII
Allgemeine Norm 233

Personenverzeichnis 236
Sachwortverzeichnis 238
Kanonesverzeichnis (CIC/1917) 243
Kanonesverzeichnis (CIC/1983) 245

VORWORT

»Die einzelnen Teile des Kirchenrechts sind ungleichmäßig bearbeitet. Eherecht und Verfassungsrecht werden in starkem Maße bevorzugt. Gebiete wie das Recht der übrigen Sakramente und das *Strafrecht* sind stiefmütterlich behandelt« (G. May, in: HdbKathKR 72). Dies dürfte wohl der Grund sein, weshalb es – fast neun Jahre nach der Promulgation des CIC/1983 – im deutschen Sprachgebiet noch immer keinen Kommentar zum kirchlichen Strafrecht gibt. Diese Lücke will das vorliegende Buch schließen.

Das Strafrecht des CIC/1983 ist in vielen Bestimmungen kurz geraten, an manchen Stellen wohl zu knapp. Zum besseren Verständnis habe ich deshalb immer wieder auf den CIC/1917 zurückgegriffen und auf dessen Kommentare; besonders auf die Werke von Jone und Mörsdorf.

Das vorliegende Buch ist ein *Lehrbuch*. Es ist ganz bewußt für Studenten geschrieben, die sich in ihrem Studium mit dem Strafrecht »abplagen« müssen. Aber die »Last« sollte doch nicht unnötig vermehrt werden. So kann ich zwar dem Leser eine Menge Detailwissen nicht ersparen, aber ich habe daneben doch immer wieder auf Übersichtlichkeit, Kürze und Verständlichkeit geachtet.

Vielleicht wird sich mancher Leser darüber wundern, daß ich das kirchliche Strafrecht nicht in größerem Maße problematisiere und kritisiere. Nun ist mir durchaus bewußt, daß in unserer heutigen Welt Strafnormen auf Ablehnung stoßen. Aber ich halte es zunächst einmal für eine Pflicht dessen, der ein Werk kommentiert, dem Leser darüber Auskunft zu geben, was die Autoren des Strafrechts überhaupt gewollt haben. Erst dann kann man die entsprechenden Normen würdigen und beurteilen.

Zum Schluß habe ich allen zu danken, die zum Erscheinen der vorliegenden Arbeit beigetragen haben, insbesondere Herrn Dipl. theol. Gerhard Höppler, der mit mir die Druckfahnen gelesen und die Register erstellt hat.

Sankt Georgen (Frankfurt a. M.)
im September 1991
P. Reinhold Sebott S.J.

ABKÜRZUNGSVERZEICHNIS

A.	Anmerkung
AAS	Acta Apostolicae Sedis, Rom: Typ. Pol. Vat. 1909 ff.
ABl.	Amtsblatt
AfkKR	Archiv für katholisches Kirchenrecht, Innsbruck 1857 ff. (Mainz 1862 ff.)
a.M.	anderer Meinung
Arregui	A. M. Arregui, Summarium theologiae moralis ad Codicem Iuris Canonici accommodatum, Bilbao: El Mensajero del Corazón de Jesús ^{20}1952
Aymans-Mörsdorf	W. Aymans/K. Mörsdorf, Kanonisches Recht. Lehrbuch aufgrund des Codex Iuris Canonici I, Paderborn ^{13}1991
Bartoccetti	V. Bartoccetti, De regulis iuris canonici, Rom: A. Belardetti Editore o.J. (1955)
Borras	A. Borras, Les sanctions dans l'église. Commentaire des canons 1311–1399, Paris: Tardy 1990
Calabrese	A. Calabrese, Diritto penale canonico, Cinisello Balsamo (Mailand): Edizioni Paoline 1990
can.	canon
cann.	canones
CCEO	Codex Canonum Ecclesiarum Orientalium

CIC	Codex Iuris Canonici
Ciprotti	P. Ciprotti, Qualche punto caratteristico della riforma del diritto penale canonico, in: Ephemerides Iuris Canonici 46 (1990) 111–127.
Coccopalmerio	F. Coccopalmerio, La normativa penale della chiesa, in: E. Cappellini (Hg.), La normativa del nuovo codice, Brescia: Editrice Queriniana ²1985, 297–343
Com	Communicationes. Hg.: Pontificia Commissio Codici Iuris Canonici Recognoscendo, Rom: Typ. Pol. Vat. 1969 ff.
DB	Deutsche Bischofskonferenz
De Paolis	V. De Paolis, De sanctionibus in ecclesia, Rom: Gregoriana 1986
De Paolis 1986	V. De Paolis, Aspectus theologici et iuridici in systemate poenali canonico, in: PerRMCL 75 (1986) 221–254
De Paolis 1990	V. De Paolis, De delictis contra sanctitatem sacramenti paenitentiae, in: PerRMCL 79 (1990) 177–218
DS	H. Denzinger/A. Schönmetzer, Enchiridion symbolorum, definitionum et declarationum de rebus fidei et morum, Freiburg i. Br. ³²1963
Erl.	Erläuterung(en)
Green	T. J. Green, Sanctions in the Church, in: J. A. Coriden / T. J. Green / D. E. Heintschel (Hgg.), The Code of Canon Law. A Text and Commentary, Mahwah/New York: Paulist Press 1985, 891–941
HdbKathKR	J. Listl / H. Müller / H. Schmitz (Hgg.),

	Handbuch des katholischen Kirchenrechts, Regensburg 1983
HK	Herder Korrespondenz
i.d.R.	in der Regel
i.e.S.	im engeren Sinn
i.V.m.	in Verbindung mit
i.w.S.	im weiteren Sinn
i.Z.m.	in Zusammenarbeit mit
Jasonni	M. Jasonni, Contributo allo studio della »ignorantia juris« nel diritto penale, Mailand: Dott. A. Giuffrè editore 1983 (= Università degli studi di Milano, facoltà di giurisprudenza, pubblicazioni dell'istituto di diritto ecclesiastico 4)
Jone	H. Jone, Gesetzbuch der lateinischen Kirche III, Paderborn ²1953
LThK	Lexikon für Theologie und Kirche I–X, Freiburg i. Br. ²1957–1967
LThK-Konzilskommentar	Lexikon für Theologie und Kirche, 2. Aufl., Das Zweite Vatikanische Konzil – Dokumente und Kommentare I–III, Freiburg i. Br. 1966–1968
Lüdicke	K. Lüdicke, Prozeßrecht, in: Münsterischer Kommentar zum Codex Iuris Canonici, hg. von K. Lüdicke, Loseblattsammlung, Essen 1984 ff.
Mörsdorf	K. Mörsdorf, Lehrbuch des Kirchenrechts III, Paderborn ¹¹1979
MP	Motu Proprio
n. nn.	Nummer(n)
Nigro	F. Nigro, De sanctionibus in ecclesia, in: P. V. Pinto (Hg.), Commento al codice di diritto canonico, Rom: Urbaniana University Press 1985 (= Studia Urbaniana 21) 749–824

NKD	Nachkonziliare Dokumentation, Bd. 1–58, Trier 1967–1977
Ochoa Index	X. Ochoa, Index verborum ac locutionum Codicis Iuris Canonici, Vatikanstadt: Lateranense ²1984
ÖAKR	Österreichisches Archiv für Kirchenrecht, Wien 1950 ff.
p.	pagina
Paarhammer	H. Paarhammer, Das spezielle Strafrecht des CIC, in: K. Lüdicke/H. Paarhammer, D. A. Binder (Hgg.), Recht im Dienste des Menschen (= Festschrift Schwendenwein), Graz: Styria 1986, 403–466.
PCI	Pontificium Consilium de Legum Textibus interpretandis
PerRMCL	Periodica de re morali canonica liturgica, Rom 1905 ff.
SC	Sacra Congregatio
Schauf	H. Schauf, Einführung in das kirchliche Strafrecht, Aachen 1952
Schema Poen	Schema documenti quo disciplina sanctionum seu poenarum in Ecclesia Latina denuo ordinatur, Typ. Pol. Vat. 1973
sq./sqq.	sequens/sequentes
Schwendenwein	H. Schwendenwein, Das neue Kirchenrecht, Graz: Styria 1983
SM	Sacramentum Mundi. Theologisches Lexikon für die Praxis I–IV, Freiburg i. Br. 1967–1969
SRR	Sacra Romana Rota
StdZ	Stimmen der Zeit (ab Bd. 89), Freiburg i. Br. 1915 ff.
StGB	Strafgesetzbuch

Strigl	R. A. Strigl, Kirchenstrafen, in: HdbKathKR 921–950
TRE	Theologische Realenzyklopädie, Berlin 1977 ff.
Vat II	Vaticanum Secundum
vol.	volumen
WBC	Wörterbuch des Christentums, hg. von V. Drehsen / H. Häring / K.-J. Kuschel / H. Siemers i.Z.m. M. Baumotte, Gütersloh/Zürich 1988

EINLEITUNG

Der Beginn der Reformarbeit für den CIC/1983 geht auf Papst Johannes XXIII. zurück. Als dieser in seiner denkwürdigen Ansprache am 25. Januar 1959 im Kloster St. Paul vor den Mauern das Ökumenische Konzil ankündigte, sprach er davon, daß das synodale Vorhaben durch einen neuen CIC gekrönt werden sollte. Dazu kam es dann aber zunächst nicht. Johannes XXIII. konnte nur noch am 28. März 1963 – kurz vor seinem Tod – die Reformkommission einsetzen und 40 Kardinäle zu deren Mitgliedern ernennen. Die Hauptaufgabe der Reform mußten allerdings die Berater (die sog. Konsultoren) leisten. Die ersten 70 Konsultoren wurden am 17. April 1964 von Papst Paul VI. ausgewählt. Die Zeitschrift »Communicationes«, welche jeweils über den Stand der Reformarbeit berichtete, nannte in ihrem ersten Heft unter den 70 Beratern acht deutsche: W. Bertrams, H. Flatten, K. Mörsdorf, J. Ratzinger, G. Schaffran, J. Schneider, J. Schröffer und O. Semmelroth. Die 70 Konsultoren waren in 13 Unterkommissionen (sog. coetus) eingeteilt, denen je ein bestimmtes Sachgebiet zugewiesen wurde.

Zwar bestand seit 1963 die Reformkommission für das neue Recht, aber zunächst konnte am neuen Gesetzbuch nicht gearbeitet werden. Vielmehr wartete man erst einmal das Ende der Konzils und danach die Ergebnisse der Bischofssynode von 1967 ab. Diese billigte am 4. Oktober 1967 zehn Leitsätze, welche Aufgabe und Zielsetzung der Reform bestimmen sollten. Diese Leitsätze enthielten Weisungen zum rechtlichen Charakter des CIC, zur inneren Verknüpfung von Rechts- und Gewissensbereich, zur Förderung des pastoralen Charakters des CIC, zu den Vollmachten der Diözesanbischöfe, zur Anwendung des Subsidiaritätsprinzips in der Kirche, zum Schutz der Menschenrechte, zur verfahrensmäßigen Sicherstellung des Schutzes dieser Rechte, zur territorialen Gliederung der Kirche, zur Neuordnung des Strafrechts, zur Systematik des CIC.

Nach diesen Leitlinien wurden nun in den Unterkommissionen die Teilentwürfe (die sog. schemata) erarbeitet. Der erste Teilentwurf war am 20. April 1972 fertig, der letzte am 15. November 1977. Die schemata wurden nach ihrer Fertigstellung an die Behörden der Römischen Kurie, an die Bischöfe, an die Generaloberen der Orden und an die Theologischen Fakultäten und Hochschulen verschickt. Diese konnten Verbesserungsvorschläge (sog. modi) einreichen, welche von den Unterkomissionen in die Teilentwürfe eingearbeitet wurden. 1980 legte die Kommission für das Kirchenrecht den Gesamtentwurf eines neuen Codex vor. Auch dieser Entwurf wurde nochmals eingehend diskutiert. Die Kommission erstellte im Jahre 1981 einen zusammenfassenden Bericht (die sog. relatio) über die bei ihr eingegangenen Stellungnahmen und Änderungswünsche bezüglich des neuen Gesetzbuches. Am 20. Oktober 1981 trat dann in Rom die Reformkommission zu ihrer fünften und letzten Vollversammlung zusammen. Den 72 Kardinälen und Bischöfen aus aller Welt lag der Entwurf von 1980 (samt der relatio von 1981) zur Entscheidung vor. Nach mehrtägigen Beratungen verabschiedete die Plenarversammlung der Kommission unter der Leitung von Pericle Kardinal Felici, dem früheren Generalsekretär des Zweiten Vatikanischen Konzils, das Schema des neuen Codex des kanonischen Rechtes. Am 25. Januar 1983 schließlich unterschrieb Papst Johannes Paul II. den neuen CIC. Er trat am 27. November 1983 in Kraft.

Teil 1

STRAFTATEN UND STRAFEN IM ALLGEMEINEN

TITEL I

BESTRAFUNG VON STRAFTATEN IM ALLGEMEINEN

1. Das 6. Buch des Gesetzbuches[1] von 1983 hat jetzt den Titel »Strafbestimmungen in der Kirche« (De sanctionibus in ecclesia). Im CIC/1917 lautete die Überschrift für die entsprechende Materie »Straftaten und Strafen« (De delictis et poenis). Aus dem geänderten Titel lassen sich keine Schlußfolgerungen auf den Inhalt des 6. Buches ziehen. Jedenfalls werden die Ausdrücke »sanctio« und »poena« sinnverwandt gebraucht. Dies erkennt man schon daraus, daß can. 1312 § 1 den Begriff »sanctio« als Oberbegriff für die verschiedenen »poenae« benutzt.

2. Im neuen CIC[2] hat das Strafrecht eine wesentliche Vereinfachung erhalten. Die Verkürzung geschah von 220 cann. (im CIC/1917) auf 89 cann. (im CIC/1983). Das Buch V des CIC/1917 war in drei Teile unterteilt (de delictis; de poenis; de poenis in singula delicta), der jetzige CIC hat in seinem Teil VI, der das Strafrecht behandelt, nur zwei Teile (de delictis et poenis in genere; de poenis in singula delicta).

---

[1] Die Ausdrücke »Gesetzbuch« und »Rechtsbuch« werden von mir betont auseinandergehalten. *Gesetz*buch ist die Fachbezeichnung für eine amtlich erlassene Kodifikation von Rechtsnormen. Unter *Rechts*buch versteht man eine private Rechtssammlung geltenden Rechts (vgl. H. SCHMITZ, Der Codex Iuris Canonici von 1983, in: HdbKathKR 39, A. 46).

[2] Als generelle Einleitung vgl. H. SCHMITZ, Reform des kirchlichen Gesetzbuches Codex Iuris Canonici 1963–1978. 15 Jahre Päpstliche CIC-Reformkommission, Trier 1979 (= Canonistica 1). Von den Communicationes vgl. für die Strafrechtsreform u. a. Com 2 (1970) 99–107, 194 f.; 5 (1973) 195 f.; 7 (1975) 93–97; 8 (1976) 166–183; 9 (1977) 147–174, 304–322. Als erste Einführung in die Strafrechtsreform vgl. CIPROTTI.

3. Der erste Teil des jetzigen CIC (de delictis et poenis in genere) umfaßt jetzt die beiden ersten Teile (de delictis; de poenis) des CIC/1917. Allerdings wurden die Normen stark reduziert; von 120 auf 53 Kanones[3]. Zum Teil wurde eine Reihe von Kanones einfach gestrichen, zum Teil versteht sich das jetzige Strafrecht als ein Rahmenrecht, das den untergeordneten Gesetzgebern[4] (z. B. Bischofskonferenzen, Bischöfen, Orden) einen weiten Spielraum läßt.[5] Schließlich hat man im neuen Recht weithin auf Definitionen und Begriffsbestimmungen verzichtet.[6]

Can. 1311

Nativum et proprium Ecclesiae ius est christifideles delinquentes poenalibus sanctionibus coercere.

Es ist das angeborene und eigene Recht der Kirche, straffällig gewordene Gläubige durch Strafmittel zurechtzuweisen.

1. Der hier vorliegende Kanon ist mehr dogmatischer Natur. In gestraffter Form wiederholt er den can. 2214 § 1 CIC/1917. Die Behauptung, daß die Kirche ein eigenständi-

---

[3] So heißt es in der n. 9 der »Principia quae Codicis Iuris Canonici recognitionem dirigant«: »In recognitione iuris poenalis Ecclesiae, principium reducendi poenas in Codice stabilitas, nemo est qui non acceptet« (Com 1 [1969] 84).

[4] »Bonum praeterea totius Ecclesiae postulare videtur ut normae Codicis futuri nimis rigidae non sint. Etenim maior quaedam libertas Ordinariis concessa, praesertim in determinatis adiunctis prout in missionibus, multum conferre aestimatur ut indoles pastoralis iuris canonici magnopere emergat« (Com 1 [1969] 80).

[5] »One notable development in the 1983 code is its provision for greater latitude for infra-universal legislators, particularly individual bishops, in structuring an appropriate penal discipline« (T. J. GREEN, Penal Law: A Review of Selected Themes, in: The Jurist 50 [1990] 221–256, hier 238).

[6] »Praeterea ... maxima habita est cura ut praetermitterentur definitiones aliaque, quae ad doctorum magis quam ad legislatoris pertinent officium« (Com 2 [1970] 101); vgl. Schema Poen 5 f. (principia generalia).

ges[7] Recht[8] habe[9], straffällig gewordene Gläubige durch Strafmittel zurechtzuweisen, ist freilich nicht unbestritten.[10] Gerade die Vertreter einer »Kirche der freien Gefolgschaft« betonen, daß die Kirche im Grunde keine Zwangsgewalt habe. Wer nicht (mehr) an Christus glaube und die Sakramente nicht (mehr) empfange, mache dadurch die kirchliche Autorität machtlos.[11] Auf der andern Seite versteht sich die Kirche als eine »verfaßte und geordnete Gesellschaft« (vgl. can. 204 § 2) und hat deshalb auch die einer »societas perfecta« zustehenden Mittel.[12]

---

[7] Man muß hier unterscheiden zwischen einzelnen strafrechtlichen Normen, die schon in der hl. Schrift zu finden sind, und einem ausgebildeten und systematisierten Strafrecht. »Systema poenale quod habemus in Codice 1917 et postea in Codice novissimo 1983 est fructus evolutionis historiae quae suum initium habuit iam a primordiis Ecclesiae et suam substantialem definitionem, quae adhuc hodie perdurat, in Decretalibus« (De Paolis 31). Das Dekretalen-Recht ist das Recht der klassischen Periode der Kanonistik im 12. bis 14. Jh. Vgl. dazu A. M. STICKLER, Dekretalen, in: LThK III, 205.

[8] Es muß auch noch einmal unterschieden werden zwischen einem *Bußrecht* der Kirche und einem *Strafrecht* im eigentlichen Sinn. »Sine dubio aliud est ius proprium et nativum ›christifideles delinquentes poenalibus sanctionibus coercere‹ et aliud ius poenale« (De Paolis 1986, 224). Vor dem Dekretalenrecht (also vor dem 12. Jh.) wurde freilich in der Kirche nicht zwischen Buß- und Strafrecht unterschieden.

[9] Eine Begründung für das kirchliche Strafrecht wird in dem MP »Humanum consortium« (Schema Poen 11–15) geboten. Vgl. auch DS 2604 f. (de potestate Ecclesiae quoad constituendam et sanciendam exteriorem disciplinam); DS 945, 1162 (ius coercendi delinquentes est proprium Ecclesiae); DS 1161, 2646–2650 (de censuris).

[10] Vgl. A. BORRAS, L'Église peut-elle encore punir? In: Nouvelle revue théologique 113 (1991) 205–218.

[11] Vgl. z. B. DS 2604, 2605, 2646, 2647, 2648, 2649 und 2650; diese Bestimmungen sind gegen die Synode von Pistoja (1786) gerichtet, welche eine solche Kirche der freien Gefolgschaft vertrat. In der jüngeren Zeit vgl. z. B. J. KLEIN, Kanonistische und moraltheologische Normierung in der katholischen Theologie, Tübingen 1949. Klein steht vor allem im Bann von Sohm. Zu Sohm vgl. R. SEBOTT, Die theologische Grundlegung des Rechtes in der katholischen Kirche, Rom: Gregoriana 1980.

[12] In den »Principia quae codicis iuris canonici recognitionem dirigant« heißt es in der n. 9: »Suppressionem omnium poenarum ecclesiasticarum,

2. In der Praxis freilich sind die »Strafmittel« der Kirche gering – was auch diejenigen anerkennen, die grundsätzlich an einem kirchlichen Strafrecht festhalten[13, 14] – und es besteht in der Kirche die Tendenz, Gläubige, die nichts mehr mit der Kirche zu tun haben wollen, auch nicht mehr zu belangen. So hat man z. B. im Eherecht den alten Grundsatz »Semel catholicus, semper catholicus« in bestimmten Fällen aufgegeben und bindet Katholiken, die durch einen formalen Akt von der Kirche abgefallen sind, nicht mehr an das Hindernis der Religionsverschiedenheit (vgl. can. 1086 § 1; vgl. auch can. 1124) und an die Formpflicht bei der Eheschließung (vgl. can. 1117). Grundsätzlich bleiben freilich auch diese abgefallenen Katholiken Mitglieder der (katholischen) Kirche (vgl. can. 11) und sind deshalb dem Strafrecht unterworfen.

3. Eine bedeutende Änderung für das Strafrecht ergab sich durch den neuen can. 11[15], der den can. 12[16] des CIC/

---

cum ius coactivum, cuiuslibet societatis perfectae proprium, ab Ecclesia abiudicari nequeat, nemo canonistarum admittere videtur« (Com 1 [1969] 84 f.). Einen kurzen historischen Überblick gibt Calabrese 94–100. Für den CIC/1917 vgl. H. SCHAUF, S. 1–13, nn. 1–15; L. DE NAUROIS/A. SCHEUERMANN, Der Christ und die kirchliche Strafgewalt, München 1964, bes. 11–27.

[13] A. E. HIEROLD, Vom Sinn und Zweck kirchlicher Strafe, in: A. GABRIELS/H. J. F. REINHARDT (Hgg.), Ministerium Iustitiae (= Festschrift Heinemann), Essen 1985, 331–341.

[14] Eine weitere Frage besteht darin, zu bestimmen, wie das kirchliche Strafrecht des näheren aussehen soll. Für eine Unterscheidung von Kriminalstrafrecht und Disziplinarstrafrecht in der Kirche plädiert PAARHAMMER 404–409. Gegen ein reines Disziplinarstrafrecht in der Kirche argumentiert F. E. ADAMI, Continuità e variazioni di tematiche penalistiche nel nuovo Codex Iuris Canonici, in: Ephemerides Iuris Canonici 40 (1984) 55–136, hier 94 f.

[15] »Durch rein kirchliche Gesetze werden diejenigen verpflichtet, die in der katholischen Kirche getauft oder in diese aufgenommen worden sind, hinreichenden Vernunftgebrauch besitzen und, falls nicht ausdrücklich etwas anderes im Recht vorgesehen ist, das siebente Lebensjahr vollendet haben« (can. 11).

[16] »Legibus mere ecclesiasticis non tenentur qui baptismum non recepe-

1917 ablöste. Nach dem neuen CIC sind *nur die Katholiken* dem kirchlichen Strafrecht unterworfen.[17]

4. Was ist der Zweck kirchlicher Stafen? *Ganz allgemein* läßt sich unterscheiden »zwischen dem inneren Strafzweck, der sich unmittelbar aus dem Wesen der Strafe ergibt, und äußeren Zwecken, die regelmäßig mit der Strafe angestrebt werden, aber im Einzelfall fehlen können, ohne daß die Strafe ihren Sinn verliert«.[18] Der *innere Zweck* der Strafe ist der Ausgleich des durch die Straftat begangenen Unrechts und die Wiederherstellung der verletzten Gemeinschaftsordnung.[19] Die *äußeren Zwecke* der Strafe kommen darin überein, daß sie der Verhütung von Verbrechen dienen. Dabei unterscheidet man noch einmal eine allgemeine Verbrechensvorbeugung von einer besonderen Verbrechensvorbeugung. Die allgemeine Verbrechensvorbeugung (= Generalprävention) ist dadurch gegeben, daß die Allgemeinheit durch die Strafen vom Begehen von Verbrechen abgeschreckt wird. Die besondere Verbrechensvorbeugung (= Spezialprävention) wird dadurch erzielt, daß allein der bestrafte Übeltäter von weiterem straffälligen Verhalten abgeschreckt wird.

5. Aus den cann. 1312 § 2, 1317, 1399 und besonders can. 1341[20] läßt[21] sich *Sinn und Zweck der Strafe im CIC/*

---

runt, nec baptizati qui sufficienti rationis usu non gaudent, nec qui, licet rationis usum assecuti, septimum aetatis annum nondum expleverunt, nisi aliud iure expresse caveatur« (can. 12 CIC/1917).

[17] Die Bestimmung, auch formell aus der Kirche *ausgetretene* Katholiken vom Strafrecht auszunehmen, konnte nicht durchgesetzt werden (vgl. CIPROTTI 119, A. 19).

[18] MÖRSDORF 304.

[19] Dies alles wird allerdings in der Kirche *nur erreicht, wenn* die Strafe letztlich willig akzeptiert wird. Es kann der Kirche also nicht um ein bloß äußeres Abbüßen der Strafe gehen.

[20] Vgl. dazu E. McDONOUGH, A »Novus Habitus Mentis« for Sanctions in the Church, in: The Jurist 48 (1988) 727–746, hier 730.

[21] Vgl. auch die cann. 1344 n. 2, 1345 und 1727 § 2.

1983 beschreiben. Bei der Strafe geht es um die Behebung eines Ärgernisses, die Wiederherstellung der Gerechtigkeit und vor allem um die Besserung des Täters.²²

Can. 1312

§ 1. Sanctiones poenales in Ecclesia sunt:
 1. poenae medicinales seu censurae, quae in cann. 1331–1333 recensentur;
 2. poenae expiatoriae, de quibus in can. 1336.

Strafmittel in der Kirche sind:
1. Besserungs- oder Beugestrafen, die in den cann. 1331–1333 aufgeführt werden;
2. Sühnestrafen, die in can. 1336 behandelt werden.

1. Der CIC kennt drei verschiedene *Straftypen*²³, die er nach drei verschiedenen *Kriterien* ordnet:²⁴ a) Nach der äußeren Benennung und nach der vorrangigen Funktion unterscheidet²⁵ man Beugestrafen, Sühnestrafen und Strafsicherungsmittel bzw. Bußen (vgl. can. 1312). b) Nach der Art der Verhängung der Strafe unterscheidet man zwischen Spruchstrafen und Tatstrafen (vgl. can. 1314). c) Nach dem Grad der Präzisierung und Verpflichtung unterscheidet man bestimmte oder unbestimmte Strafen und obligatorische

---

²² P. CIPROTTI legt den Akzent fast ausschließlich auf die Besserung des Täters, fügt freilich hinzu: »Ma naturalmente, l'accentuazione del fine emendativo delle pene non esclude che talvolta il bene pubblico, e in particolare la necessità di riparare lo scandalo, possa esigere la punizione anche dopo che il colpevole si è emandato« (CIPROTTI 117, A. 15).
²³ Vgl. auch Erl. n. 1 zu Can. 1314.
²⁴ Vgl. COCCOPALMERIO 309–312.
²⁵ In der Reformkommission wurde der Vorschlag, die Unterscheidung zwischen Beuge- und Sühnestrafen abzuschaffen, abgelehnt. »Aliqui proposuerunt ut aboleatur distinctio inter censuras et alteram poenarum speciem, cum careat fundamento theologico. – Consultores unanimiter censent hanc propositionem respuendam esse quia paene evertit systema poenarum quod fundatur in probata traditione ecclesiastica« (Com 8 [1976] 169 f.).

oder fakultative Strafen (vgl. cann. 1315 § 2, 1343, 1344, 1349).

2. Der vorliegende Kanon unterscheidet zwischen Beugestrafen (Zensuren), Sühnestrafen und Strafsicherungsmittel bzw. Bußen. Die Beugestrafen werden in den cann. 1331–1334 behandelt, die Sühnestrafen in den cann. 1336–1338, die Strafsicherungsmittel bzw. Bußen in den cann. 1339 und 1340.

3. Was ist eine Strafe[26]? Der CIC/1983 gibt keine Beschreibung der Strafe (poena). Diese Aufgabe überläßt er der Kanonistik[27].

a) Der CIC[28] bietet aber in can. 1312 § 2 und in can. 1341 Elemente, mit deren Hilfe sich die Strafe beschreiben läßt.[29] Ganz allgemein läßt sich die Strafe somit bestimmen *als Entziehung eines Gutes, über das die Kirche verfügen kann.*[30]

b) Der Zweck der Strafe ist verschieden, je nachdem um

---

[26] Vgl. COCCOPALMERIO 312–314.

[27] Der CIC vermeidet es generell, Definitionen zu geben. Diese Aufgabe überläßt er der Kanonistik. »Maxima habita est cura ut praetermitterentur definitiones aliaque, quae ad doctorum magis quam ad legislatoris pertinent officium« (Com 2 [1970] 101). Vgl. auch Schema Poen 6; Com 8 [1976] 169; Com 9 [1977] 148. Die Kanonistik kann sich freilich sehr häufig auf Elemente von Definitionen stützen, die im CIC enthalten sind; für die *Beugestrafen* vgl. die cann. 1347 und 1358 § 1; für die *Sühnestrafen* vgl. can. 1312 § 2; für die *Tatstrafen* und die *Spruchstrafen* vgl. can. 1314; für die *bestimmten* und *unbestimmten* Strafen vgl. can. 1315 § 2; für die *fakultative* Strafe vgl. can. 1343; für die *Straftat* bzw. das *Delikt* vgl. can. 1321 § 1.

[28] Im CIC/1917 war die Strafe in can. 2215 so bestimmt worden: »Poena ecclesiastica est privatio alicuius boni ad delinquentis correctionem et delicti punitionem a legitima auctoritate inflicta.«

[29] »Nec de poena quidem novus Codex ... nobis praebet notionem. Sed pacifice retinere possumus notionem Codicis praecedentis, quae inveniebatur in can. 2215« (DE PAOLIS 1986, 228 f.).

[30] Ich habe die Bestimmung der Strafe sehr allgemein gehalten. Die zukünftige Diskussion im Strafrecht wird erweisen, ob der Begriff der Strafe nicht noch enger gefaßt werden muß.

welche Strafen es sich handelt. Die Besserungs-[31] bzw. Beugestrafen[32] haben die Besserung des Straftäters zum Ziel. Dieser soll vor allem seinen Willen zur Widergesetzlichkeit aufgeben[33]. Tut er dies, so hat er ein Recht auf Nachlaß (vgl. can. 1358 § 1). Die Sühnestrafen[34] werden aufgestellt, um ein Delikt zu sühnen. Die Sühnestrafen richten sich zwar *direkt* auf den Einzelnen, *indirekt* aber auf die Gemeinschaft.[35]

§ 2. Lex alias poenas expiatorias constituere potest, quae christifidelem aliquo bono spirituali vel temporali privent et supernaturali Ecclesiae fini sint consentaneae.

---

[31] Der CIC/1917 gab in can. 2241 § 1 folgende Definition der Beugestrafe: »Censura est poena qua homo baptizatus, delinquens et contumax, quibusdam bonis spiritualibus vel spiritualibus adnexis privatur, donec, a contumacia recedens, absolvatur.« Diese Definition der Beugestrafe kann auch als jetzt noch gültig vorausgesetzt werden. »Nullam ... praebet definitionem novus Codex; sed manet immutata doctrina Codicis praecedentis quoad hanc [gemeint ist die Zensur] notionem« (DE PAOLIS 69).

[32] »Ipsae, cum privent fideles bonis spiritualibus, praesertim Sacramentis, in lucem ponunt quales sint poenae canonicae; cum sublineant aspectum medicinalem, in lucem ponunt sensum redemptivum poenae; cum requirant ante effectivam applicationem, monitionem canonicam, si non agitur de poenis latae sententiae, indicant etiam spiritum quo Ecclesia ducitur cum poenas applicat: misericordia et benignitas; cum lex statuat ipsas remittendas esse, cum reus a contumacia recesserit, in evidentiam ponunt Ecclesiam non duci spiritu vindictae in applicandis poenis, sed tantum desiderio reconciliationis« (DE PAOLIS 1986, 237 f.).

[33] Darin liegt auch der Grund, weshalb eine Beugestrafe nicht verhängt werden kann, wenn der Täter nicht vorher mindestens einmal verwarnt worden ist, seine Widergesetzlichkeit aufzugeben (vgl. can. 1347 § 1).

[34] Im CIC/1917 war die Sühnestrafe durch can. 2286 folgendermaßen bestimmt worden: »Poenae vindicativae illae sunt, quae directe ad delicti expiationem tendunt ita ut earum remissio e cessatione contumaciae delinquentis non pendeat.«

[35] »Poena expiatoria non tendit tantum ad bonum conversionis, sed potius ad bonum communitatis. Ideo bonis privat non tantum spiritualibus quae sunt media necessaria ad vitam christianam ducendam, sed potius officiis sumendis et explendis vel iuribus exercendis« (DE PAOLIS 46).

Das Gesetz kann andere Sühnestrafen aufstellen, die einem Gläubigen ein geistliches oder zeitliches Gut entziehen und mit dem übernatürlichen Ziel der Kirche vereinbar sind.

1. Das Gesetz kann noch andere Sühnestrafen aufstellen. Offenbar ist hier an die untergeordneten Gesetzgeber gedacht. Auch diese sollen die Möglichkeit haben, mit ihren Strafdrohungen den Erfordernissen in ihrem Hoheitsgebiet zu entsprechen.

§ 3. Praeterea remedia poenalia et paenitentiae adhibentur, illa quidem praesertim ad delicta praecavenda, hae potius ad poenam substituendam vel augendam.

Außerdem werden Strafsicherungsmittel und Bußen angewandt: jene vor allem, um Straftaten vorzubeugen, diese eher, um eine Strafe zu ersetzen oder zu verschärfen.

1. Neben den Beugestrafen und Sühnestrafen gibt es noch die Strafsicherungsmittel und die Bußen.[36] Die Strafsicherungsmittel werden eingesetzt, um Straftaten zu verhindern. Die Bußen können eine Strafe ersetzen oder verschärfen.

---

[36] »Punitiones ... non sunt proprie loquendo poenae, quia non sunt propter delictum, quamquam connexionem habeant cum delicto. Huiusmodi punitiones sunt remedia poenalia et paenitentiae« (DE PAOLIS 67).

Titel II

STRAFGESETZ UND STRAFGEBOT

Can. 1313

§ 1. Si post delictum commissum lex mutetur, applicanda est lex reo favorabilior.

Wird nach Begehen einer Straftat ein Gesetz geändert, so ist das für den Täter günstigere Gesetz anzuwenden.

1. Es gibt nur zwei Quellen für die Strafbestimmungen: Gesetz[1] und Gebot[2]. Diese Aufstellung ist erschöpfend. So kann z. B. die Gewohnheit[3] *keine* Quelle für die Strafen sein.
2. Die cann. 9 (Gesetze betreffen Zukünftiges, nicht das in der Vergangenheit Geschehene), 18 (gewisse Gesetze un-

---

[1] Das Gesetz wird in den cann. 7–22 behandelt. Dessen genauere Beschreibung überläßt der CIC der Rechtswissenschaft. Nach der Definition des Thomas von Aquin (S. Th. 1,2 qu. 90 art. 4) ist das Gesetz eine »ordinatio rationis ad bonum commune ab eo qui curam habet communitatis promulgata.«

[2] Der lateinische Ausdruck »praeceptum« wird übersetzt mit »Gebot« oder »Befehl«. Im CIC/1917 wurde das praeceptum im can. 24 erwähnt. Der CIC/1983 überläßt dessen Beschreibung der Kanonistik. Ganz allgemein läßt sich sagen, daß Gebot und Befehl zwar Ähnlichkeit mit dem Gesetz haben, sich aber keineswegs mit diesem decken. Gebot bzw. Befehl haben eine geringere verpflichtende Kraft als das Gesetz und richten sich zudem meist nicht an eine passiv gesetzesfähige Gemeinschaft, sondern nur an einzelne Glieder dieser Gemeinschaft. Insgesamt sind Gebot und Befehl vor allem Ausdrucksmittel der Verwaltung, also nicht der Gesetzgebung.

[3] Neben der Gesetzgebung kennt die Kirche als zweite Rechtsquelle die Gewohnheit. Diese entsteht unter bestimmten Voraussetzungen aus der ständigen und einheitlichen Übung einer christlichen Gemeinschaft (vgl. R. Sebott, Gewohnheitsrecht, in: WBC 414).

terliegen einer engen Auslegung)[4] und 20 (unter bestimmten Umständen hebt ein späteres Gesetz ein früheres ganz oder teilweise auf) haben den can. 1313 schon vorgebildet.

3. Wird nach Begehen einer Straftat ein Gesetz geändert,[5] so ist das für den Täter günstigere Gesetz anzuwenden. Man hat dann zu wählen zwischen dem alten und dem neuen Gesetz.

§ 2. Quod si lex posterior tollat legem vel saltem poenam, haec statim cessat.

Setzt ein später erlassenes Gesetz ein Gesetz oder wenigstens eine Strafe außer Kraft, so entfällt diese sofort.

1. Wenn das frühere Gesetz oder wenigstens die Strafe außer Kraft gesetzt werden, so entfällt diese sofort. Selbst im Fall einer poena latae sententiae verliert die schon zugezogene Strafe ihre Wirkung[6]. Dieser Paragraph zeigt in seiner ganzen Deutlichkeit, daß das Strafrecht auf größtmögliche Milde hin angelegt ist.

2. Sollte es der Vorgesetzte im Sinne des Gemeinwohls für notwendig erachten, so kann er für die entfallene Strafe Strafsicherungsmittel oder Bußen verhängen.

Can. 1314

Poena plerumque est ferendae sententiae, ita ut reum non teneat, nisi postquam irrogata sit; est autem latae sententiae, ita ut in eam

---

[4] Der can. 18 kann sich stützen auf das Prinzip der regula iuris 49: »In poenis benignior est interpretatio facienda« (vgl. BARTOCCETTI 179–182).

[5] Für das Strafrecht des CIC/1917 gilt can. 6 § 1 n. 3 CIC/1983).

[6] Dies war im CIC/1917 nicht so. Damals bestimmte can. 2226 § 3: »Wenn ein späteres Gesetz das (frühere) Gesetz oder wenigstens die Strafe aufhebt, so hört diese von selbst auf, es sei denn, es handelt sich um schon zugezogene Zensuren.«

incurratur ipso facto commissi delicti, si lex vel praeceptum id expresse statuat.

Die Strafe ist meistens eine Spruchstrafe, so daß sie den Schuldigen erst dann trifft, wenn sie verhängt ist; sie ist jedoch eine Tatstrafe, so daß sie von selbst durch Begehen der Straftat eintritt, wenn das Gesetz oder das Gebot dies ausdrücklich festlegen.

1. Im CIC/1917 hatte der can. 2217 eine Auflistung der verschiedenen Strafarten geboten. Im CIC/1983 fehlt eine solche Zusammenstellung. Die verschiedenen Strafarten sind jedoch verstreut aufzufinden[7]. Can. 1314 unterscheidet zwischen Spruchstrafen[8] (poena ferendae sententiae) und Tatstrafen (poena latae sententiae). Can. 1315 § 2 kennt die Unterscheidung zwischen einer bestimmten (poena determinata) und einer unbestimmten (poena indeterminata) Strafe. Can. 1315 § 3 kennt die Unterscheidung zwischen einer Auswahlstrafe (poena facultativa) und einer Pflichtstrafe (poena obligatoria).

2. Verschwunden ist die Einteilung der Strafen in Geset-

---

[7] Ich halte mich im allgemeinen an folgende Terminologie: censura = Beugestrafe, poena canonica = kanonische Strafe, p. congrua = entsprechende Strafe, p. determinata = bestimmte Strafe, p. ecclesiastica = Kirchenstrafe, p. expiatoria = Sühnestrafe, p. facultativa = fakultative Strafe, p. ferendae sententiae = Spruchstrafe, p. indeterminata = unbestimmte Strafe, p. latae sententiae = Tatstrafe, p. medicinalis = Besserungsstrafe, p. obligatoria = obligatorische Strafe, p. pecuniaria = Geldstrafe, p. perpetua = immerwährende Strafe, p. temporalis = zeitliche Strafe, poenam applicare = eine Strafe verhängen, poenam irrogare = eine Strafe verhängen, poenam declarare = eine Strafe feststellen, poenam exsequi = eine Strafe vollstrecken. Diese Terminologie kann nur ein erster Versuch sein. Es bleibt abzuwarten, inwieweit sie sich durchsetzen kann bzw. von anderen Autoren übernommen oder verbessert wird. Insgesamt hängt die hier vorgeschlagene Übersetzung noch sehr am lateinischen Ausdruck und dürfte wohl noch mehr eingedeutscht werden.

[8] Da die im Auftrag der deutschsprachigen Bischofskonferenzen angefertigte Übersetzung des CIC die »poena ferendae sententiae« mit »Spruchstrafe« wiedergibt, möchte ich bei dieser Terminologie bleiben. Die »poena ab homine« übersetze ich mit »Urteilsstrafe«.

zesstrafen (poena a iure) und Urteilsstrafen (poena a homine), welche der CIC/1917 in can. 2217 § 1 n. 3 vornahm. Verschwunden ist auch eine besondere Art des Vorbehalts bei der Lossprechung von Strafen. Der CIC/1917 unterschied nämlich in can. 2245 § 3 bei den für den Apostolischen Stuhl vorbehaltenen Strafen zwischen einfachen (reservatae simpliciter), besonderen (reservatae speciali modo) und ganz besonderen (reservatae specialissimo modo) Vorbehalten. Diese Unterscheidung gibt es jetzt nicht mehr. Geblieben ist aber die Unterscheidung zwischen »einfachen« (d. h. nicht reservierten) Beugestrafen und solchen, deren Lossprechung dem Apostolischen Stuhl[9] vorbehalten ist.

3. Der vorliegende Kanon unterscheidet zwischen Tatstrafen (poenae latae sententiae) und Spruchstrafen (poenae ferendae sententiae). Die *Tatstrafe*[10] ist eine Strafe, »die durch Gesetz oder Gebot in bestimmter Weise und zugleich so angedroht ist, daß sie ohne weiteres mit Begehung der Tat eintritt. Der Täter spricht mit Begehung der Tat gleichsam selbst das Urteil; die Strafe tritt von Rechts wegen (ipso iure), d. h. von selbst (ipso facto) ein.«[11] Im inneren Bereich ist der Betroffene also verpflichtet, die Wirkungen der Strafe an sich selbst zu vollziehen. Im äußeren Bereich kann die von selbst eingetretene Strafe natürlich unsicher sein. Diese Unsicherheit kann dadurch behoben werden, daß der Ein-

---

[9] Vgl. die cann. 1367, 1370 § 1, 1378 § 1, 1382 und 1388 § 1.

[10] Die Tatstrafen gehören zu den *Besonderheiten* des kirchlichen Strafrechts (vgl. F. E. ADAMI, Continuità e variazioni di tematiche penalistiche nel nuovo Codex Iuris Canonici, in: Ephemerides Iuris Canonici 40 [1984] 55–136, hier 96–136: Peculiarità del diritto penale canonico). »Peculiaritas iuris poenalis canonici est poena latae sententiae, quae incurritur ipso facto commissi delicti, sine ulteriore interventu superioris: poena iam quodammodo lata est cum ipsa lege poenali, ita ut cum lex violatur etiam poena contrahitur« (DE PAOLIS 49).

[11] MÖRSDORF 342. Eine gewisse Analogie besteht zwischen Tatstrafe und göttlicher Strafe, wenn es in Joh. 3,18 heißt: »Wer nicht glaubt, ist schon gerichtet.«

tritt der Strafe festgestellt[12] wird (vgl. z. B. can. 1326 § 1 n. 1). Die *Spruchstrafe* »ist eine Strafe, die einer Verhängung durch richterliches Urteil oder durch Strafverfügung bedarf. Die Strafe tritt erst mit und durch den amtlichen Spruch ein; das richterliche Urteil oder die Strafverfügung begründen die Existenz der Strafe.«[13]

4. Es war in der Zeit vor der Promulgation des neuen CIC heftig umstritten, ob man überhaupt Tatstrafen androhen solle[14]. Die Reformkommission entschied sich aber für deren Beibehaltung[15]. Die Tatstrafen sind freilich auf wenige Fälle beschränkt[16]. M.a.W.: Eine Strafe ist stets als eine Spruchstrafe zu betrachten, es sei denn, das Gesetz sage mit ausdrücklichen Worten, daß es sich um eine Tatstrafe handelt.

---

[12] Die Verhängung der Spruchstrafe wird stets mit »irrogare« wiedergegeben, für die Feststellung einer Tatstrafe benutzt der Codex stets das Wort »declarare«.

[13] MÖRSDORF 343. Man beachte, daß ich in der Terminologie von Mörsdorf abweiche. Er übersetzt die »poena ferendae sententiae« mit »Urteilsstrafe«.

[14] Würde man die Tatstrafen abschaffen, müßte man wieder den *Vorbehalt von Sünden* einführen. Dieser wirkt ähnlich wie eine Tatstrafe. Im CCEO, der keine Tatstrafen kennt, sind durch can. 728 § 1 der direkte Beichtsiegelbruch und die Lossprechung eines Mitschuldigen an einer Sünde gegen die Keuschheit dem Apostolischen Stuhl reserviert. Durch can. 728 § 2 ist dem Eparchen die mit Erfolg durchgeführte Abtreibung reserviert. In can. 730 CCEO wird die »absolutio complicis in peccato contra castitatem« außerdem für ungültig erklärt.

[15] »Consultores censent unanimiter poenas latae sententiae, quamvis restringi possint ad paucos tantum casus, uti factum est in schemate, non posse penitus supprimi in Ecclesia, quia unicum praebent medium aptum ad tutandum bonum animarum quod in discrimen venire potest per quaedam delicta occulta« (Com 8 [1976] 171).

[16] In der n. 9 der »Principia quae Codicis Iuris Canonici recognitionem dirigant« heißt es: »Mens est ut poenae generatim sint ferendae sententiae et in solo foro externo irrogentur et remittantur. Quod ad poenas latae sententiae attinet, etsi a non paucis earum abolitio proposita sit, mens est ut illae ad paucos omnino casus reducantur, imo ad paucissima eaque gravissima delicta« (Com 1 [1969] 85).

5. Der CIC/1983 droht in den folgenden 14 Fällen[17] eine Tatstrafe an: can. 1364 § 1 (Apostasie, Häresie, Schisma), can. 1367 (Verunehrung der heiligen Gestalten), can. 1370 § 1 (tätlicher Angriff auf den Papst), can. 1370 § 2 (tätlicher Angriff auf einen Bischof), can. 1378 § 1 (Lossprechung eines Mitschuldigen an einer Sünde gegen das 6. Gebot), can. 1378 § 2 n. 1 (Feier der heiligen Messe ohne Priesterweihe), can. 1378 § 2 n. 2 (Beichthören oder Erteilung der sakramentalen Lossprechung ohne gültige Vollmacht), can. 1382 (Erteilung der Bischofsweihe ohne päpstlichen Auftrag), can. 1383 (Erteilung der heiligen Weihe durch einen Bischof an einen Nichtuntergebenen ohne rechtmäßiges Entlaßschreiben und Empfang dieser Weihe); can. 1388 § 1 (direkter Beichtsiegelbruch), can. 1390 § 1 (Falschanzeige eines Beichtvaters), can. 1394 § 1 (versuchte Eheschließung eines Klerikers), can. 1394 § 2 (versuchte Eheschließung eines Religiosen mit ewigen Gelübden), can. 1398 (mit Erfolg durchgeführte Abtreibung).

Can. 1315

§ 1. Qui legislativam habet potestatem, potest etiam poenales leges ferre; potest autem suis legibus etiam legem divinam vel legem ecclesiasticam, a superiore auctoritate latam, congrua poena munire, servatis suae competentiae limitibus ratione territorii vel personarum.

Wer Gesetzgebungsgewalt besitzt, kann auch Strafgesetze erlassen; er kann aber durch seine Gesetze auch ein göttliches Gesetz oder ein von einer höheren Autorität erlassenes kirchliches Gesetz mit einer entsprechenden Strafdrohung versehen, unter Beachtung der Grenzen seiner territorialen oder personalen Zuständigkeit.

1. Eine Strafe wird entweder durch ein Gesetz oder durch ein Gebot (Befehl) angedroht. Im § 1 wird das allgemeine

---

[17] Es sind 7 Exkommunikationen und 7 andere Tatstrafen.

Prinzip aufgestellt, daß derjenige Strafgesetze[18] erlassen kann, der Gesetzgebungsgewalt[19] hat. Ein solcher kann auch ein göttliches Gesetz oder – unter Beachtung der Grenzen seiner territorialen[20] und personalen Zuständigkeit – ein von einer höheren Autorität erlassenes kirchliches Gesetz mit einer entsprechenden Strafandrohung versehen.

§ 2. Lex ipsa potest poenam determinare vel prudenti iudicis aestimatione determinandam relinquere.

Das Gesetz selbst kann eine Strafe festsetzen oder deren Festsetzung dem klugen Ermessen des Richters überlassen.

1. Wenn das allgemeine Gesetz die Strafe nicht festsetzt[21], ergibt sich eine doppelte Möglichkeit: entweder diese Festsetzung geschieht durch das entsprechende Partikulargesetz oder der Richter muß nach eigenem und klugen Ermessen

---

[18] »Leges poenales sunt aliquid accessorium, praesupponunt iam, saltem conceptualiter, leges non poenales constitutas« (DE PAOLIS 47).

[19] Vgl. AYMANS-MÖRSDORF 152–156. Im einzelnen lassen sich u. a. aufzählen: Papst, Bischofskollegium, Plenarkonzil, Bischofskonferenz, Provinzialkonzil, Diözesanbischof, höhere Obere (vgl. can. 620) und Kapitel in klerikalen Religioseninstituten päpstlichen Rechts.

[20] Innerhalb seiner territorialen Grenzen muß der Diözesanbischof auf die Einhaltung *aller* kirchlichen Gesetze achten. Dies betont can. 392 § 1: »Da er die Einheit der Gesamtkirche wahren muß, ist der Bischof gehalten, die gemeinsame Ordnung der ganzen Kirche zu fördern und deshalb auf die Befolgung aller kirchlichen Gesetze zu drängen.«

[21] In den folgenden Fällen hat das allgemeine Gesetz die Strafe festgesetzt; es handelt sich also um *verpflichtende Spruchstrafen (puniatur), die (wenigstens generisch) bestimmt sind*: can. 1366 (nichtkatholische Taufe und Erziehung von Kindern), can. 1372 (Rekurs gegen Akte des Papstes), can. 1373 (öffentliche Aufhetzung Untergebener), can. 1374 (Förderung einer gegen die Kirche arbeitenden Vereinigung), can. 1380 (Spendung und Empfang eines Sakramentes in simonistischer Weise), can. 1385 (widerrechtliche Gewinnschöpfung aus Meßstipendien), can. 1387 (Verführung eines Pönitenten), can. 1395 § 1 (Konkubinat eines Klerikers), can. 1397 (Mord, gewaltsame oder heimtückische Entführung, Freiheitsberaubung, Verstümmelung oder erhebliche Körperverletzung).

die Strafe festlegen. Legt der Richter die Strafe fest, dann besteht noch einmal eine doppelte Möglichkeit: entweder das Gesetz hat eine verpflichtende Bestrafung mit unbestimmten Strafen vorgesehen oder die Bestrafung ist als solche schon freigestellt.

2. Der CIC sieht in den folgenden Kanones eine *verpflichtende* Bestrafung (puniatur)[22] mit *unbestimmten* Strafen vor: can. 1365 (aktive Gottesdienstgemeinschaft mit Nichtkatholiken), can. 1368 (falscher Aussage- oder Versprechenseid), can. 1369 (Gotteslästerung), can. 1370 § 3 (Tätlichkeiten gegen Kleriker oder Religiosen), can. 1371 n. 1 (Verkündung einer vom Papst oder einem Allgemeinen Konzil verurteilten Lehre), can. 1371 n. 2 (Ungehorsam gegenüber Geboten oder Verboten), can. 1376 (Profangebrauch heiliger Sachen), can. 1377 (Veräußerung von Kirchengut), can. 1379 (Vortäuschung einer Sakramentenspendung), can. 1381 § 1 (Anmaßung eines kirchlichen Amtes), can. 1381 § 2 (widerrechtliches Festhalten an einem Amt), can. 1386 (aktive und passive Bestechung), can. 1392 (Betreiben von Handelsgeschäften entgegen den Rechtsvorschriften), can. 1395 § 2 (qualifizierte Sittlichkeitsvergehen von Klerikern), can. 1396 (Residenzpflichtverletzung).

3. In den folgenden Kanones handelt es sich um eine freigestellte Bestrafung (puniri potest): can. 1375 (Behinderung der kirchlichen Freiheit), can. 1384 (widerrechtliche Aus-

---

[22] Es ist freilich noch einmal eine eigene Frage, ob der vom Gesetzgeber in der lateinischen Sprache extensiv verwendet Konjunktiv immer eine Verpflichtung bedeutet. Man wird wohl der Meinung sein dürfen, der Konjunktiv bedeute *in aller Regel* eine wirkliche (d. h. rechtlich überprüfbare) Verpflichtung. Nur wenn die Rechtspflicht ganz allgemeiner, rechtlich nicht nachprüfbarer Natur ist oder von rechtlich nicht wägbaren Bedingungen abhängt, drückt der Konjunktiv wohl »nur« eine rein ethisch/moralisch verstandene Verpflichtung aus. Vgl. dazu W. AYMANS, Vorwort zur lateinisch-deutschen Ausgabe, in: Codex des kanonischen Rechtes, Kevelaer 1983, S. VII, n. 3.

übung eines priesterlichen oder sonstigen geistlichen Dienstes), can. 1390 § 2 (verleumderische Anzeige), can. 1391 (Urkundenmißbräuche), can. 1393 (Nichtbeachtung von Strafauflagen).

§ 3. Lex particularis potest etiam poenis universali lege constitutis in aliquod delictum alias addere; id autem ne faciat, nisi ex gravissima necessitate. Quod si lex universalis indeterminatam vel facultativam poenam comminetur, lex particularis potest etiam in illius locum poenam determinatam vel obligatoriam constituere.

Ein Partikulargesetz kann auch, allerdings nur aus einer sehr schwerwiegenden Notwendigkeit, zu den in einem allgemeinen Gesetz für eine Straftat festgelegten Strafen andere hinzufügen. Wenn aber ein allgemeines Gesetz eine unbestimmte oder eine fakultative Strafe androht, kann ein Partikulargesetz auch an ihrer Stelle eine bestimmte oder eine obligatorische Strafe festsetzen.

1. Ein teilkirchliches Gesetz kann auch zu den in einem allgemeinen Gesetz für eine Straftat festgelegten Strafen andere hinzufügen.[23] Droht ein gemeinkirchliches Gesetz eine unbezeichnete (= unbestimmte) bzw. eine Auswahlstrafe (= fakultative Strafe) an, so kann durch teilkirchliches Gesetz statt dessen auch eine bezeichnete (= bestimmte) oder eine Pflichtstrafe (= obligatorische Strafe) festgesetzt werden.[24]

---

[23] Die Reformkommission weist darauf hin, daß hier das *Subsidiaritätsprinzip* (die Gesellschaft würde dem Einzelnen bzw. der umfassendere Verband würde dem kleineren Lebenskreis nicht helfen, sondern im Gegenteil schaden, wenn sie ihnen abnähmen, was sie aus eigener Initiative ebensogut oder gar besser leisten können) zur Wirkung kommt. »La seconda parte dello schema *De poenis in singula delicta*, è più breve (26 canoni) e prende in considerazione solo quei delitti che si ritiene debbano essere puniti con legge uniforme, data dal Sommo Pontefice per tutta la Chiesa. Per gli altri delitti dovrà essere provveduto con leggi particolari o con precetti penali. In tal maniera si è pensato di comporre il principio di sussidiarietà e la necessità di offrire quei minimi strumenti di coercizione, senza dei quali la società ecclesiastica non può reggersi« (Com 6 [1974] 34).

[24] Als *innerer Grund* für diese Möglichkeiten wird genannt: »Fieri pot-

Can. 1316

Curent Episcopi dioecesani ut, quatenus fieri potest, in eadem civitate vel regione uniformes ferantur, si quae ferendae sint, poenales leges.

Die Diözesanbischöfe haben nach Möglichkeit dafür zu sorgen, daß gegebenenfalls einheitliche Strafgesetze im selben Staat oder Gebiet erlassen werden.

1\. Die Vollmacht, welche in can. 1315 § 3 den teilkirchlichen Gesetzgebern verliehen wird, ist insofern problematisch, als auf diese Weise innerhalb eines gemeinsamen staatlichen Gebietes eine Uneinheitlichkeit in religiöser Hinsicht entstehen kann. In der Reformkommission wurde deshalb der Vorschlag gemacht, den can. 1315 § 3 zu streichen[25] bzw. die entsprechende Vollmacht nur an die Bischofskonferenzen oder an die Partikularkonzilien (also nicht an die einzelnen Bischöfe) zu geben. Dies hätte nun freilich eine Beschränkung der bischöflichen Vollmacht bedeutet. Deshalb beließ man es bei dem jetzigen can. 1315 § 3, legt aber den Diözesanbischöfen[26] in can. 1316 ans Herz, für eine einheitliche Strafgesetzgebung innerhalb desselben Staats- oder Bundesgebietes zu sorgen.

Can. 1317

Poenae eatenus constituantur, quatenus vere necessariae sint ad aptius providendum ecclesiasticae disciplinae. Dimissio autem e statu clericali lege particulari constitui nequit.

---

est ut poena iure communi statuta propter peculiares aliquas circumstantias, stabiles vel transeuntes, in aliquo loco non sit satis ad praecavenda et coercenda delicta« (Com 8 [1976] 173).

[25] »Nonnulli timent ne nimia sit legum poenalium diversitas inter dioeceses eiusdem civitatis, ideoque proponunt ut solae Conferentiae Episcoporum potestatem habeant constituendi poenales leges« (Com 8 [1976] 171).

[26] Der Begriff des Diözesanbischof wird in can. 134 § 3 festgelegt.

Strafen sind nur insoweit aufzustellen, als sie wirklich erforderlich sind, um die kirchliche Disziplin in möglichst geeigneter Weise sicherzustellen. Die Entlassung aus dem Klerikerstand aber kann durch ein Partikulargesetz nicht festgesetzt werden.

1. Strafen sind stets nur das letzte Mittel, um die Ordnung in einer Gemeinschaft zu garantieren. Dies gilt schon im Staat, aber noch viel mehr in der Kirche. Bei dem hier vorgetragenen Prinzip ist zunächst einmal an die *teilkirchlichen* Gesetzgeber, die (zusätzlich zu den allgemeinen, also im CIC aufgeführten Strafgesetzen) partikulare[27] Strafgesetze festsetzen, gedacht[28]. Selbstverständlich ist aber das hier angemahnte »Sparsamkeitsprinzip« hinsichtlich von Kirchenstrafen auch ein Kriterium[29] für den obersten Gesetzgeber.

2. Die Entlassung aus dem Klerikerstand ist die schwerste Strafe für einen Kleriker. Dies mag wohl der Grund gewesen sein, weshalb der vorliegende Kanon bestimmt, daß diese Kirchenstrafe durch ein Partikulargesetz *nicht* festgesetzt werden kann.[30]

Can. 1318

Latae sententiae poenas ne comminetur legislator, nisi forte in singularia quaedam delicta dolosa, quae vel graviori esse possint scandalo vel efficaciter puniri poenis ferendae sententiae non possint; censuras autem, praesertim excommunicationem, ne constituat, nisi maxima cum moderatione et in sola delicta graviora.

---

[27] Daß es sich in den cann. 1317 und 1318 um teilkirchliche Gesetzgeber handelt, bestätigt can. 1319 § 2, wo es heißt: »quae in cann. 1317 et 1318 de legibus *particularibus* statuuntur«.

[28] Im can. 2214 § 2 CIC/1917 hieß es: »Meminerint Episcopi aliique Ordinarii se pastores non percussores esse«. Vgl. im CIC/1983 auch can. 1341.

[29] »Criterium ... ad poenas statuendas et applicandas manet semper salus animarum, quam disciplina ecclesiastica adiuvare vult« (DE PAOLIS 1986, 233).

[30] Vgl. auch Erl. n. 2 zu can. 1364 § 2.

Tatstrafen darf der Gesetzgeber nicht androhen, es sei denn etwa für einzelne, arglistig begangene Straftaten, die ein schwereres Ärgernis hervorrufen können oder denen durch Spruchstrafen nicht wirksam begegnet werden kann; Beugestrafen aber, besonders die Exkommunikation, darf er nur mit allergrößter Zurückhaltung und nur für schwerere Straftaten aufstellen.

1. Schon früher[31] wurde erwähnt, daß man bei der Erarbeitung des CIC/1983 in der Reformkommission über die Zweckmäßigkeit von Tatstrafen gestritten hat. Man hat es dann schließlich gemeinkirchlich bei einigen wenigen Tatstrafen belassen. Auch dem partikularkirchlichen Gesetzgeber, an den sich der vorliegende Kanon wendet, wird ans Herz gelegt, nur in sparsamer Weise Tatstrafen anzudrohen. Er sollte dies nur tun, wenn es sich a) um vorsätzliche (also nicht schon fahrlässige[32]) Straftaten handelt; wenn es sich b) um Straftaten handelt, die ein schweres Ärgernis hervorrufen können; wenn es sich c) um Straftaten handelt, denen durch Spruchstrafen nicht wirksam begegnet werden kann.

2. Allergrößte Zurückhaltung soll der Gesetzgeber üben, wenn es sich um die Aufstellung von Beugestrafen, besonders der Exkommunikation handelt. Es soll sich bei *diesen* Strafen also um eine *Ausnahme* handeln. Man sieht dies auch daraus, daß die Reformkommission die zunächst vorgeschlagene Bestimmung gestrichen hat, wonach man rückfällige Straftäter auch dann schon mit Beugestrafen bestrafen könne, wenn es sich nur um leichtere Delikte handeln würde[33].

---

[31] Vgl. Erl. n. 4 zu can. 1314.
[32] Das *allgemeine* Recht des CIC kennt nur einen Fall, in dem Fahrlässigkeit bestraft wird, nämlich in can. 1389 § 2.
[33] Vgl. Com 8 (1976) 173.

Can. 1319

§ 1. Quatenus quis potest vi potestatis regiminis in foro externo praecepta imponere, eatenus potest etiam poenas determinatas, exceptis expiatoriis perpetuis, per praeceptum comminari.

Soweit jemand kraft Leitungsgewalt im äußeren Forum Verwaltungsbefehle erlassen kann, kann er durch Verwaltungsbefehl auch bestimmte Strafen androhen, ausgenommen Sühnestrafen für immer.

1. Neben dem Gesetz ist das Gebot (Befehl) die zweite Quelle für die Strafbestimmungen. Wer kraft Leitungsgewalt[34] (potestas regiminis bzw. potestas iurisdictionis) im äußeren Bereich Verwaltungsbefehle erlassen kann, kann auch durch Verwaltungsbefehl[35] *bestimmte*[36] Strafen[37] androhen[38].

2. Wer hat eine solche Vollmacht?[39] Sicherlich die im can. 134 § 1 aufgeführten Ordinarien. Eine Schwierigkeit ergibt sich allerdings hinsichtlich des Generalvikars. Von diesem hatte es im can. 2220 § 2 CIC/1917 geheißen: »Der Generalvikar hat ohne besonderen Auftrag (mandatum speciale) keine Strafgewalt (potestas infligendi poenas).« Aus der Tatsache, daß der CIC/1983 diese (einschränkende) Be-

---

[34] Vgl. die cann. 129–144.
[35] Vgl. die cann. 48–58.
[36] *Unbestimmte* Strafen können durch einen Verwaltungsbefehl nicht angedroht werden.
[37] Eine generelle Suspension als Tatstrafe kann durch Verwaltungsbefehl nicht angedroht werden (vgl. can. 1334 § 2), wohl aber durch Gesetz.
[38] Im can. 2220 § 1 CIC/1917 hatte es geheißen: »Qui pollent potestate leges ferendi vel praecepta imponendi, possunt quoque legi vel praecepto poenas adnectere; qui iudiciali tantum, possunt solummodo poenas, legitime statutas, ad normam iuris applicare.«
[39] Generell läßt sich sagen: Nur jener hat die entsprechende Vollmacht, der Leitungsgewalt im äußeren Forum besitzt. Und umgekehrt gilt: »Excluduntur ergo illi qui possunt imponere tantum praecepta non iurisdictionalia (e.g. superiores institutorum vitae consecratae, quae non sint iuris pontificii clericalia, c. 596), vel iurisdictionem habent tantum in foro interno« (DE PAOLIS 49).

stimmung nicht übernommen hat, wird man schließen dürfen, dem Generalvikar komme nun auch generell eine Strafgewalt zu[40].

3. Immerwährende Sühnestrafen können nicht durch Verwaltungsbefehl angedroht werden; wohl deshalb nicht, weil es sich hier um eine besonders schwere Strafart handelt.

§ 2. Praeceptum poenale ne feratur, nisi re mature perpensa, et iis servatis, quae in cann. 1317 et 1318 de legibus particularibus statuuntur.

Ein Strafgebot darf nur nach reiflicher Überlegung und unter Beachtung der in den cann. 1317 und 1318 getroffenen Bestimmungen über die Partikulargesetze erlassen werden.

1. In diesem Paragraphen wird alles das auf die Straf*gebote* übertragen, was in den cann. 1317 und 1318 bezüglich der Straf*gesetze* gesagt wurde. Zur Erl. vgl. dort.

Can. 1320

In omnibus in quibus religiosi subsunt Ordinario loci, possunt ab eodem poenis coerceri.

In allem, worin die Religiosen dem Ortsordinarius unterstehen, können sie von ihm mit Strafen belegt werden.

1. Zwar besitzen die Religiosen[41] kraft can. 586[42] eine »gebührende Autonomie ihres Lebens«, sie sind aber hin-

---

[40] A.M. ist NIGRO 757.
[41] Hier ist nur von den Religiosen die Rede. Die Säkularinstitute und die Gesellschaften des apostolischen Lebens werden nicht genannt. Insofern aber deren Mitglieder dem Institut bzw. der Gesellschaft inkardiniert werden können (vgl. cann. 266, 715 und 736), sind sie der Jurisdiktionsvollmacht des Ortsordinarius grundsätzlich entzogen. Dann sind sie hinsichtlich der Strafgewalt des Ortsordinarius in derselben Lage wie die Religiosen. Es entsteht somit die Frage, ob auch die Säkularinstitute und die Gesellschaften des apostolischen Lebens von can. 1320 betroffen sind.
[42] Vgl. auch can. 591.

sichtlich der öffentlichen Ordnung[43] und in ihrem Apostolat[44] dem Ortsordinarius unterstellt. Deshalb können sie in diesen beiden[45, 46] Bereichen vom Ortsordinarius mit Strafen belegt werden.

2. In den klerikalen Religioseninstituten päpstlichen Rechtes besitzen die Oberen und die Kapitel kirchliche Leitungsgewalt sowohl für den äußeren als auch für den inneren Bereich (can. 596 § 2). Die höheren Oberen in diesen Instituten sind Ordinarii (can. 134 § 1). Gemäß can. 1315 und can. 1319 kann die klösterliche Autorität,[47] die Gesetze oder Verwaltungsbefehle erlassen kann, eben diese Gesetze bzw. Befehle auch mit einer entsprechenden Strafdrohung versehen.

3. Der CIC/1917 kannte in can. 619[48] ein dem jetzigen can. 1320 ähnliches Prinzip.[49]

---

[43] Vgl. z. B. can. 1387.

[44] Vgl. die cann. 678–683.

[45] In Instituten des *diözesanen Rechts* (vgl. can. 594) verbleiben die Mitglieder des Instituts unter der besonderen Hirtensorge des Diözesanbischofs. Deshalb hat dieser in den genannten Instituten eine noch *weitergehende* Strafgewalt.

[46] Für die anderen Bereiche gilt Erl. n. 2.

[47] Dies gilt für die Kapitel (can. 631) und für die höheren Oberen (can. 620). Ob dies auch für die anderen Oberen gilt, muß das Eigenrecht bestimmen (can. 617).

[48] »In omnibus in quibus religiosi subsunt Ordinario loci, possunt ab eodem etiam poenis coerceri« (can. 619 CIC/1917).

[49] In sich bietet das Prinzip nichts Neues: »Nihil aliud est quam applicatio principii generalis: qui subditus est legi, tenetur etiam poenalibus sanctionibus adnexis ... Ubi religiosi subsunt Ordinario loci possunt coerceri per poenas« (DE PAOLIS 52).

Titel III

STRAFTÄTER

Can. 1321
§ 1. Nemo punitur, nisi externa legis vel praecepti violatio, ab eo commissa, sit graviter imputabilis ex dolo vel ex culpa.

Niemand wird bestraft, es sei denn, die von ihm begangene äußere Verletzung von Gesetz oder Verwaltungsbefehl ist wegen Vorsatz oder Fahrlässigkeit schwerwiegend zurechenbar.

1. Der vorliegende Titel III (de subiecto poenalibus sanctionibus obnoxio; Straftäter) ist weithin identisch mit Titel VI (de subiecto coactivae potestati obnoxio) im 5. Buch (de delictis et poenis) des CIC/1917. In den einzelnen Kanones geht es vor allem um die (subjektiven) Bedingungen, welche erfüllt sein müssen, damit die (objektiv) angedrohten Strafen wirksam werden können. Der vorliegende Titel setzt aus dem Buch I (allgemeine Normen) vor allem die cann. 11 (Verpflichtung durch rein kirchliche Gesetze), 12 (Bereich der Verpflichtung, 13 (partikulare Gesetze) und 96 (Eingliederung in die Kirche) voraus.

2. § 1 beschreibt die Straftat[1], ohne doch eine Definition[2]

---

[1] Die lateinischen Wörter »delictum« und »crimen« übersetze ich stets mit dem deutschen Wort »Straftat«. Diese drei Begriffe sind also identisch.

[2] Der CIC/1983 hat nicht nur auf Definitionen verzichtet, sondern auch auf eine Reihe von Unterscheidungen, Erklärungen und Beschreibungen. So sind z. B. die Distinktionen von can. 2197 CIC/1917 hinsichtlich der Bekanntheit eines Deliktes nicht in das neue Gesetzbuch übernommen worden. Sie bleiben aber auch weiter hilfreich. Ähnlich verhält es sich mit der Beschreibung, die can. 2228 CIC/1917 von der Vollendung der Straftat gab. Auch diese Beschreibung bleibt weiter hilfreich. Wie ja überhaupt

von ihr zu geben; eine solche bleibt der Kanonistik überlassen. Gemäß can. 1321 § 1 enthält das Delikt sechs Teilelemente, die sich freilich noch einmal zu höheren Einheiten und Elementen zusammenfassen lassen und die dann bei der vorgeschlagenen Definition[3] auch zu drei Elementen zusammengefaßt[4] werden: a) violatio; die Verletzung besteht im Tun dessen, was verboten ist oder im Unterlassen[5] dessen, was geboten ist; b) legis vel praecepti; bei dem verletzten Gesetz oder Gebot muß es sich um ein *Straf*gesetz (bzw. ein *Straf*gebot) handeln. Die Verletzung eines Gesetzes, das kein Strafgesetz ist, bedeutet zwar eine Sünde, nicht aber ein Delikt[6]; c) graviter; es muß sich um eine schwere[7] Verletzung von Gesetz oder Gebot handeln. Schwer ist die Verletzung dann, wenn es sich (objektiv gesehen) bei der verletzten

---

can. 6 § 2 CIC/1983 nicht vergessen werden darf, der bestimmt, daß die Kanones auch unter Berücksichtigung der kanonischen Tradition zu würdigen sind, soweit sie altes Recht wiedergeben.

[3] Vgl. Erl. n. 3.

[4] Aus diesem Grund ergeben sich zwischen Erl. n. 2 und Erl. n. 3 gewisse Überschneidungen und Verdoppelungen.

[5] Z. B.: Jemand unterläßt es, eine verworfene Lehre zu widerrufen (vgl. can. 1371 n. 1).

[6] Aus dieser Bestimmung ergibt sich als Folgerung: Jedes Delikt ist auch eine (schwere) Sünde; aber längst nicht jede (schwere) Sünde ist auch ein Delikt im Sinne des kirchlichen Strafrechts. Ein Beispiel: Jede (schwere) Lüge ist selbstverständlich eine (schwere) Sünde, nicht aber ohne weiteres auch ein Delikt. Im CIC ist nämlich nur eine einzige Art von »Lüge« mit Strafe bedroht, und zwar der Meineid (vgl. can. 1368). Ganz allgemein gilt: Nur besonders schwere Sünden (also: Kapitalverbrechen) werden im kirchlichen Gesetzbuch mit einer Strafe bedroht, also pönalisiert. Und umgekehrt: Eine Entpönalisierung einer Straftat bedeutet keineswegs (und doch: wie häufig wird dieser falsche Schluß gezogen!), daß diese Handlung nun keine Sünde mehr ist.

[7] Daß es sich um eine schwere Sünde handeln muß, war für den CIC/1917 die allgemeine Lehre. Es gilt aber auch für den CIC/1983. Vgl. z. B. F. E. ADAMI, Continuità e variazioni di tematiche penalistiche nel nuovo Codex Iuris Canonici, in: Ephemerides Iuris Canonici 40 (1984) 55–136, hier 101 f. DE PAOLIS 42. Wegen der Schwierigkeiten, die diese Lehre mit sich bringt, vgl. H. PREE, Imputabilitas – Erwägungen zum Schuldbegriff des kanonischen Strafrechts, in: ÖAKR 38 (1989) 226–243.

Norm um eine wichtige Norm handelt und wenn es sich (subjektiv gesehen) um eine schwere[8] Sünde[9] handelt; d) externa. »Das rechtswidrige Tun oder Unterlassen muß irgendwie nach außen in die Erscheinung getreten, d. h. sinnenfällig geworden sein; die tatsächliche Wahrnehmung durch einen Dritten ist nicht erforderlich.«[10] Gerade in diesem Spannungsfeld von innerem und äußerem Bereich liegt eine der Besonderheiten des kanonischen Rechts. Nicht was den inneren Bereich, das peccatum angeht, soll Gegenstand kirchlicher Strafverfolgung sein, sondern nur was nach außen als Delikt in Erscheinung tritt; e) imputabilis[11]. »Eine

---

[8] Dadurch, daß nur dann ein Delikt zustandekommt, wenn der Täter eine schwere Sünde begeht, gerät das Strafrecht in eine schwierige Situation, wenn es bestimmen soll, ob das Delikt überhaupt vorliegt. Die schwere Sünde darf ja nicht vorausgesetzt, sondern sie muß nachgewiesen werden. Dies dürfte aber in manchen Fällen schwierig sein. Wie will man z. B. beim Überzeugungstäter die schwere Sünde nachweisen? Und doch muß die kirchliche Gemeinde sich auch gegen Überzeugungstäter schützen können. Das hier aufgeworfene Problem ist noch längst nicht in allen seinen Folgerungen bedacht. Vgl. R. SEBOTT, Rez., R. Ahlers/P. Krämer (Hgg.), Das Bleibende im Wandel. Theologische Beiträge zum Schisma von Marcel Lefebvre, in: Theologie und Philosophie 66 (1991) 313–315. »Wird ... zugestanden, daß die Gewissensschuld Tatbestandsmerkmal des kirchlichen Deliktes ist (so wie es der Redaktion des Gesetzes entspricht), so verbleibt das schwere Bedenken, daß im forum externum aus dem Vorliegen einer Sünde im Gewissen abgestellt werden muß und die daraus resultierende Unsicherheit, ja geradezu Unmöglichkeit einer solchen Feststellung, wenn man vom Geständnis des Täters absieht« (H. PREE, Imputabilitas [A. 7] 236).

[9] Beim Begriff des Deliktes sind natürlich das objektive Element (verletzte Norm) und das subjektive Element (schwere Sünde) miteinander verschränkt, insofern zu einer schweren Sünde (neben der klaren Vernunft und dem freien Willen) eine »materia gravis« gefordert ist. Letztere wird freilich unter zwei Rücksichten betrachtet: einmal als »Gegenstand« der Sünde und einmal als pönalisierte Norm. So ist z. B. bei der Abtreibung die Tötung des Ungeborenen sowohl Gegenstand der Sünde als auch Gegenstand der (verletzten) Norm des Strafgesetzes.

[10] MÖRSDORF 309. Eine Ausnahme ist allein bei can. 1330 gemacht. Die dort beschriebene Straftat ist als *unvollendet* zu werten, wenn niemand die entsprechende Erklärung oder Äußerung wahrnimmt.

[11] Im Bereich der Zurechenbarkeit (imputabilitas) gibt es im neuen CIC

strafbare Handlung liegt nur dann vor, wenn die als strafwürdig erklärte äußere Gesetzesverlegung auf das Verhalten einer bestimmten Person zurückgeht und diese Person für das rechtswidrige Tun oder Unterlassen sittlich verantwortlich ist;«[12] f) ex dolo vel ex culpa.[13]

3. Der CIC/1917 hatte in can. 2195 § 1 folgende Definition des Delikts gegeben: »Im kirchlichen Recht versteht man unter einem Delikt eine äußere und sittlich zurechenbare Verletzung eines Gesetzes, dem eine wenigstens unbestimmte kanonische Strafdrohung beigefügt ist.«[14] Diese Definition darf auch jetzt noch als geltend vorausgesetzt[15] werden[16]. Sie enthält drei[17] Elemente[18]:

---

nicht unbedeutende Änderungen. »The most significant change in penal law and perhaps the most significant change in the entire revised code is in the category of imputability for penal liability according to canon 1321« (E. McDonough, A »Novus Habitus Mentis« for Sanctions in the Church, in: The Jurist 48 [1988] 727–746, hier 731).

[12] Mörsdorf 309.

[13] Vgl. Erl. n. 1 zu can. 1321 § 2.

[14] »Nomine delicti, iure ecclesiastico, intelligitur externa et moraliter imputabilis legis violatio cui addita sit sanctio canonica saltem indeterminata.«

[15] Dies schließt nicht aus, daß im Einzelfall auch Veränderungen und Retuschen an den traditionellen Begriffen vorgenommen wurden. So hat der Begriff des Deliktes dadurch eine (leichte) Veränderung erfahren, daß der Begriff »violatio *externa*« durch die Bestimmung des can. 1330 eingeschränkt wurde.

[16] Die Tatsache, daß der Gesetzgeber im neuen CIC auf Definitionen verzichtet hat (vgl. z. B. Schema Poen 6), darf nicht so verstanden werden, als seien die Grundbegriffe des Strafrechts alle hinfällig geworden. Das Gegenteil ist der Fall. Gerade die *traditionellen* Begriffe (wie Delikt oder Strafe) haben ihre alte Bedeutung behalten. »Distinctio inter peccatum et delictum, configuratio praecisa delicti et poenae, sunt fructus longae elaborationis, per plura saecula factae« (De Paolis 1986, 225).

[17] »E can. 1312, collato cum can. 1399, sed etiam ex aliis canonibus, sicut ceterum ex toto systemate poenali, deducere possumus, sine labore, delictum haberi tantum ubi illa tria elementa constitutiva, de quibus doctrina locuta semper est, dantur, id est: violatio externa legis, gravis moralis imputabilitas, sanctio canonica adnexa, saltem indeterminata« (De Paolis 1986, 227).

[18] Vgl. Mörsdorf 308–310.

a) *Verletzung eines kirchlichen Strafgesetzes bzw. Strafgebotes*[19]: Die Gesetzesverletzung ist nur dann eine Straftat, wenn das rechtswidrige Tun oder Unterlassen durch ein kirchliches Gesetz oder ein kirchliches Gebot bedroht ist, denen eine (wenigstens unbestimmte) Strafe beigefügt ist. Eine bloß verbotene Handlung ist keine Straftat, weil sie nicht mit Strafe bedroht ist. Die Kirche hält sich also an den allgemeinen Grundsatz: »Keine Straftat ohne vorhergehende Strafsatzung«.[20] Dieser Grundsatz will verhüten, daß nach Willkür gestraft wird.

b) *Äußere Handlung*[21]: Die Gesetzesverletzung muß irgendwie nach außen in Erscheinung treten[22] und die gesellschaftliche Ordnung verletzen. Es ist freilich nicht gefordert, daß die äußere Verletzung eines Strafgesetzes oder Strafverbotes auch tatsächlich von einem Dritten wahrgenommen wird[23].

c) *Strafrechtliche Zurechenbarkeit*[24]: Die äußere Verletzung von Gesetz oder Gebot muß einer bestimmten Person angerechnet werden können[25]. Es handelt sich hier um eine »strafrechtliche« Verantwortlichkeit[26]. Es genügt nicht, daß

---

[19] Man nennt dieses Element das »elementum legale seu poenale« (vgl. DE PAOLIS 40).

[20] »Nullum crimen, nulla poena sine lege poenali praevia.« In can. 1399 wird dieses Prinzip durchbrochen, allerdings nur dann, wenn ganz besondere Umstände vorliegen.

[21] Man redet hier vom »elementum obiectivum« (DE PAOLIS 40).

[22] Diese alte Lehre der Kirche ist ausgedrückt in den Grundsätzen: »De internis non iudicat praetor« bzw. »Cogitationis poenam nemo patitur.«

[23] Doch vgl. can. 1330.

[24] Man spricht hier vom »elementum subiectivum« (vgl. DE PAOLIS 40).

[25] Man pflegt das mit dem alten Grundsatz auszudrücken: »Nulla poena sine culpa«.

[26] Diese Behauptung darf jetzt als sicher gelten. Im can. 2195 § 1 CIC/1917 hieß es an der entsprechenden Stelle »moraliter imputabilis«. Dieselbe Ausdrucksweise wurde auch von einigen in der Reformkommission gefordert (vgl. Com 8 [1976] 175). Doch hat man im endgültigen Text das »moraliter« gestrichen. Damit ist nun deutlich, daß zunächst nur von einer »strafrechtlichen« bzw. »juridischen« Zurechenbarkeit die Rede ist.

der Täter einen bestimmten strafwürdigen Erfolg herbeigeführt hat (= Erfolgshaftung), sondern es ist gefordert, daß ihm die Tat angerechnet werden kann (= Schuldhaftung)[27]. Selbstverständlich setzt die strafrechtliche bzw. juridische Zurechenbarkeit eine moralische bzw. sittliche Zurechenbarkeit voraus, d. h. der Täter muß beim Begehen der Tat im Gebrauch der klaren Vernunft und des freien Willens sein.

4. Zusammenhang und Unterschied[28] von Sünde und Delikt lassen sich folgendermaßen beschreiben[29]: Das Delikt ist ein (spezifischer) Bereich der (generisch gefaßten) Sünde, welches zusätzlich zur Sünde zwei (artbildende) Unterschiede enthält: a) der Sünde ist ein kirchliches Strafgesetz oder Strafgebot beigegeben; b) es muß sich um eine äußere, also nach außen in Erscheinung getretene Sünde handeln.

§ 2. Poena lege vel praecepto statuta is tenetur, qui legem vel praeceptum deliberate violavit; qui vero id egit ex omissione debitae diligentiae, non punitur, nisi lex vel praeceptum aliter caveat.

Von einer durch Gesetz oder Verwaltungsbefehl festgesetzten Strafe wird betroffen, wer das Gesetz oder den Verwaltungsbefehl überlegt verletzt hat; wer dies aber aus Unterlassung der gebotenen Sorgfalt getan hat, wird nicht bestraft, es sei denn, das Gesetz oder der Verwaltungsbefehl sehen anderes vor.

---

[27] Im (kirchlichen) Strafrecht möchte ich weiter an der Unterscheidung von »Erfolgshaftung« und »Schuldhaftung« festhalten. Die traditionelle katholische Restitutionslehre, welche die sittliche Pflicht zum Schadensersatz einseitig an die *schuldhafte* Schädigung band, scheint freilich ins Wanken zu geraten. Vgl. R.-D. Pfahl, Haftung ohne Verschulden als sittliche Pflicht, Düsseldorf 1974 (= Moraltheologische Studien 2).

[28] »Manet ergo distinctio inter peccatum et delictum, in quantum non quodvis peccatum est delictum; dum autem quodvis delictum semper includit vel praesupponit peccatum, quia semper requiritur gravis imputabilitas moralis« (De Paolis 1986, 227).

[29] Vgl. Coccopalmerio 308.

1. »Schuld ist die sittliche Vorwerfbarkeit eines rechtswidrigen Verhaltens.«[30] Die sittliche Zurechenbarkeit kann auf *Vorsatz* (dolus) oder auf *Fahrlässigkeit* (culpa) beruhen.

a) Vorsatz[31] ist die bewußte und gewollte Verletzung von Gesetz und Gebot (qui legem vel praeceptum deliberate violavit)[32]. Der Vorsatz wird also durch zwei Elemente bestimmt: von seiten der Erkenntnis dadurch, daß die Tragweite der Handlung erkannt ist, von seiten des Willens dadurch, daß die Handlung in Kenntnis ihrer Tragweite frei gewollt ist.[33]

b) Fahrlässigkeit[34] besteht[35] darin, daß Gesetz oder Befehl aus Unterlassung der gebotenen Sorgfalt verletzt werden (qui ... egit ex omissione debitae diligentiae). Man pflegt[36] Rechtsfahrlässigkeit und Tatfahrlässigkeit zu unterscheiden. *Rechtsfahrlässigkeit* besteht darin, daß der Täter die Rechtswidrigkeit seiner Handlung nicht erkennt, obwohl diese Kenntnis von ihm erwartet werden könnte (vgl. can. 1325). *Tatfahrlässigkeit* besteht darin, daß der Täter jene Vorsicht außer Acht läßt, die er hätte üben müssen. Wer z. B. im Wald einen brennenden Zigarettenstummel wegwirft, kann wohl erkennen, daß er möglicherweise einen

---

[30] MÖRSDORF 314.

[31] Vorsatz (dolus) hat (vgl. »dolus«, in: OCHOA Index 152) im Strafrecht einen etwas anderen Sinn als in den übrigen Teilen des kirchlichen Gesetzbuches. So wird z. B. in can. 125 § 2 und in can. 1098 dolus verstanden als arglistige Täuschung.

[32] Im can. 2200 § 1 CIC/1917 hatte es geheißen: »Dolus ... est deliberata voluntas violandi legem«.

[33] »Essentia doli consistit in positiva voluntate ponendi actum contra legem modo humano, libero, quaecumque sint rationes quae inducant ad violationem legis vel praecepti, dummodo maneat libertas in agendo« (DE PAOLIS 57).

[34] Vgl. neben can. 1321 auch can. 1389 § 2.

[35] Nicht immer wird im CIC das Wort culpa (vgl. »culpa« in: OCHOA Index 117) im Sinn von Fahrlässigkeit genommen; bisweilen bedeutet es soviel wie Zurechenbarkeit oder Schuld.

[36] Vgl. MÖRSDORF 318.

Brand verursacht. Trotzdem läßt er die entsprechende Vorsicht außer Acht.[37]

2. Wer aus Fahrlässigkeit handelt, wird *nicht*[38] bestraft, es sei denn, das Gesetz oder der Verwaltungsbefehl sehen anderes vor.[39] So sieht can. 1389 § 2 eine Ausnahme vor. Dies ist allerdings im vorliegenden Strafrecht die einzige Ausnahme, durch welche eine Strafe auch für Fahrlässigkeit angedroht ist.

§ 3. Posita externa violatione, imputabilitas praesumitur, nisi aliud appareat.

Ist die äußere Verletzung des Gesetzes oder des Verwaltungsbefehls erfolgt, so wird die Zurechenbarkeit vermutet, es sei denn, anderes ist offenkundig.

1. Wenn die mit Strafe bedrohte Handlung tatsächlich gesetzt ist, wird für den äußeren Bereich vermutet, daß dem Täter die Handlung zugerechnet werden kann. Das Recht geht also davon aus, daß der Mensch i.d.R. mit Wissen und Willen handelt. Solange der Täter also nicht den Nachweis erbracht hat, daß er nicht mit Wissen und Willen gehandelt habe, steht die Vermutung gegen ihn. Die Schuldvermutung ist insofern abgeschwächt, als es *offenkundig* sein kann, daß der Täter *nicht* schuldig ist. In diesem Fall braucht der Täter seine Schuldlosigkeit nicht erst zu beweisen.

2. Im can. 2200 § 2 CIC/1917 war nicht nur die Schuld,

---

[37] Oder: Wer mit seinem Auto zu schnell fährt, kann wohl erkennen, daß er möglicherweise einen Menschen tötet oder verletzt. Trotzdem läßt er die entsprechende Vorsicht außer Acht und drosselt seine Geschwindigkeit nicht.

[38] »Quamquam duae sunt fontes imputabilitatis, id est dolus et culpa, punibilitas autem habetur tantum ubi datur imputabilitas ex dolo« (DE PAOLIS 58).

[39] Im CIC/1917 (vgl. can. 2203) wurden auch jene Delikte bestraft, die aus Fahrlässigkeit begangen worden waren (vgl. CIPROTTI 120).

sondern auch der Vorsatz vermutet worden[40]. Im neuen CIC ist man von dieser Voraussetzung abgegangen. In den »Praenotanda« des Entwurfs zum Strafrecht[41] wird darauf hingewiesen, daß es zu Härten führen würde, wenn man stets eine bewußte und gewollte Verletzung von Gesetz oder Befehl annehmen wollte.[42] Es ist mit Recht gefragt worden, ob der Codex nicht auch auf die Schuldvermutung hätte verzichten sollen.[43] Er wäre dann nach dem Rechtssatz verfahren: »Quilibet praesumitur bonus, nisi malus certo probetur.«[44]

---

[40] »Posita externa legis violatione, dolus in foro externo praesumitur, donec contrarium probetur.«

[41] Vgl. Schema Poen 7.

[42] »Die Formulierung: ›Posita externa violatione, imputabilitas praesumitur, nisi aliud appareat‹ bringt insofern eine beachtliche Milderung im Vergleich zur entsprechenden Bestimmung des CIC/1917 als nur mehr die Zurechenbarkeit, nicht mehr das Vorliegen von dolus präsumiert wird und auch insofern, als die Beseitigung dieser Vermutung nicht eines Gegenbeweises bedarf, sondern nur des Vorliegens von Umständen, welche die Vermutung der Zurechenbarkeit wenigstens als ernsthaft fraglich erscheinen lassen. Daher handelt es sich um keine praesumptio iuris im technischen Sinn« (PREE, Imputabilitas [A. 7] 238). MCDONOUGH vergleicht das »nisi aliud appareat« von can. 1321 § 3 mit dem »donec contrarium probetur« von can. 1060 und zieht die Folgerung: »It should be noted immediately that although moral certitude is required for overturning the presumption of imputability in canon 1321, § 3, a recognizably lesser degree of prevailing weight of evidence having value in law and jurisprudence should be required to reach the moral certitude necessary for overturning a presumption that holds *nisi aliud appareat* than is required to reach the moral certitude necessary for overturning a presumption that holds *donec contrarium probetur*« (MCDONOUGH, Novus habitus Mentis [A. 11] 737).

[43] »The code would have responded better to the exigencies of freedom, justice, and equity by affirming the presumption of innocence in an unqualified fashion« (T. J. GREEN, Penal Law: A Review of Selected Themes, in: The Jurist 50 [1990] 221–256, hier 243).

[44] Zu diesem Rechtssatz vgl. J. HENDRIKS, »Ad sacram communionem ne admittantur ...« Adnotationes in can. 915, in: PerRMCL 79 (1990) 163–176, hier 164.

Can. 1322

Qui habitualiter rationis usu carent, etsi legem vel praeceptum violaverint dum sani videbantur, delicti incapaces habentur.

Wer gewöhnlich ohne Vernunftgebrauch ist, gilt als deliktsunfähig, auch wenn er gesund schien, als er Gesetz oder Verwaltungsbefehl verletzte.

1. Die Kanones 1322 bis 1330 beschäftigen sich mit den verschiedenen Formen der Zurechenbarkeit. Der erste und vorliegende Kanon beginnt mit der radikalsten Form, nämlich daß jemand dauernd ohne Vernunftgebrauch ist.
2. Personen, die dauernd geisteskrank sind, gelten als deliktsunfähig[45]. Denn die Geisteskrankheit ist eine organisch bedingte Abweichung vom normalen Geisteszustand, die ein vernunftgemäßes Handeln ausschließt.

Can. 1323

Nulli poenae est obnoxius qui, cum legem vel praeceptum violavit:
1. sextum decimum aetatis annum nondum explevit;
2. sine culpa ignoravit se legem vel praeceptum violare; ignorantiae autem inadvertentia et error aequiparantur;
3. egit ex vi physica vel ex casu fortuito, quem praevidere vel cui praeviso occurrere non potuit;
4. metu gravi, quamvis relative tantum, coactus egit, aut ex necessitate vel gravi incommodo, nisi tamen actus sit intrinsece malus aut vergat in animarum damnum;
5. legitimae tutelae causa contra iniustum sui vel alterius aggressorem egit, debitum servans moderamen;

---

[45] Der can. 2201 § 2 präsumierte sie nur als deliktsunfähig: »Habitualiter amentes, licet quandoque lucida intervalla habeant, vel in certis quibusdam ratiocinationibus vel actibus sani videantur, delicti tamen incapaces *praesumuntur.*« Diese Praesumtion hat man nun aufgegeben, weil man auch den Begriff der Monomanien, d. h. den Begriff von Geisteskrankheiten, die das Seelenleben angeblich nur nach einzelnen Seiten hin beschädigen, und den Begriff der sogenannten lichten Augenblicke aufgegeben hat.

6. rationis usu carebat, firmis praescriptis cann. 1324, § 1, n. 2 et 1325;
7. sine culpa putavit aliquam adesse ex circumstantiis, de quibus in nn. 4 vel 5.

Straffrei bleibt, wer bei Übertretung eines Gesetzes oder eines Verwaltungsbefehls:
1. *das sechzehnte Lebensjahr noch nicht vollendet hat;*
2. *schuldlos nicht gewußt hat, ein Gesetz oder einen Verwaltungsbefehl zu übertreten; der Unkenntnis werden Unachtsamkeit und Irrtum gleichgestellt;*
3. *gehandelt hat aufgrund physischer Gewalt oder aufgrund eines Zufalls, den er nicht voraussehen oder, soweit vorhergesehen, nicht verhindern konnte;*
4. *aus schwerer Furcht, wenngleich nur relativ schwer, gezwungen oder aufgrund einer Notlage oder erheblicher Beschwernis gehandelt hat, sofern jedoch die Tat nicht in sich schlecht ist oder zum Schaden der Seelen gereicht;*
5. *aus Notwehr einen gegen sich oder einen anderen handelnden ungerechten Angreifer unter Beachtung der gebotenen Verhältnismäßigkeit abgewehrt hat;*
6. *des Vernunftgebrauchs entbehrte, unter Beachtung der Vorschriften der cann. 1324, § 1, n. 2 und 1325;*
7. *ohne Schuld geglaubt hat, einer der in den nn. 4 oder 5 aufgeführten Umstände liege vor.*

1. Die Kanones 1323 bis 1327 behandeln die Umstände, welche die Zurechenbarkeit verändern können. Der Strafrechtsentwurf von 1973 war in diesem Punkt nicht auf Details eingegangen. Man hatte sich mit einem allgemeinen Hinweis begnügt[46]. Bei der Überarbeitung des Entwurfs ist man nun mehr ins einzelne gegangen[47].

---

[46] Dem can. 1323 entspricht im Schema Poen der can. 12 § 1: »Si qua adsit circumstantia, quae delicti gravitatem deminuat, dummodo tamen gravis adhuc sit delicti imputabilitas, iudex poenam lege vel praecepto statutam temperare debet.«

[47] Vgl. Com. 8 (1976) 177–181.

2. Die einzelnen Aufzählungen, welche in den Kanones 1323 bis 1327 gegeben werden, sind nicht erschöpfend festgesetzt. Darauf weist schon der can. 1327 hin, wenn er bestimmt: »Das Partikulargesetz kann außer den in den cann. 1322–1326 vorgesehenen Fällen andere Strafen ausschließende, mildernde oder erschwerende Umstände festlegen«.

3. Im can. 1323 werden die Umstände aufgezählt, bei deren Vorhandensein der Täter straffrei bleibt. Im Gegensatz zum can. 1322, der von der Deliktsunfähigkeit spricht, haben die in can. 1323 aufgezählten Personen eine Deliktsfähigkeit (»cum legem vel praeceptum *violavit*«), sie werden aber beim Vorliegen bestimmter Umstände nicht bestraft.

4. Straffrei bleibt, *wer das sechzehnte Lebensjahr noch nicht vollendet hat*.

a) Gemäß can. 97 ist jemand bis zur Vollendung des siebenten Lebensjahres ein *Kind*. Bis zur Vollendung des achtzehnten Lebensjahres ist die entsprechende Person *minderjährig*; danach ist sie *volljährig*.

b) Der CIC/1917, der die Volljährigkeit erst mit dem 21. Lebensjahr beginnen ließ, hatte für die Minderjährigen eine geringere Zurechenbarkeit festgesetzt[48]. Im neuen CIC sind nun durch den vorliegenden Kanon die unter 16 Jahre alten Personen straffrei[49].

5. Straffrei bleibt, *wer schuldlos nicht gewußt hat, ein Gesetz oder einen Verwaltungsbefehl zu übertreten; der Unkenntnis werden Unachtsamkeit und Irrtum gleichgestellt*.

---

[48] Can. 2204 CIC/1917: »Minor aetas, nisi aliud constet, minuit imputabilitatem eoque magis quo ad infantiam propius accedit.«

[49] Das Schema Poen hatte in can. 12 § 3 die folgende, etwas »abenteuerliche« Norm vorgeschlagen: »Nulli autem poenali sanctioni est obnoxius, qui, cum legem vel praeceptum violavit, duodevicesimum aetatis annum non expleverit, etiamsi rationis usum plenum habuerit et delictum dolo patraverit.« Diese Norm widersprach dem gesunden Menschenverstand insofern, als die hier aufgeführten Personen auch dann straffrei bleiben sollten, wenn sie den vollen Gebrauch ihres Verstandes hatten und das Delikt vorsätzlich verübten.

a) *Unkenntnis bzw. Unwissenheit*[50] (ignorantia) ist der Mangel des notwendigen Wissens. Die Ignoranz unterscheidet sich vom schlichten Nichtwissen dadurch, daß sie (von ihrem Begriff her) ein Nichtwissen besagt, das nicht sein sollte und nicht sein dürfte[51]. *Unachtsamkeit* (inadvertentia) ist dann vorhanden, wenn jemand etwas ganz gut weiß, aber im Augenblick nicht daran denkt. *Irrtum* (error) ist ein falsches Urteil über einen Tatbestand.

b) Das schuldlose Nichtwissen, die schuldlose Unachtsamkeit und der schuldlose Irrtum bewirken, daß die Übertretung von Gesetz und Befehl straffrei bleibt[52]. Für Nichtwissen, Unachtsamkeit und Irrtum gilt hinsichtlich ihrer Präsumtion can. 15 § 2: »Unkenntnis oder Irrtum hinsichtlich eines Gesetzes, einer Strafe, einer eigenen Tat oder einer offenkundigen fremden Tat werden nicht vermutet«.

6. Straffrei bleibt, *wer gehandelt hat aufgrund physischer Gewalt oder aufgrund eines Zufalls, den er nicht voraussehen oder, soweit vorhergesehen, nicht verhindern konnte.*

a) Der *physischen Gewalt* kann man nicht widerstehen[53]. Deshalb bestimmt can. 125 § 1: »Wenn eine Handlung dadurch zustande kommt, daß einer Person von außen her Zwang zugefügt wurde, dem sie auf keine Weise widerstehen konnte, gilt diese Handlung als nicht vorgenommen.«

b) Beim *Zufall*, den man nicht voraussehen oder nicht verhindern konnte, ist die vorgenommene Handlung an sich dem Handelnden (physisch) zurechenbar, es wird aber im

---

[50] Vgl. auch die Erl. n. 1 zu can. 1325.

[51] Dieses Nichtseinsollen und Nichtseindürfen wird freilich bei der schuldlosen Ignoranz nicht in Rechnung gestellt.

[52] Es hat sich hier keine Änderung zum CIC/1917 ergeben, der in can. 2202 § 1 bestimmte: »Violatio legis ignoratae nullatenus imputatur, si ignorantia fuerit inculpabilis«.

[53] Beispiel: A führt den Finger des B mit unwiderstehlicher Gewalt an den Abzug der Pistole; der dadurch ausgelöste Schuß tötet den C. B ist für den Mord nicht verantwortlich. Die Verantwortung trifft allein den A.

vorliegenden Kanon bestimmt, daß derjenige, der gehandelt hat, straffrei bleibt.

7. Straffrei bleibt, *wer aus schwerer Furcht, wenngleich nur relativ schwer, gezwungen oder aufgrund einer Notlage oder erheblicher Beschwernis gehandelt hat, sofern jedoch die Tat nicht in sich schlecht ist oder zum Schaden der Seelen gereicht.*[54]

a) Die *Furcht* ist eine Unruhe des Geistes wegen eines bevorstehenden Übels[55]. Die Furcht ist schwer oder leicht, je nachdem ein großes oder nur ein kleines Übel bevorsteht. Die Furcht ist absolut schwer, wenn sie auf alle Menschen einen großen Einfluß ausübt, sie ist relativ schwer, wenn sie nur die Widerstandskraft des betreffenden Menschen zu brechen vermag. Der unter Furcht gesetzte Akt ist – absolut gesehen – gültig. Deshalb bestimmt can. 125 § 2: »Eine Handlung, die aufgrund schwerer, widerrechtlich eingeflößter Furcht ... vorgenommen wurde, ist rechtswirksam, wenn nicht etwas anderes im Recht vorgesehen ist«. Im Strafrecht jedoch bleibt der so Handelnde straffrei.

b) *Notlage* (necessitas) »ist eine irgendwie, aber ohne eigenes Verschulden entstandene äußere Zwangslage, die den Bedrängten physisch oder moralisch zwingt, zur Abwendung der Gefahr dem Gesetz zuwider zu handeln«[56]. Wer aufgrund einer Notlage handelt, bleibt straffrei[57].

c) Bei abgeschwächtem Notstand droht jemandem für den Fall der Gesetzesbefolgung eine *erhebliche Beschwernis* bzw. ein schwerer Nachteil (grave incommodum). Auch in

---

[54] Der can. 2205 § 2 CIC/1917 beschränkte den entsprechenden Sachverhalt auf die rein kirchlichen Gesetze: »Metus quoque gravis, etiam relative tantum, necessitas, imo et grave incommodum, plerumque delictum, *si agatur de legibus mere ecclesiasticis*, penitus tollunt«.

[55] ARREGUI, S. 9, n. 16: Metus est »mentis trepidatio ob instans vel futurum periculum«.

[56] MÖRSDORF 323.

[57] Der alte Grundsatz lautet: »Necessitas non habet legem«.

diesem Fall bleibt der gegen Gesetz oder Befehl Handelnde straffrei.

d) Bei schwerer Furcht, Notlage oder schwerem Nachteil wird die strafrechtliche Verantwortlichkeit nicht aufgehoben, wenn die Tat in sich (d. h. aufgrund des natürlichen Sittengesetzes[58]) schlecht ist oder zum Schaden der Seelen gereicht.

8. Straffrei bleibt, *wer aus Notwehr einen gegen sich oder einen anderen handelnden ungerechten Angreifer unter Beachtung der gebotenen Verhältnismäßigkeit abgewehrt hat.*

a) Notwehr »ist diejenige Verteidigung, die notwendig ist, um einen gegenwärtigen rechtswidrigen Angriff von sich oder anderen abzuwehren.«[59] Man pflegt dieses natürliche Recht der Notwehr in den Grundsatz zu fassen: »Vim vi repellere licet« (Man darf Gewalt mit Gewalt zurückweisen).

b) Wie der CIC/1917[60] so stellt auch der neue CIC die Notwehr unter Straffreiheit. Damit die Notwehr straffrei bleibt, müssen drei Bedingungen erfüllt sein: (1) Der Angriff muß gegenwärtig sein. (2) Der Angriff muß rechtswidrig sein. (3) Die Verhältnismäßigkeit muß beachtet werden[61].

9. Straffrei bleibt, *wer des Vernunftgebrauchs entbehrte, unter Beachtung der Vorschriften der cann. 1324 § 1 n. 2 und 1325.*

a) Bereits can. 1322 hat jene für deliktsunfähig erklärt, die *dauernd* ohne Vernunftgebrauch sind. In can. 1323 n. 6

---

[58] In sich schlecht handelt, wer dem folgenden grundlegenden Moralprinzip zuwider handelt: »Handle so, daß du nicht gerade den Wert, den du jeweils suchst, auf die Dauer und im ganzen zerstörst oder andere Werte unnötig opferst.« (P. KNAUER, Der Glaube kommt vom Hören, Freiburg i. Br. [6]1991, 99.)

[59] MÖRSDORF 324.

[60] Can. 2205 § 4 CIC/1917: »Causa legitimae tutelae contra iniustum aggressorem, si debitum servetur moderamen, delictum omnino aufert«.

[61] Werden die gebotenen Grenzen überschritten, so redet man von *Notwehrexzeß*.

dagegen handelt es sich um solche, die nur *vorübergehend* des Vernunftgebrauchs entbehren. Hier kann man denken an Trunkenheit, Hypnose, Drogengebrauch usw.

b) Damit die Übertretung des Gesetzes bei Mangel des Vernunftgebrauchs straffrei bleibt, muß dieser Mangel *schuldlos* sein. Deshalb wird an die cann. 1324 § 1 n. 2 und 1325 erinnert[62].

10. Straffrei bleibt, *wer ohne Schuld geglaubt hat, einer der in den nn. 4 oder 5 aufgeführten Umstände liege vor.* Wer also schuldlos meinte, in schwerer Furcht, in einer Notlage oder in erheblicher Beschwernis bzw. in Notwehr zu sein, bleibt – trotz Übertretung eines Gesetzes oder eines Verwaltungsbefehls – straffrei.

Can. 1324

§ 1. Violationis auctor non eximitur a poena, sed poena lege vel praecepto statuta temperari debet vel in eius locum paenitentia adhiberi, si delictum patratum sit:
1. ab eo, qui rationis usum imperfectum tantum habuerit;
2. ab eo qui rationis usu carebat propter ebrietatem aliamve similem mentis perturbationem, quae culpabilis fuerit;
3. ex gravi passionis aestu, qui non omnem tamen mentis deliberationem et voluntatis consensum praecesserit et impedierit, et dummodo passio ipsa ne fuerit voluntarie excitata vel nutrita;
4. a minore, qui aetatem sedecim annorum explevit;
5. ab eo, qui metu gravi, quamvis relative tantum, coactus est, aut ex necessitate vel gravi incommodo, si delictum sit intrinsece malum vel in animarum damnum vergat;
6. ab eo, qui legitimae tutelae causa contra iniustum sui vel alterius aggressorem egit, nec tamen debitum servavit moderamen;
7. adversus aliquem graviter et iniuste provocantem;
8. ab eo, qui per errorem, ex sua tamen culpa, putavit aliquam adesse ex circumstantiis, de quibus in can. 1323, nn. 4 vel 5;

---

[62] Zur Erl. vgl. dort.

9. ab eo, qui sine culpa ignoravit poenam legi vel praecepto esse adnexam;
10. ab eo, qui egit sine plena imputabilitate, dummodo haec gravis permanserit.

Der Straftäter bleibt nicht straffrei, aber die im Gesetz oder Verwaltungsbefehl festgesetzte Strafe muß gemildert werden oder an ihre Stelle muß eine Buße treten, wenn die Straftat begangen worden ist:
1. *von jemandem, der einen nur geminderten Vernunftgebrauch hatte;*
2. *von jemandem, der schuldhaft wegen Trunkenheit oder ähnlich gearteter Geistestrübung ohne Vernunftgebrauch war;*
3. *aus schwerer Leidenschaft, die jedoch die Verstandesüberlegung und die willentliche Zustimmung nicht gänzlich ausschaltete und behinderte, und nur wenn die Leidenschaft selbst nicht willentlich hervorgerufen oder genährt wurde;*
4. *von einem Minderjährigen, der das sechzehnte Lebensjahr vollendet hat;*
5. *von jemandem, der durch schwere Furcht, wenngleich nur relativ schwer, gezwungen oder aufgrund einer Notlage oder erheblicher Beschwernis gehandelt hat, wenn die Straftat in sich schlecht ist oder zum Schaden der Seelen gereicht;*
6. *von jemandem, der aus gerechter Notwehr einen gegen sich oder einen anderen handelnden ungerechten Angreifer abwehrt und dabei nicht die gebotene Verhältnismäßigkeit beachtet hat;*
7. *gegen einen, der schwer und ungerecht provoziert hat;*
8. *von jemandem, der irrtümlich, wenngleich schuldhaft, geglaubt hat, es läge einer der in can. 1323, nn. 4 oder 5 genannten Umstände vor;*
9. *von jemandem, der ohne Schuld nicht gewußt hat, daß dem Gesetz oder dem Verwaltungsbefehl eine Strafandrohung beigefügt ist;*
10. *von jemandem, der ohne volle Zurechenbarkeit eine Handlung vorgenommen hat, sofern nur die Zurechenbarkeit schwerwiegend bleibt.*

1. Bei den in can. 1324 § 1 aufgeführten Tatbeständen bleibt der Straftäter nicht straffrei, aber die vorgegebene Strafe muß gemildert werden oder an ihre Stelle muß eine Buße treten. Die Tatbestände decken sich weithin mit denen in can. 1323[63], doch fehlt irgendein Element dessen, was in can. 1323 gefordert war[64].

2. Die Straftat ist begangen worden *von jemandem, der einen nur geminderten Vernunftgebrauch hatte.*[65] Der hier gemeinte Geistesschwache unterscheidet sich vom Geisteskranken dadurch, daß der Vernunftgebrauch nicht aufgehoben, sondern gemindert ist. Wann dies der Fall ist, dürfte im einzelnen schwer feststellbar sein.

3. Die Straftat ist begangen worden *von jemandem, der schuldhaft wegen Trunkenheit oder ähnlich gearteter Geistestrübung ohne Vernunftgebrauch war.*[66] Bei der Trunkenheit lassen sich drei verschiedene Sachverhalte denken:

a) Die Trunkenheit ist *mit Absicht herbeigeführt* worden, um eine Straftat zu begehen oder zu entschuldigen. In

---

[63] »Given the *nisi aliud appareat* [gemeint ist die Formel von can. 1321 § 3] and the many exempting and mitigating circumstances of canons 1323–1324, a decision in moral certitude for both full and grave imputability would seem to be possible only in the rarest of cases« (MCDONOUGH, Novus Habitus Mentis [A. 11] 739).

[64] Das in can. 1324 § 1 aufgestellte Prinzip deckt sich weithin mit dem in can. 2223 § 3 n. 3 CIC/1917 aufgeführten: »Poenam determinatam temperare vel loco ipsius aliquod remedium poenale adhibere aut aliquam poenitentiam iniungere, si detur circumstantia imputabilitatem notabiliter minuens, vel habeatur quidem rei emendatio aut inflicta a civili auctoritate castigatio, sed iudex vel Superior opportunam praeterea ducat mitiorem aliquam punitionem.«

[65] In can. 2201 § 4 CIC/1917 heißt es: »Debilitas mentis delicti imputabilitatem minuit, sed non tollit omnino.«

[66] Can. 2201 § 3 CIC/1917 lautete: »Delictum in ebrietate voluntaria commissum aliqua imputabilitate non vacat, sed ea minor est quam cum idem delictum committitur ab eo qui sui plene compos sit, nisi tamen ebrietas apposite ad delictum patrandum vel excusandum quaesita sit; violata autem lege in ebrietate involuntaria, imputabilitas exsulat omnino, si ebrietas usum rationis adimat ex toto; minuitur, si ex parte tantum. Idem dicatur de aliis similibus mentis perturbationibus.«

diesem Fall gibt es keine Straffreiheit oder Strafmilderung (vgl. can. 1325).

b) Die Trunkenheit ist *unfreiwillig* und deshalb nicht schuldhaft. Wenn in diesem Fall der Vernunftgebrauch ganz ausgeschaltet war, ist jede Verantwortlichkeit ausgeschlossen (vgl. can. 1323 n. 6).

c) Die Trunkenheit ist *freiwillig* und deshalb schuldhaft. Die begangene Straftat ist nicht frei von jeder Verantwortlichkeit; aber die Verantwortlichkeit ist geringer, als wenn dieselbe Tat von einer ihrer Sinne mächtigen Person begangen wird (can. 1324 § 1 n. 2).

d) Was von der Trunkenheit gesagt wurde, gilt – mit den nötigen Abänderungen – auch von anderen Geistesstörungen.

4. Die Straftat wurde begangen *aus schwerer Leidenschaft, die jedoch die Verstandesüberlegung und die willentliche Zustimmung nicht gänzlich ausschaltete und behinderte, und nur wenn die Leidenschaft selbst nicht willentlich hervorgerufen oder genährt wurde.*[67] Auch bei der Leidenschaft lassen sich drei Sachverhalte unterscheiden:

a) Die Leidenschaft ist *willentlich hervorgerufen oder genährt* worden. In diesem Fall gibt es keine Straffreiheit oder Strafmilderung (vgl. can. 1325).

b) Die Leidenschaft machte die geistige Überlegung und Willenszustimmung *ganz unmöglich*. In diesem Fall bleibt der Täter straffrei (vgl. can. 1323 n. 6).

c) Die Leidenschaft, welche die Verstandesüberlegung und die willentliche Zustimmung *nicht gänzlich ausschaltete und behinderte*, mildert Schuld und Strafe.

---

[67] Im CIC/1917 lautete der entsprechende Kanon (can. 2206) so: »Passio, si fuerit voluntarie et deliberate excitata vel nutrita, imputabilitatem potius auget; secus eam minuit plus minusve pro diverso passionis aestu; et omnino tollit si omnem mentis deliberationem et voluntatis consensum praecedat et impediat.«

5. Die Straftat wurde begangen *von einem Minderjährigen, der das sechzehnte Lebensjahr vollendet hat.*

a) Gemäß can. 96 ist jemand bis zur Vollendung des siebenten Lebensjahres ein *Kind*. Bis zur Vollendung des achtzehnten Lebensjahres ist die entsprechende Person *minderjährig*; danach ist sie *volljährig*.

b) Unter 16 Jahren bleibt der Übertreter eines Gesetzes oder eines Befehls straffrei (vgl. can. 1323 n. 1). Zwischen 16 und 18 Jahren bleibt der Täter zwar nicht straffrei, aber die Strafe muß gemildert werden.

6. Die Straftat wurde begangen *von jemandem, der durch schwere Furcht, wenngleich nur relativ schwer, gezwungen oder aufgrund einer Notlage oder erheblicher Beschwernis gehandelt hat, wenn die Straftat in sich schlecht ist oder zum Schaden der Seelen gereicht.* In can. 1323 n. 4 wurde bei schwerer Furcht, bei Notstand und bei schwerem Nachteil dem Täter Straffreiheit zugebilligt, *wenn* die Tat nicht in sich schlecht ist oder zum Schaden der Seelen gereicht. Ist dies aber der Fall, so bleibt der Täter zwar nicht straffrei, aber die Strafe muß gemildert werden.

7. Die Straftat wurde begangen *von jemandem, der aus gerechter Notwehr einen gegen sich oder einen anderen handelnden ungerechten Angreifer abgewehrt und dabei nicht die gebotene Verhältnismäßigkeit beachtet hat.* Bei Notwehrexzeß[68] bleibt der Täter nicht straffrei, die Strafe muß aber gemildert werden.

8. Die Straftat wurde begangen *gegen einen, der schwer und ungerecht provoziert hat.* Provokation[69] »liegt vor, wenn jemand durch Beleidigung oder Zufügung von Unrecht zu einer Tat herausgefordert wird«[70]. Die wegen

---

[68] Vgl. Erl. zu can. 1323 n. 5.
[69] Der CIC/1917 behandelte die »provocatio« zusammen mit der Notwehr in can. 2205 § 4.
[70] MÖRSDORF 325.

schwerer und ungerechter Provokation begangene Handlung ist nicht voll zurechnungsfähig.

9. Die Straftat wurde begangen *von jemandem, der irrtümlich, wenngleich schuldhaft, geglaubt hat, es läge einer der in can. 1323 nn. 4 oder 5 genannten Umstände vor*. Oben[71] wurde der schuldlose Irrtum behandelt, hier geht es um den schuldhaften Irrtum. Wer also irrtümlich, wenngleich schuldhaft, meinte, in schwerer Furcht, in einer Notlage oder in erheblicher Beschwernis bzw. in Notwehr zu sein, bleibt bei Übertretung eines Gesetzes nicht straffrei. Aber die Strafe muß gemildert werden.

10. Die Straftat wurde begangen *von jemandem, der ohne Schuld nicht gewußt hat, daß dem Gesetz oder dem Verwaltungsbefehl eine Strafandrohung beigefügt ist*. Wer schuldlos nicht gewußt hat, ein Gesetz zu übertreten, bleibt straffrei[72]. Wer schuldlos nicht gewußt hat, daß dem Gesetz eine Strafandrohung beigefügt ist, bleibt nicht straffrei. Die Strafe muß aber gemildert werden[73].

11. Die Straftat wurde begangen *von jemandem, der ohne volle Zurechenbarkeit eine Handlung vorgenommen hat, sofern nur die Zurechenbarkeit schwerwiegend bleibt*. Niemand wird bestraft, es sei denn, die von ihm begangene Verletzung von Gesetz oder Verwaltungsbefehl ist schwerwiegend zurechenbar[74]. Wenn nun diese Zurechenbarkeit nicht voll ist, obwohl sie doch immer noch schwerwiegend bleibt, so muß die Strafe gemildert werden.

---

[71] Vgl. Erl. n. 10 zu can. 1323.
[72] Vgl. Erl. n. 5 zu can. 1323.
[73] Can. 2202 § 2 CIC/1917 bestimmte: »Ignorantia solius poenae imputabilitatem delicti non tollit, sed aliquantum minuit.«
[74] Vgl. Erl. n. 3 zu can. 1321 § 1.

§ 2. Idem potest iudex facere, si qua alia adsit circumstantia, quae delicti gravitatem deminuat.

Dasselbe kann der Richter tun, wenn ein anderer Umstand gegeben ist, der die Schwere der Straftat mindert.

1. Da es außer den in can. 1324 § 1 aufgeführten strafmildernden Gründen noch andere Gründe geben kann, erhält im vorliegenden Paragraphen der Richter die Befugnis, die anderen Gründe zu berücksichtigen.

§ 3. In circumstantiis, de quibus in § 1, reus poena latae sententiae non tenetur.

Unter den in § 1 aufgeführten Umständen trifft den Täter keine Tatstrafe.

1. Da es sich bei den Tatstrafen um wenige, aber schwere Fälle handelt[75], heben mildernde Umstände, wie sie in § 1 aufgelistet sind, die Tatstrafen auf[76].

Can. 1325

Ignorantia crassa vel supina vel affectata numquam considerari potest in applicandis praescriptis cann. 1323 et 1324; item ebrietas aliaeve mentis perturbationes, si sint de industria ad delictum patrandum vel excusandum quaesitae, et passio, quae voluntarie excitata vel nutrita sit.

Unkenntnis, sei sie grob, fahrlässig oder absichtlich, kann bei der Anwendung der Vorschriften der cann. 1323 und 1324 niemals in

---

[75] Vgl. Erl. n. 4 zu can. 1314.

[76] Die mildernden Umstände müssen nicht solche sein, welche die schwere Zurechenbarkeit überhaupt aufheben bzw. zu einer leichten machen. Würde *dieser* Fall eintreten, dann würde überhaupt nicht mehr bestraft. Im CIC/1917 hatte das can. 2218 § 2 deutlich formuliert: »Non solum quae ab omni imputabilitate excusant, sed etiam quae a gravi, excusant pariter a qualibet poena tum latae tum ferendae sententiae etiam in foro externo, si pro foro externo excusatio evincatur.«

Betracht gezogen werden; ebenso nicht Trunkenheit oder andere Geistestrübungen, wenn diese mit Absicht herbeigeführt wurden, um eine Straftat zu begehen oder zu entschuldigen, sowie nicht Leidenschaft, die willentlich herbeigeführt oder genährt wurde.

1. Unkenntnis bzw. Unwissenheit (ignorantia) besteht darin, daß das notwendige Wissen nicht vorhanden ist. Die Ignoranz unterscheidet sich vom schlichten Nichtwissen dadurch, daß sie (von ihrem Begriff her) ein Nichtwissen besagt, das nicht sein sollte und nicht sein dürfte. Man unterscheidet eine Unkenntnis *des Rechts* (ignorantia iuris) von einer Unkenntnis *des Tatbestands* (ignorantia facti) je nachdem jemand das Gesetz oder den Tatbestand nicht kennt. Man unterscheidet ferner eine »unbesiegbare« und eine »besiegbare« Unkenntnis. Die unbesiegbare Unkenntnis (ignorantia invincibilis) kann selbst bei Anwendung einer normalen Sorgfalt nicht abgelegt werden. Die besiegbare Unkenntnis (ignorantia vincibilis) kann abgelegt werden bei Anwendung der notwendigen Sorgfalt. Die vermeidbare bzw. besiegbare Unkenntnis[77] kann *einfach vermeidbar* (ignorantia simpliciter vincibilis), *grob* (ignorantia crassa), *fahrlässig* (ignorantia supina) oder *absichtlich* (ignorantia affectata) sein[78].

2. Die grobe, fahrlässige und absichtliche Unkenntnis kann bei Anwendung der Vorschriften der cann. 1323 und 1324 nicht in Betracht gezogen werden, denn diese Arten der Unkenntnis mindern die Schuld nicht. Ähnliches gilt für Trunkenheit, Leidenschaft und andere Geistestrübungen, die mit Absicht herbeigeführt wurden, um eine Straftat zu begehen oder zu entschuldigen.

---

[77] Vgl. JASONNI 133–137.

[78] Die Einteilung der vermeidbaren Unkenntnis ist aufgeführt je nach dem Grade der geringeren oder größeren Nachlässigkeit, deren sich jemand schuldig macht. M.a.W.: Die »ignorantia simpliciter vincibilis« ist am wenigsten schuldhaft, die »ignorantia affectata« am meisten.

Can. 1326

§ 1. Iudex gravius punire potest quam lex vel praeceptum statuit:
1. eum, qui post condemnationem vel poenae declarationem ita delinquere pergit, ut ex adiunctis prudenter eius pertinacia in mala voluntate conici possit;
2. eum, qui in dignitate aliqua constitutus est, vel qui auctoritate aut officio abusus est ad delictum patrandum;
3. reum, qui, cum poena in delictum culposum constituta sit, eventum praevidit et nihilominus cautiones ad eum vitandum omisit, quas diligens quilibet adhibuisset.

Härter als Gesetz oder Verwaltungsbefehl es bestimmen, kann der Richter bestrafen:
1. *denjenigen, der nach der Verhängung oder der Feststellung einer Strafe weiterhin in seinem strafwürdigen Verhalten verharrt, so daß aus den Begleitumständen vernünftigerweise auf sein Verharren im schlechten Wollen geschlossen werden kann;*
2. *denjenigen, der sich in einer höheren Stellung befindet oder der seine Autorität oder sein Amt zum Begehen einer Straftat mißbraucht hat;*
3. *einen Täter, der, obwohl eine Strafe für eine schuldhafte Straftat festgesetzt ist, den Ausgang vorhergesehen hat und gleichwohl Vorsichtsmaßnahmen zu ihrer Vermeidung unterlassen hat, die jeder Gewissenhafte angewendet hätte.*

1. Can. 1323 behandelt die Fälle, in denen der Täter straffrei bleibt, can. 1324 behandelt jene, in denen die Strafe gemildert werden muß, im vorliegenden can. 1326 werden jene Fälle behandelt, in denen der Täter härter bestraft werden kann. Denn die Zurechenbarkeit erhöht sich, wenn Schuldverschärfungsgründe vorliegen. Und erhöhte Schuld hat eine verschärfte Bestrafung zur Folge.

2.a) Der sog. *Rückfall* kann eng und weit verstanden werden[79]. Eng (und im eigentlichen Sinn) ist er verstanden,

---

[79] Der CIC/1917 hatte diese Unterscheidung in can. 2208 auch explizit

wenn man nur dann jemanden unter die Rückfälligen einreiht, der nach rechtskräftiger Verurteilung wieder eine strafbare Handlung *derselben Art* begangen hat. Weit (und im übertragenen Sinn) ist der Rückfall verstanden, wenn man jeden, der öfters Straftaten wenn auch *verschiedener Art* begangen hat, unter die Rückfälligen einreiht.

b) Für den sog. Rückfall sind in can. 1326 § 1 n. 1 drei Elemente genannt: (1) Verhängung oder Feststellung einer Strafe[80]; (2) ein neues Delikt; (3) Verharren im strafwürdigen Verhalten und Wollen.

3.a) *Höhere Stellung*. Die Schuld ist um so größer, je höher die kirchliche oder staatliche Stellung dessen ist, der die Tat begeht[81].

b) *Amtsmißbrauch*. Wer ein Amt bekleidet und diese Vorrangstellung dazu mißbraucht, um eine Straftat (z. B. ein Eigentumsdelikt) zu begehen, der hat eine größere Schuld und wird deshalb strenger bestraft.

4.a) Gemäß can. 1321 § 2 bewirkt die Fahrlässigkeit (culpa) kein Delikt, es sei denn, das Gesetz oder der Verwaltungsbefehl sehen anderes vor.

b) Wenn nun eine Strafe für eine schuldhafte Straftat (delictum culposum) festgesetzt ist und wenn der Täter den Ausgang der Handlung vorhergesehen und gleichwohl Vorsichtsmaßnahmen zu ihrer Vermeidung unterlassen hat, die

---

aufgeführt: »§ 1. Recidivus sensu iuris est qui post condemnationem rursus committit delictum *eiusdem generis* et in talibus rerum ac praesertim temporis adiunctis ut eiusdem pertinacia in mala voluntate prudenter coniici possit. § 2. Qui pluries deliquerit etiam *diverso in genere*, suam auget culpabilitatem.«

[80] Eine »reine« Tatstrafe, die nicht festgestellt wurde, erfüllt nicht den hier notwendigen Tatbestand.

[81] Der CIC/1917 berücksichtigte in can. 2207 n. 1 auch die Stellung dessen, an dem die Tat begangen wurde: »Praeter alia adiuncta aggravantia, delictum augetur: 1. Pro maiore dignitate personae quae delictum committit, aut *quae delicto offenditur*.« Dieser sog. favor dignitatis fand aber nicht das Wohlwollen der Reformkommission.

jeder Gewissenhafte angewendet hätte, so kann der Täter härter bestraft werden, als Gesetz oder Verwaltungsbefehl es bestimmen[82].

§ 2. In casibus, de quibus in § 1, si poena constituta sit latae sententiae, alia poena addi potest vel paenitentia.

In den in § 1 vorgesehenen Fällen kann, wenn eine Tatstrafe festgesetzt ist, eine andere Strafe oder Buße hinzugefügt werden.

1. Wenn eine Tatstrafe festgesetzt ist, kann in den in § 1 vorgesehenen Fällen eine andere Strafe oder Buße hinzugefügt werden. Da die Tatstrafe schon vor Begehen der Tat genau umschrieben sein muß und weil die Tatstrafe durch Begehen der Straftat automatisch eintritt (also nicht erst durch einen Richter verhängt wird), muß die Strafverschärfung schon vorher feststehen.
2. Gemäß can. 1315 § 1 kann derjenige, der Gesetzgebungsgewalt besitzt, Gesetze, die von einer höheren kirchlichen Autorität erlassen wurden, verschärfen. Er kann also z. B. die von einer höheren kirchlichen Autorität festgesetzte Tatstrafe insofern verschärfen, als er den Umfang der entsprechenden Tatstrafe durch andere Strafen und Bußen erweitert.

Can. 1327

Lex particularis potest alias circumstantias eximentes, attenuantes vel aggravantes, praeter casus in cann. 1323–1326, statuere, sive generali norma, sive pro singulis delictis. Item in praecepto possunt circumstantiae statui, quae a poena praecepto constituta eximant, vel eam attenuent vel aggravent.

---

[82] Gemäß can. 2203 § 1 des CIC/1917 kommt eine solche Fahrlässigkeit nahe an den Vorsatz heran (culpa est proxima dolo). Man spricht hier auch von bewußter Fahrlässigkeit (luxuria). Vgl. MÖRSDORF 318.

Das Partikulargesetz kann außer den in den cann. 1323–1326 vorgesehenen Fällen andere, Strafe ausschließende, mildernde oder erschwerende Umstände festlegen, sei es durch allgemeine Norm, sei es für einzelne Straftaten. Ebenso können in einem Strafgebot Umstände festgelegt werden, die von der im Strafgebot festgesetzten Strafe befreien, sie mildern oder verschärfen.

1. Entsprechend dem Prinzip der Subsidiarität und weil die in den cann. 1323 bis 1326 vorgesehenen Fälle nicht erschöpfend festgesetzt sind, kann der untergeordnete Gesetzgeber durch Gesetz oder Gebot Umstände festlegen, die von der Strafe befreien, sie mildern oder verschärfen.

Can. 1328

§ 1. Qui aliquid ad delictum patrandum egit vel omisit, nec tamen, praeter suam voluntatem, delictum consummavit, non tenetur poena in delictum consummatum statuta, nisi lex vel praeceptum aliter caveat.

Wer zum Begehen einer Straftat etwas getan oder unterlassen hat und trotzdem unabhängig von seinem Willen die Straftat nicht vollendet hat, zieht sich nicht die für die vollendete Straftat vorgesehene Strafe zu, es sei denn, Gesetz oder Verwaltungsbefehl sehen anderes vor.

1. In den restlichen drei Kanones von Titel III (Straftäter) geht es um den Versuch einer Straftat (can. 1328), um bestimmte Mitwirkungsweisen beim Delikt (can. 1329) und um die Sonderfigur eines bestimmten Deliktes (can. 1330).
2. Der CIC/1917 hatte in can. 2212 den Deliktsversuch[83]

---

[83] Can. 2212 § 1 CIC/1917: »Quicumque actus posuerit vel praetermiserit qui ad exsecutionem delicti natura sua conducunt, sed delictum non consummaverit, sive quia consilium suum deseruit, sive quia delictum propter insufficientiam vel ineptitudinem mediorum perficere non potuit, *delicti conatum* committit.«

von der fehlgeschlagenen Straftat[84] unterschieden. Im CIC/ 1983[85] ist zwar diese Unterscheidung verbal nicht mehr vorhanden, sie steht aber sachlich im Hintergrund[86] der Bestimmungen von can. 1328 und muß deshalb zunächst beschrieben werden.

3. Der Versuch »einer Straftat liegt vor, wenn Handlungen vorgenommen oder Unterlassungen begangen worden sind, die ihrer Natur nach zur Begehung der Straftat führen, aber die Straftat aus irgendeinem Grunde nicht vollendet worden ist«[87]. Der Versuch wird durch drei Elemente bestimmt: den verbrecherischen Willen, den Beginn der Ausführung und das Ausbleiben der Vollendung (velle – agere – non perficere).

a) Der verbrecherische Wille kann in Vorsatz oder Fahrlässigkeit bestehen.

b) Ein Beginn der Handlung muß gemacht sein, dergestalt daß Handlungen vorgenommen oder Unterlassungen begangen worden sind, die ihrer Natur nach zur Begehung der Straftat hinführen. Wer z. B. eine Haustür aufbricht, setzt eine Tat, um einen Diebstahl zu begehen.

---

[84] Can. 2212 § 2 CIC/1917: »Cum omnes actus positi vel omissi sunt qui ad exsecutionem delicti natura sua conducunt et ad delictum perficiendum sufficiunt, si ex alia causa, praeter voluntatem agentis, effectum sortiti non sint, delicti conatus dicitur proprio nomine delictum *frustratum*.«

[85] »Nonnulli proposuerunt ut notio conatus et frustrationis melius definiatur quod tamen Consultoribus inutile videtur si punitiones debeant esse facultativae; alii autem rem de conatu vel frustratione non magni esse momenti censuerunt, ideoque normas simpliciores esse dandas« (Com 8 [1976] 182).

[86] Da freilich die Unterscheidung zwischen einem Deliktsversuch und einer fehlgeschlagenen Straftat immer auch eine Ermessenssache ist und da zudem der vorliegende Kanon diese Unterscheidung nicht explizit macht, ließe sich im can. 1328 zwischen § 1 und § 2 auch noch auf andere Weise unterscheiden. Man könnte unterscheiden zwischen einem »generischen Deliktsverhalten« (welches in sich noch offen ist in Bezug auf das Delikt) bei § 1 und einem »qualifizierten Deliktsverhalten« (welches seiner Natur nach auf das Delikt angelegt ist) in § 2 (vgl. COCCOPALMERIO 307).

[87] MÖRSDORF 328.

c) Das Ausbleiben der Vollendung ist gegeben, wenn nicht alle objektiven Tatbestandsmerkmale verwirklicht sind. In unserem Beispiel könnte es etwa sein, daß der Dieb von seinem Vorhaben abläßt, weil er auf einen bissigen Hund trifft oder weil ihn plötzlich die Angst überkommt.

4. »Wenn *alle* Handlungen vorgenommen oder *alle* Unterlassungen begangen worden sind, die ihrer Natur nach zur Vollendung der Straftat führen und hierzu genügen, aber aus einem Grunde, der ganz außerhalb des Willens des Handelnden liegt, nicht die Vollendung herbeiführen«[88], so redet man von einer *fehlgeschlagenen Straftat*. Beispiel: Der Mörder schießt auf die zu tötende Person und verwundet sie so schwer, daß sie sterben müßte. Einem zufällig herbeieilenden Arzt gelingt es aber, den schwer Verwundeten zu retten.

5. Im § 1 des vorliegenden Kanon wurde das Delikt nicht vollendet, *weil die angewandten Mittel nicht geeignet waren*, einen Erfolg herbeizuführen. In diesem Fall zieht sich der Täter die für die vollendete Straftat vorgesehene Strafe *nicht* zu. Es kann aber sein, daß Gesetz oder Verwaltungsbefehl schon den Deliktsversuch als *eigenständiges* Delikt vorsehen. In diesem Fall zieht sich der Täter die entsprechende Strafe zu. So ist z. B. in can. 1394 die versuchte Ehe (matrimonium attentatum) von Klerikern und Religiosen als selbständiges Delikt unter Strafe gestellt.

§ 2. Quod si actus vel omissiones natura sua ad delicti exsecutionem conducant, auctor potest paenitentiae vel remedio poenali subici, nisi sponte ab incepta delicti exsecutione destiterit. Si autem scandalum aliudve grave damnum vel periculum evenerit, auctor, etsi sponte destiterit, iusta potest poena puniri, leviore tamen quam quae in delictum consummatum constituta est.

Wenn Handlungen oder Unterlassungen ihrer Natur nach zur Ausführung einer Straftat führen, kann der Täter einer Buße oder

---

[88] MÖRSDORF 330.

einem Strafsicherungsmittel unterworfen werden, wenn er nicht von sich aus von der begonnenen Ausführung der Straftat zurückgetreten ist. Ist aber Ärgernis oder anderer schwerer Schaden oder Gefahr entstanden, so kann der Täter, auch wenn er von sich aus von der Tat abläßt, mit einer gerechten Strafe belegt werden, die aber geringer sein muß als die, welche für die vollendete Straftat festgelegt ist.

1.a) Im § 2 von can. 1328 handelt es sich um eine fehlgeschlagene Straftat (delictum frustratum). Die angewandten Mittel waren geeignet, trotzdem blieb aber der Erfolg aus. Der Fall von § 2 ist somit schwerwiegender als jener von § 1. Deshalb kann der Täter einer Buße oder einem Strafsicherungsmittel unterworfen werden.

b) Auch dann, wenn der Täter von sich aus von der begonnenen Ausführung der Straftat abläßt (er also normalerweise nicht bestraft würde), kann er doch mit einer gerechten Strafe belegt werden, wenn Ärgernis, schwerer Schaden oder Gefahr entstanden ist.

Can. 1329

§ 1. Qui communi delinquendi consilio in delictum concurrunt, neque in lege vel praecepto expresse nominantur, si poenae ferendae sententiae in auctorem principalem constitutae sint, iisdem poenis subiciuntur vel aliis eiusdem vel minoris gravitatis.

Diejenigen, die durch gemeinsame Planung einer Straftat an einer Straftat mitwirken und im Gesetz oder im Verwaltungsbefehl nicht ausdrücklich genannt sind, werden, wenn gegen den Haupttäter Spruchstrafen festgesetzt sind, den gleichen oder anderen Strafen derselben oder geringerer Schwere unterworfen.

1. Der can. 2209 des CIC/1917 hatte die Mitwirkungsweisen beim Delikt sehr genau beschrieben. Er unterschied zwischen *Täterschaft* (unmittelbare und mittelbare Täterschaft, Allein- und Mittäterschaft, notwendige und freie

Mittäterschaft), *Teilnahme* (Anstiftung und Beihilfe, positive und negative Beihilfe), *Rücktritt* von Mittäterschaft bzw. Teilnahme und *Begünstigung*. Im CIC/1983 ist die Mitwirkungsweise wesentlich einfacher geregelt.

2. Ein *Mitwirken* bei einem Delikt besteht, wenn mehrere Personen bei einer Straftat zusammenwirken[89]. Diese Personen wirken freilich nicht in derselben Weise zusammen. Deshalb unterscheidet can. 1329 den Haupttäter vom Mittäter. Unter den Mittätern unterscheidet er notwendige und nicht notwendige Mittäter.

3. In can. 1329 unterscheidet man zwei Möglichkeiten: a) es handelt sich um Spruchstrafen (§ 1); b) es handelt sich um Tatstrafen (§ 2).

4. Wenn gegen den Haupttäter *Spruchstrafen* festgesetzt sind, so werden die Mittäter den gleichen oder anderen Strafen derselben oder geringerer Schwere unterworfen.

§ 2. In poenam latae sententiae delicto adnexam incurrunt complices, qui in lege vel praecepto non nominantur, si sine eorum opera delictum patratum non esset, et poena sit talis naturae, ut ipsos afficere possit; secus poenis ferendae sententiae puniri possunt.

Die Mittäter, die im Gesetz oder im Verwaltungsbefehl nicht genannt werden, ziehen sich die für eine Straftat angedrohte Tatstrafe zu, wenn ohne ihr Handeln die Straftat nicht begangen worden wäre und die Strafe derart ist, daß sie sie selbst treffen kann; andernfalls können sie mit Spruchstrafen belegt werden.

1. Ist die angedrohte Strafe[90] eine *Tatstrafe*, so ziehen sich

---

[89] »Concursus in delicto habetur ubi plures propriam actionem praestant in eodem delicto committendo. Non autem eodem modo concurrunt; et ideo non omnes habent eandem responsabilitatem. Codex distinguit inter auctorem principalem et alios; et inter istos dantur complices necessarii et non necessarii« (DE PAOLIS 65).

[90] Die Vorschrift dieses Paragraphen läßt sich z. B. anwenden auf can. 1398 (Abtreibung).

die notwendigen[91] Mittäter[92] diese Tatstrafe zu, wenn die Strafe derart ist, daß sie diese treffen kann. Die nicht notwendigen Mittäter können mit Spruchstrafen belegt werden[93].

Can. 1330

Delictum quod in declaratione consistat vel in alia voluntatis vel doctrinae vel scientiae manifestatione, tamquam non consummatum censendum est, si nemo eam declarationem vel manifestationem percipiat.

Eine Straftat, die in einer Erklärung oder in einer anderen Äußerung des Willens, der Lehre oder des Wissens besteht, ist als unvollendet zu werten, wenn niemand diese Erklärung oder Äußerung wahrnimmt.

1. Um diesen Kanon gab es in der Vorbereitungsphase einige Auseinandersetzungen. Im Entwurf für das Strafrecht war der spätere can. 1330 als can. 2 plaziert worden. Er lautete: »Si lex vel praeceptum poenas comminetur in animi vel mentis manifestationem, delictum consummatur cum aliquis eam manifestationem percipiat.[94]« In der Reformkommission[95] wurde dieser Kanon diskutiert und (von kleinen Einzelheiten abgesehen) in seine jetzige Form gebracht.

2. Die Schwierigkeiten und Auseinandersetzungen um den ursprünglichen Kanon waren vor allem doktrineller Art.

---

[91] Es gibt Straftaten, die ihrer Natur nach nicht von einer Person allein begangen werden können, sondern wenigstens einen Mittäter (= complex) erfordern, z. B. Duell, Ehebruch, strafbare Eheschließung, Verschwörung.

[92] Es handelt sich in can. 1329 um Mittäter, die im Gesetz oder Verwaltungsbefehl *nicht ausdrücklich genannt* sind. Es wäre denkbar, daß die Mittäter ausdrücklich genannt sind; dann würde das gelten, was dort vorgeschrieben wird.

[93] Dies ist freilich z. B. dann nicht möglich, wenn es sich um ein geheimes Delikt handeln würde.

[94] Can. 2 Schema Poen.

[95] Com 8 (1976) 168 f.

Weil unter einem Delikt eine äußere und sittlich zurechenbare Verletzung eines Gesetzes[96] verstanden wurde, schien mit can. 2 des Entwurfes insofern eine neue Deliktsbestimmung eingeführt worden zu sein, als nun noch für den Begriff des Deliktes gefordert wurde, daß die Verletzung des Gesetzes auch *wahrgenommen* werden müsse. Weil man aber keinen neuen Begriff des Deliktes schaffen wollte, mußte der can. 2 des Entwurfes neu formuliert werden.

3. Auch gemäß can. 1330 ist das Delikt im allgemeinen schon vollendet, wenn die äußere Verletzung des Gesetzes feststeht. Für das hier gemeinte Delikt (Äußerung einer Häresie, Fluchen, Meineid, Beichtsiegelbruch usw.) gilt[97] aber kraft gesetzlicher Zwangsannahme[98], daß es als unvollendet gewertet wird, wenn niemand die entsprechende Erklärung oder Äußerung wahrnimmt.

4. Es bleibt eine diskutierte Frage, ob die bloße Wahrnehmung der Äußerung des Willens, der Lehre oder des Wissens genügt oder *ob auch* wahrgenommen werden muß, daß jene Äußerung ein Delikt ist.[99] Vermutlich genügt die Möglichkeit der bloßen Wahrnehmung. Der Gesetzgeber möchte sich die Möglichkeit eröffnen, immer dann mit Strafen einzugreifen, wenn Äußerungen des Willens, der Lehre oder des Wissens im öffentlichen Bereich *Schaden anrichten*.

---

[96] Vgl. Erl. n. 2 und 3 zu can. 1321 § 1.

[97] »Praesertim non est quaestio de delicto quod non est consummatum, sed de delicto quod ›non consummatum censendum est‹. Id est agitur de vero delicto, cum omnia elementa constitutiva delicti habeantur, sed legislator non tale censet, per fictionem iuris« (DE PAOLIS 66).

[98] »Die gesetzliche Zwangsmaßnahme (fictio iuris) gibt einem bestimmten Tatbestand auf vernünftige Gründe hin eine rechtsverbindliche Wertung, die der Wirklichkeit widerspricht« (K. MÖRSDORF, Lehrbuch des Kirchenrechts I, Paderborn ¹¹1964, 95). Gemäß can. 409 § 1 CIC/1917 *galt* ein Domherr, der zum Chordienst nicht in der Domherrngewandung erschienen war, *als abwesend*, obgleich er präsent war.

[99] »Videtur sufficere perceptio meri facti declarationis vel manifestationis« (DE PAOLIS 66).

5. Sollte die entsprechende Äußerung gemacht worden sein, *ohne die Intention*, daß sie (d. h. die Äußerung) auch wahrgenommen wird, so liegt kein Delikt vor.[100]

---

[100] »Ovviamente, se la manifestazione è stata fatta senza l'intenzione di farla percepire da altri, non si avrà neppure la figura del delitto tentato« (CIPROTTI 120, A. 21).

Titel IV

STRAFEN UND ANDERE MASSREGELUNGEN

Kapitel I

Beugestrafen

1. Bereits im can. 1312 ist eine Einteilung der kirchlichen Strafen im Überblick vorgenommen worden[1]. Nun werden die Strafen ausführlich behandelt. Es handelt sich um die Beugestrafen (cann. 1331–1335), die Sühnestrafen (cann. 1336–1338) und die Strafsicherungsmittel und Bußen (1339–1340). Der CIC/1917 behandelte[2] die vorliegende Materie (zusammen mit anderen Inhalten) in der pars secunda (De poenis) in den cann. 2214 bis 2313.

2. Die Beuge- und Besserungsstrafen (censurae bzw. poenae medicinales) »dienen dazu, eine hartnäckige Verstocktheit zu brechen«[3]. Sie werden stets auf *unbestimmte Zeit* verhängt und nur solange aufrechterhalten wie die Verstocktheit andauert.[4] Es gibt drei Arten von Beugestrafen:

---

[1] Vgl. die Erläuterungen zu diesem Kanon.

[2] Einige Strafarten und Prozeßverfahren des CIC/1917 sind abgeschafft worden, z. B. der Ehrverlust, das Lokalinterdikt, Interdikt (Gottesdienstsperre) und Suspension (Dienstenthebung) bezüglich einer juristischen Person, die Dienstenthebung nach Wissen und Gewissen. Das kirchliche Begräbnis kann zwar weiterhin verweigert werden (vgl. can. 1184 § 1 CIC/1983), es ist aber keine *Strafe* mehr wie im CIC/1917 (vgl. can. 2291 n. 5).

[3] Mörsdorf 340.

[4] Can. 1358 § 1: »Eine Beugestrafe kann nur einem Täter erlassen werden, der... die Widersetzlichkeit aufgegeben hat; einem solchen aber kann der Nachlaß nicht verweigert werden.«

den Kirchenbann (excommunicatio), die Gottesdienstsperre (interdictum) und die Dienstenthebung (suspensio).[5]

3. Im Mittelpunkt vieler Überlegungen steht der Kirchenbann[6] bzw. die Exkommunikation[7]. Sie wurde von Kotzula so definiert: »Die Exkommunikation stellt diejenige Beugestrafe des kanonischen Rechtes dar, welche die katholische Kirche ob ihres Selbstzeugnisses willen gleichsam als *ultima ratio* rechtens verfügt, wodurch sie, ohne die Teilhabe an ihren geistlichen Gütern vollends zu verweigern, die Rechtsfähigkeit am umfangreichsten mindert, ja diese nach verhängter Spruchstrafe bzw. nach ergangenem Feststellungsurteil für die aktive Ausübung sogar entzieht, um auf diese Weise das Wohl der Communio zu gewährleisten und dem Straftäter nach sichtlicher Sinnesänderung den Neuzugang zur Communio wieder vollauf zu ermöglichen.«[8] Freilich muß bei dieser Beschreibung (gleichsam einschränkend) bedacht werden, daß »communio« und »excommunicatio« keine kontradiktorischen Gegenbegriffe[9] sind (wie z. B. Sein

---

[5] Erst im Laufe der Jahrhunderte kam es zur Ausfaltung der dreigliedrigen Beugestrafe. »Tantum decursu saeculorum facta est clarificatio, quae habetur in CIC 1917, in c. 2255. In hoc tamen canone suspensio et interdictum dicuntur habere sive naturam poenae medicinalis sive vindicativae. In novo Codice tandem statuitur suspensionem et interdictum habere tantum naturam medicinalem« (DE PAOLIS 68).

[6] Zur ersten Einführung vgl. P. WELTEN/C.-H. HUNZINGER/C. THOMA/ G. MAY/C. LINK, Bann, in: TRE 159–190.

[7] L. GEROSA, La scomunica è una pena? Saggio per una fondazione teologica del diritto penale canonico, Fribourg: Éditions universitaires Fribourg 1984 (= Studia Friburgensia NS 64); dazu: R. SEBOTT, Rez., in: Theologie und Philosophie 62 (1987) 313–315; L. GEROSA, Ist die Exkommunikation eine Strafe? In: AfkKR 154 (1985) 83–120; A. BORRAS, L'excommunication dans le nouveau code de droit canonique. Essai de définition, Paris: Desclée 1987; A. BORRAS, De excommunicatione in vigenti codice, in: PerRMCL 79 (1990) 713–732.

[8] ST. KOTZULA, Zur Exkommunikation im CIC/1983. Eine Definitionsmöglichkeit vom Communiobegriff her, in: AfkKR 156 (1987) 432–459, hier 459.

[9] »Notiones... communionis et excommunicationis, etiamsi relationem

und Nichtsein). Das Kirchenrecht verwendet den Begriff »communio« in einem sehr weiten Sinn[10], den Begriff »excommunicatio« aber nur in dem technischen Sinn, den der can. 1331 vorschreibt.

Can. 1331

§ 1. Excommunicatus vetatur:
1. ullam habere participationem ministerialem in celebrandis Eucharistiae Sacrificio vel quibuslibet aliis cultus caerimoniis;
2. sacramenta vel sacramentalia celebrare et sacramenta recipere;
3. ecclesiasticis officiis vel ministeriis vel muneribus quibuslibet fungi vel actus regiminis ponere.

Dem Exkommmunizierten ist untersagt:
1. jeglicher Dienst bei der Feier des eucharistischen Opfers oder bei irgendwelchen anderen gottesdienstlichen Feiern;
2. Sakramente oder Sakramentalien zu spenden und Sakramente zu empfangen;
3. jedwede kirchlichen Ämter, Dienste oder Aufgaben auszuüben oder Akte der Leitungsgewalt zu setzen.

1. Can. 1331 behandelt den Kirchenbann bzw. die Exkommunikation (excommunicatio), can. 1332 die Gottesdienstsperre bzw. das Interdikt (interdictum) und die cann. 1333 und 1334 die Dienstenthebung bzw. Suspension (suspensio)[11].

---

mutuam dicant, non sunt tamen considerandae notiones quae directe se opponunt mutuo, ita ut ubi non detur plena communio eo ipso habeatur excommunitio« (DE PAOLIS 1986, 246).

[10] Vgl. das Stichwort »communio« und dessen Zusammensetzungen, in: OCHOA Index 88.

[11] Die im Auftrag der Bischofskonferenzen herausgegebene deutsche Übersetzung übernimmt bei den drei Beugestrafen die Fremdwörter: Exkommunikation, Interdikt und Suspension. Es wird sich in Zukunft zeigen, ob nicht doch eine bessere Eindeutschung notwendig sein wird. Es bleibt dann eine weitere Frage, ob man die alten Begriffe »Kirchenbann«, »Got-

2. Im jetzigen CIC ist die Unterscheidung zwischen dem excommunicatus toleratus und vitandus aufgegeben worden. Nach der größeren oder geringeren Stärke des Verkehrs- bzw. Gemeinschaftsverbotes unterschied man im CIC/1917[12] zwischen dem Gebannten, der geduldet wird (toleratus), und dem Gebannten, der zu meiden ist (vitandus). Auch der feierliche Bannfluch, das Anathem, wurde abgeschafft[13].

3. Der Kirchenbann, dessen Wirkungen im vorliegenden Kanon behandelt werden, wird im CIC/1983 nicht definiert[14]. Doch darf man der Meinung sein, der Begriff des Kirchenbannes habe sich gegenüber dem CIC/1917 nicht geändert[15]. Damals war der Kirchenbann in can. 2257 § 1 folgendermaßen umschrieben worden: »Der Kirchenbann ist eine Beugestrafe, durch welche jemand aus der Gemeinschaft der Gläubigen ausgestoßen wird mit allen jenen Wirkungen, die in den folgenden Kanones aufgezählt werden und die nicht voneinander getrennt werden können.«[16]

---

tesdienstsperre« und »Dienstenthebung« übernehmen wird oder neue Begriffe schafft.

[12] Can. 2258 CIC/1917 § 1: »Excommunicati alii sunt *vitandi,* alii *tolerati.*« — § 2: »Nemo est vitandus, nisi fuerit nominatim a Sede Apostolica excommunicatus, excommunicatio fuerit publice denuntiata et in decreto vel sententia expresse dicatur ipsum vitari debere, salvo praescripto can. 2343, § 1, n. 1«

[13] Der CIC/1917 bestimmte in can. 2257 § 2: »Dicitur [i. e. excommunicatio] quoque *anathema,* praesertim si cum sollemnitatibus infligatur quae in Pontificali Romano describuntur.«

[14] Ein diesbezüglicher Vorschlag wurde abgelehnt (vgl. Com 9 [1977] 148).

[15] »Nulla datur definitio excommunicationis in novo Codice. Videtur adhuc sustineri posse notio CIC praecedentis« (De Paolis 71). »In novo Codice excommunicatio, prout poena canonica de qua loquitur can. 1331, manet substantialiter eadem ac in praecedenti Codice« (DE PAOLIS 1986, 244).

[16] Can. 2257 § 1 CIC/1917: »Excommunicatio est censura qua quis excluditur a communione fidelium cum effectibus qui in canonibus, qui sequuntur, enumerantur, quique separari nequeunt.«

4. Der Kirchenbann muß verstanden werden im Hinblick auf can. 96, der die Eingliederung in die Kirche durch die Taufe beschreibt.[17] Die Gemeinschaft also, aus welcher der Bestrafte ausgestoßen wird, ist nicht die *innere* Gemeinschaft (umschrieben durch die Gnade; durch Glaube, Hoffnung und Liebe usw.), sondern die *äußere* Gemeinschaft der Kirche (umschrieben durch die Sakramente, das eucharistische Opfer, die kirchliche Vollmacht usw.).

5. Der Entwurf von 1977 hatte den Versuch gemacht, die Wirkungen der Exkommunikation insofern zu trennen, als der Gebannte die Beichte und die Krankensalbung sollte empfangen können[18]. Dieser Versuch wurde aber abgelehnt[19].

6. Der can. 1331 unterscheidet zwei Arten des Kirchenbannes.[20] In § 1 handelt es sich um eine reine Tatstrafe, in § 2 um eine Spruchstrafe oder eine festgestellte Tatstrafe[21]. Wer sich eine Tatstrafe zugezogen hat, die nicht festgestellt ist, dessen Situation ist zumeist nur ihm selbst bekannt. Seine entsprechenden Handlungen sind *unerlaubt, aber gül-*

---

[17] Can. 96: »Durch die Taufe wird der Mensch der Kirche Christi eingegliedert und wird in ihr zur Person mit den Pflichten und Rechten, die den Christen unter Beachtung ihrer jeweiligen Stellung eigen sind, soweit sie sich in der kirchlichen Gemeinschaft befinden und wenn nicht eine rechtmäßig verhängte Sanktion entgegensteht.«

[18] Schema Poen can. 16 § 1: »Excommunicatio vetat: ... b) sacramenta, exceptis paenitentia et infirmorum unctione, recipere, et sacramenta vel sacramentalia conficere vel administrare.« Hätte man an dieser Bestimmung festgehalten, so wäre der Begriff der Exkommunikation tiefgehend verändert worden. Sie hätte dann weitgehend *ihren Strafcharakter verloren*. Die Exkommunikation wäre den Bestimmungen der cann. 917 (einmaliger Eucharistieempfang am Tag) oder 919 (eucharistische Nüchternheit) vergleichbar gewesen.

[19] Vgl. Com 9 (1977) 149, 321 f.; Com 16 (1984) 42.

[20] »Codex agit in prima paragrapho de effectibus cuiuscumque excommunicationis, id est, qui habentur semper cum aliquis sit excommunicatus; in secunda autem paragrapho sermo est de effectibus qui adduntur, si agitur de excommunicatione irrogata vel declarata« (DE PAOLIS 73).

[21] Zur Terminologie vgl. Erl. 3 zu can. 1314.

tig[22]. Vom Verbot sind betroffen: a) der Dienst[23] bei der Feier des eucharistischen Opfers oder bei irgendwelchen anderen gottesdienstlichen Feiern;[24] b) die Spendung von Sakramenten oder Sakramentalien und der Empfang von Sakramenten; c) die Ausübung von kirchlichen Ämtern[25]; Diensten[26] oder Aufgaben[27] und die Setzung von Akten der Leitungsgewalt[28].

§ 2. Quod si excommunicatio irrogata vel declarata sit, reus:
1. si agere velit contra praescriptum § 1, n. 1, est arcendus aut a liturgica actione est cessandum, nisi gravis obstet causa;
2. invalide ponit actus regiminis, qui ad normam § 1, n. 3, sunt illiciti;

---

[22] Es handelt sich hier um einen »favor animarum«, weil die Gemeinde den entsprechenden Seelsorger braucht oder nötig haben kann. Vgl. auch can. 1335, der auf diese Situation näher eingeht.

[23] Dienst ist die Übersetzung von »*participatio ministerialis*«. Dieser lateinische Begriff vermag deutlicher (als das deutsche Wort) auszudrükken, worum es sich hier handelt. »Nonnulli suadent ut perspicue exprimatur hic agi de sola participatione activa, ne norma videatur gravior quam iure vigenti (cf. CIC, can. 2259). Consultores censent huic suggestioni satis fieri posse per locutionem ›participatio ministerialis‹« (Com 9 [1977] 148).

[24] Es ist also verboten, daß der Bischof, der Priester, der Diakon, der Lektor, der Akolyth und andere ihren *(»aktiven«)* Dienst tun. Nicht verboten ist die Teilnahme am eucharistischen Opfer oder an anderen gottesdienstlichen Feiern »nach Art der Laien« (modo laicorum). Dies wäre dann nur eine »assistentia *passiva*«.

[25] Das Amt ist näher umschrieben im can. 145.

[26] Unter »ministeria« sind hier verstanden die Dienste des Lektors und Akolythen im Sinne von can. 230. »Quaesitum est... utrum verbum ›officium‹ non debeat potius compleri verbi ›ministeriis‹ propter nova ministeria laicis collata. Propositio omnibus placet« (Com 9 [1977] 149 f.).

[27] Unter »munus« (Aufgabe) versteht man *andere* kirchliche Dienste über solche hinaus, die mit den Begriffen »officia« und »ministeria« gemeint waren. Es wäre zu denken an die Aufgabe von Dozenten, Lehrern, Katechisten, an den Dienst von Kirchenangestellten, Küstern und Kirchenmusikern, an die Teilnahme an kirchlichen Räten usw. Aufgabe wird hier verstanden als »qualsiasi servizio che abbia nella Chiesa una caratteristica di *socialità* e una nota di *pubblicità*« (COCCOPALMERIO 315).

[28] »Die Leitungsgewalt wird unterschieden in gesetzgebende, ausführende und richterliche Gewalt« (can. 135 § 1).

3. vetatur frui privilegiis antea concessis;
4. nequit valide consequi dignitatem, officium aliudve munus in Ecclesia;
5. fructus dignitatis, officii, muneris cuiuslibet, pensionis, quam quidem habeat in Ecclesia, non facit suos.

Wenn aber die Exkommunikation verhängt oder festgestellt worden ist:
1. *muß der Täter ferngehalten oder muß von der liturgischen Handlung abgesehen werden, wenn er der Vorschrift von § 1, n. 1 zuwiderhandeln will, es sei denn, es steht ein schwerwiegender Grund dagegen;*
2. *setzt der Täter ungültig Akte der Leitungsgewalt, die gemäß § 1, n. 3 unerlaubt sind;*
3. *ist dem Täter der Gebrauch vorher gewährter Privilegien untersagt;*
4. *kann der Täter gültig keine Würde, kein Amt und keinen anderen Dienst in der Kirche erlangen;*
5. *erwirbt der Täter die Erträge einer Würde, eines Amtes, jedweden Dienstes, einer Pension, die er etwa in der Kirche hat, nicht zu eigen.*

1. In § 2 ist die Exkommunikation verhängt oder festgestellt worden, d. h. es handelt sich um eine Spruchstrafe oder eine festgestellte Tatstrafe. Die Strafe ist also rechtsnotorisch bzw. bekannt[29]. Deshalb sind die dennoch gesetzten Jurisdiktionsakte *ungültig* und Akte des öffentlichen Kultus müssen normalerweise *abgebrochen* werden.

2. Im einzelnen gilt: a) der Täter muß normalerweise ferngehalten oder es muß von der liturgischen Handlung abgesehen werden, wenn er der Vorschrift von § 1 n. 1 zuwiderhandeln will; b) Akte der Leitungsgewalt, die gemäß

---

[29] In *diesem* Fall läßt sich das Prinzip des »favor animarum« *nicht* anwenden. Weil die Gemeinde um den Verbotscharakter *weiß*, käme es zu Ärgernis und Aufsehen, wenn die entsprechenden Akte doch durchgeführt würden.

§ 1 n. 3 unerlaubt sind, werden ungültig gesetzt; c) dem Täter ist der Gebrauch vorher gewährter Privilegien untersagt; d) der Täter ist unfähig, Würden, Ämter oder andere Dienste in der Kirche zu erlangen; e) die Erträge einer Würde, eines Amtes, eines Dienstes oder einer Pension, die der Täter in der Kirche etwa hat, erwirbt er nicht zu eigen.

3. Es gilt im übrigen can. 915[30]: »Zur heiligen Kommunion dürfen nicht zugelassen werden Exkommunizierte nach Verhängung oder Feststellung der Strafe sowie andere, die hartnäckig in einer offenkundigen schweren Sünde verharren.«

Can. 1332

Interdictus tenetur vetitis, de quibus in can. 1331, § 1, nn. 1 et 2; quod si interdictum irrogatum vel declaratum sit, praescriptum can. 1331, § 2, n. 1 servandum est.

Den mit Interdikt Belegten treffen die in can. 1331, § 1, nn. 1 und 2 genannten Verbote; wenn aber das Interdikt verhängt oder festgestellt worden ist, ist die Vorschrift von can. 1331, § 2, n. 1 zu beachten.

1. Weil der jetzige CIC keine Definition der Gottesdienstsperre (interdictum) gibt, sei auf jene des CIC/1917 zurückgegriffen, die auch jetzt noch gilt. In can. 2268 § 1 heißt es: »Die Gottesdienstsperre ist eine Beugestrafe, die den Gläubigen den Gebrauch der in den folgenden Kanones aufgezählten geistlichen Güter entzieht, ohne sie aber von der Gemeinschaft der Gläubigen auszuschließen.«[31]

---

[30] Vgl. J. HENDRIKS, »Ad sacram communionem ne admittantur... Adnotationes in can. 915, in: PerRMCL 79 (1990) 163–176, hier 170.

[31] »Interdictum est censura qua fideles, in communione Ecclesiae permanentes, prohibentur sacris quae in canonibus, qui sequuntur, enumerantur« (can. 2268 § 1 CIC/1917).

2. Die Gottesdienstsperre[32] ist mit dem Kirchenbann eng verwandt,[33] weil ein Teil ihrer Wirkungen sich mit den Wirkungen des Kirchenbannes decken. Der Hauptunterschied zwischen Kirchenbann und Gottesdienstsperre besteht darin, daß letztere nicht aus der Gemeinschaft der Gläubigen ausschließt und daß die Wirkungen der Gottesdienstsperre trennbar sind. Es ist daher möglich, eine Gottesdienstsperre zu verhängen, die auf einzelne näher bestimmte Wirkungen beschränkt ist (= Teilsperre).

3. Gegenüber dem CIC/1917 hat die Gottesdienstsperre im CIC/1983 einige Änderungen und Vereinfachungen erfahren: a) Die Gottesdienstsperre kann nicht mehr als Sühnestrafe verhängt werden[34]; b) es wird nicht mehr unterschieden zwischen einer persönlichen und örtlichen Sperre[35] bzw. zwischen einer allgemeinen und besonderen Sperre[36]. Der Vorschlag, die Gottesdienstsperre im CIC/1983 über-

---

[32] Beim Interdikt handelte es sich ursprünglich um eine Ausgliederung aus der Exkommunikation. So wurden durch die örtliche Gottesdienstsperre (interdictum locale) auch jene Personen getroffen, die direkt gar nicht schuldig waren. Auf diese Weise wirkte aber die Gottesdienstsperre *indirekt auf die oder den Schuldigen* zurück. »Den Anlaß zur Ausbildung des Interdikts gaben die gewalttätigen Zeiten des 10. und 11. Jh. Die Kirche mußte einen Weg suchen, das Kirchengut und die Geistlichkeit gegen die Übergriffe der weltlichen Herrscher, der Feudalherren und auch der Bevölkerung besser zu schützen. Sie fand ihn, indem sie den Rechtsbrecher nicht nur mit der Exkommunikation bestrafte, sondern ihn auch seines unrechtmäßig angeeigneten Gutes nicht froh werden ließ. Durch Verhängung des Interdikts sollten die Schuldigen zu Einsicht und Wiedergutmachung geführt und alle Bewohner des in Frage stehenden Gebietes sich der Schwere eines Vergehens bewußt werden« (R. A. STRIGL, Das Funktionsverhältnis zwischen kirchlicher Strafgewalt und Öffentlichkeit, München 1965 [= MThS. K 21] 84).
[33] Man pflegte das Interdikt deswegen bisweilen eine »excommunicatio partialis« zu nennen.
[34] Im CIC/1917 konnte die Gottesdienstsperre sowohl Beugestrafe wie auch Sühnestrafe sein (vgl. can. 2255 § 2).
[35] Vgl. die cann. 2268 § 2 und 2269 § 2 des CIC/1917.
[36] Vgl. can. 2269 § 1 CIC/1917.

haupt abzuschaffen, fand allerdings keine Mehrheit[37]. Somit ist im CIC/1983 nur die *persönliche Gottesdienstsperre* erhalten geblieben.

4. Den mit der Gottesdienstsperre Belegten treffen die in can. 1331 § 1 nn. 1 und 2 genannten *Verbote*[38], d. h. es ist ihm jeglicher Dienst bei der Feier des eucharistischen Opfers oder bei irgendwelchen anderen gottesdienstlichen Feiern untersagt, er darf keine Sakramente oder Sakramentalien spenden und er darf keine Sakramente empfangen.

5. Wenn aber das Interdikt *verhängt* oder *festgestellt* worden ist, ist die Vorschrift von can. 1331 § 2 n. 1 zu beachten, d. h. der Täter muß ferngehalten bzw. es muß von der liturgischen Handlung abgesehen werden, wenn er bei der eucharistischen Feier oder bei anderen gottesdienstlichen Feiern Dienst tun will.[39]

Can. 1333

§ 1. Suspensio, quae clericos tantum afficere potest, vetat:
1. vel omnes vel aliquos actus potestatis ordinis;
2. vel omnes vel aliquos actus potestatis regiminis;
3. exercitium vel omnium vel aliquorum iurium vel munerum officio inhaerentium.

Die Suspension, die nur Kleriker treffen kann, verbietet:
1. *alle oder einige Akte der Weihegewalt;*
2. *alle oder einige Akte der Leitungsgewalt;*
3. *die Ausübung aller oder einiger der mit einem Amt verbundenen Rechte oder Aufgaben.*

1. Auch für die Dienstenthebung (suspensio) gibt der CIC/1983 keine Begriffsbestimmung. Deshalb sind wir auch dies-

---

[37] Vgl. Com 9 (1977) 151.
[38] Entgegen den Verboten vorgenommene Handlungen sind aber trotzdem gültig.
[39] Wenn das Interdikt verhängt oder festgestellt worden ist, gilt im übrigen auch can. 915.

mal auf den CIC/1917 angewiesen, der in can. 2278 § 1 folgende Definition gab: »Die Dienstenthebung ist eine Beugestrafe, durch die der Kleriker von seinem Amt oder seiner Pfründe oder von beidem ferngehalten wird.«[40] Im Unterschied zum Kirchenbann sind die Strafwirkungen der Dienstenthebung trennbar und in mannigfacher Weise abgestuft.

2. Der Entwurf von 1973[41] hatte vermieden, auf die Beschränkung hinzuweisen, wonach die Dienstenthebung nur die Kleriker treffen kann. Offenbar war damit die Absicht angedeutet, die Dienstenthebung auch auf die Laien auszudehnen[42]. Bei der Überarbeitung des Entwurfes entschied man sich aber dafür, daß die Dienstenthebung nur Kleriker treffen kann[43]. Die Dienstenthebung ist im CIC/1983 immer eine Beugestrafe.[44]

3. Der CIC/1917 kannte eine Reihe von verschiedenen Arten der Dienstenthebung[45]. Bedeutsam waren vor allem die allgemeine Dienstenthebung (suspensio generalis), die Enthebung vom geistlichen Dienst (suspensio ab officio) und die Einkommenssperre (suspensio a beneficio). Der CIC/1983 setzt zwar diese verschiedenen Arten der suspensio voraus, nennt sie aber nicht mehr ausdrücklich.

4. Das Verbot[46] von § 1 betrifft: a) alle oder einige Akte

---

[40] Can. 2278 § 1 CIC/1917: »Suspensio est censura qua clericus officio vel beneficio vel utroque prohibetur.«
[41] Vgl. die cann. 18 und 19 Schema Poen.
[42] Schon in seinem Kommentar zum CIC/1917 schrieb K. MÖRSDORF: »In gewissem Umfang sind aber *auch Laien* zur Ausübung geistlicher Dienste ermächtigt (z. B. Erteilung von Religionsunterricht) und können daher mit Dienstenthebung bestraft werden (vgl. c. 2291 n. 10)« (MÖRSDORF 405).
[43] Com 9 (1977) 153.
[44] Vgl. DE PAOLIS 1990, 203.
[45] Vgl. die cann. 2278–2281.
[46] Es handelt sich also hier *nicht* um eine Ungültigkeitserklärung.

der *Weihegewalt;* b) alle oder einige Akte der *Leitungsgewalt;* c) die Ausübung aller oder einiger der *mit einem Amt* verbundenen Rechte oder Aufgaben:

§ 2. In lege vel praecepto statui potest, ut post sententiam condemnatoriam vel declaratoriam actus regiminis suspensus valide ponere nequeat.

Im Gesetz oder im Verwaltungsbefehl kann festgelegt werden, daß der Suspendierte nach einem Verhängungs- oder einem Feststellungsurteil Akte der Leitungsgewalt nicht gültig setzen kann.

1\. Im Gesetz oder Verwaltungsbefehl kann festgelegt werden, daß der Suspendierte nach einem Verhängungs- oder Feststellungsurteil, d. h. nach einer Spruchstrafe oder einer festgestellten Tatstrafe Akte der *Leitungsgewalt* nicht gültig setzen kann.

§ 3. Vetitum numquam afficit:
1. officia vel regiminis potestatem, quae non sint sub potestate Superioris poenam constituentis;
2. ius habitandi, si quod reus ratione officii habeat;
3. ius administrandi bona, quae ad ipsius suspensi officium forte pertineant, si poena sit latae sententiae.

Das Verbot betrifft niemals:
1. *die Ämter oder die Leitungsgewalt, die nicht unter der Verfügungsgewalt des Oberen stehen, der die Strafe festsetzt;*
2. *das Wohnrecht des Täters, wenn er ein solches aufgrund eines Amtes hat;*
3. *das Recht, Güter zu verwalten, die etwa zum Amt des Suspendierten selbst gehören, wenn die Strafe eine Tatstrafe ist.*

1\. § 3 beschränkt das in § 1 ausgesprochene Verbot, d. h. er nennt all das, was niemals vom Verbot getroffen werden kann. Nicht betroffen werden können: a) die Ämter oder die Leitungsgewalt, die *nicht unter der Verfügungsgewalt* des

Oberen stehen, der die Strafe festsetzt; b) das *Wohnrecht* des Täters, wenn er ein solches aufgrund eines Amtes hat; c) das Recht, *Güter zu verwalten*, die etwa zum Amt des Suspendierten selbst gehören, wenn die Strafe eine Tatstrafe ist.

§ 4. Suspensio vetans fructus, stipendium, pensiones aliave eiusmodi percipere, obligationem secumfert restituendi quidquid illegitime, quamvis bona fide, perceptum sit.

Die Suspension, die den Empfang von Erträgen, Gehalt, Pensionen oder von anderen derartigen Einkünften verbietet, hat Restitutionspflicht für das zur Folge, was unrechtmäßig, sei es auch guten Glaubens, angenommen wurde.

1. Was unrechtmäßig angenommen wurde, obwohl die Dienstenthebung den Empfang von Erträgen, Gehalt, Pensionen usw. verbot, muß *restituiert*[47] werden.

Can. 1334

§ 1. Suspensionis ambitus, intra limites canone praecedenti statutos, aut ipsa lege vel praecepto definitur, aut sententia vel decreto quo poena irrogatur.

Der Umfang der Suspension innerhalb der Grenzen des vorhergehenden Kanons wird festgelegt entweder durch Gesetz selbst oder Gebot bzw. durch Urteil oder Dekret, durch welche die Strafe verhängt wird.

---

[47] Wiedergutmachung oder Restitution ist eine Handlung, durch die jemandem das Seine wiederersetzt wird, das er durch Verletzung der *kommutativen* Gerechtigkeit verloren hatte. Der Hinweis auf die kommutative Gerechtigkeit präzisiert die Restitution. Die kommutative (= ausgleichende) Gerechtigkeit (man nennt sie auch Tausch- oder Verkehrsgerechtigkeit) hat ihren Hauptanwendungsfall im wirtschaftlichen (Tausch-) Verkehr. Sie verpflichtet die Glieder einer Gemeinschaft, einander zu gewähren, was jedem von Rechts wegen zusteht.

1. Da die Wirkungen der Dienstenthebung trennbar und in mehrfacher Weise abgestuft sind, muß *der Umfang der Suspension genau bestimmt werden*. Dies geschieht durch Gesetz, durch Gebot, durch Urteil (wenn die Strafe auf dem Gerichtsweg verhängt wird) oder durch Dekret (wenn die Strafe auf dem Verwaltungsweg verhängt wird).

§ 2. Lex, non autem praeceptum, potest latae sententiae suspensionem, nulla addita determinatione vel limitatione, constituere; eiusmodi autem poena omnes effectus habet, qui in can. 1333, § 1 recensentur.

Ein Gesetz, nicht aber ein Gebot, kann eine Suspension als Tatstrafe festlegen, ohne Angabe des Umfangs oder der Begrenzung; eine Strafe dieser Art hat aber alle in can. 1333, § 1 erwähnten Wirkungen.

1. *Eine allgemeine Dienstenthebung, die als Tatstrafe festgelegt ist* (suspensio generalis latae sententiae), kann nur durch Gesetz angedroht werden[48]. Dies wohl deshalb, weil es sich hier um eine besonders schwere Form von Strafe handelt.
2. Neben dem Papst hat lediglich der Diözesanbischof (und die ihm gleichgestellten Vorsteher einer Teilkirche) Vollmacht, Gesetze zu erlassen[49]. Die anderen in can. 134 aufgeführten Ordinarien (z. B. der Generalvikar und der Bischofsvikar), die *nur ausführende Gewalt* (potestas exsecutiva) besitzen, können die hier gemeinte »suspensio generalis latae sententiae« nicht androhen.
3. Eine allgemeine Dienstenthebung, die als Tatstrafe angedroht ist, hat alle in can. 1333 § 1 erwähnten Wirkungen;

---

[48] Es ist dies die *einzige* Spezies der suspensio, die *nur durch Gesetz* festgelegt werden kann. Es handelt sich also hier um einen Sonderfall.

[49] Von den Ordensoberen, die Gesetzesgewalt haben, sei hier einmal abgesehen.

d. h. sie verbietet[50] alle Akte der Weihegewalt, alle Akte der Leitungsgewalt und die Ausübung aller mit einem Amt verbundenen Rechte oder Aufgaben.

Can. 1335

Si censura vetet celebrare sacramenta vel sacramentalia vel ponere actum regiminis, vetitum suspenditur, quoties id necessarium sit ad consulendum fidelibus in mortis periculo constitutis; quod si censura latae sententiae non sit declarata, vetitum praeterea suspenditur, quoties fidelis petit sacramentum vel sacramentale vel actum regiminis; id autem petere ex qualibet iusta causa licet.

Wenn eine Beugestrafe untersagt, Sakramente oder Sakramentalien zu spenden oder einen Akt der Leitungsgewalt zu setzen, wird das Verbot ausgesetzt, sooft es für das Heil von Gläubigen notwendig ist, die sich in Todesgefahr befinden; wenn eine als Tatstrafe verwirkte Beugestrafe nicht festgestellt ist, wird das Verbot außerdem ausgesetzt, sooft ein Gläubiger um die Spendung eines Sakramentes oder Sakramentale oder um einen Akt der Leitungsgewalt nachsucht; das aber zu erbitten, ist aus jedwedem gerechten Grund erlaubt.

1. Bereits früher[51] war auf den »favor animarum« hingewiesen worden. Um das *Seelenheiles der Gläubigen* willen werden gewisse Verbote, die es untersagen, Sakramente oder Sakramentalien zu spenden oder Akte der Leitungsgewalt zu setzen, unter bestimmten Bedingungen ausgesetzt.

2. Der vorliegende Kanon unterscheidet zwei verschiedene Anwendungsfälle: a) Befindet sich ein Gläubiger *in Todesgefahr,* so wird jedwede (also auch die verhängte oder festgestellte) Beugestrafe, die es untersagt, Sakramente oder Sakramentalien zu spenden bzw. einen Akt der Leitungsge-

---

[50] Die Beschränkungen, welche in den §§ 2, 3 und 4 von can. 1333 angegeben sind, bleiben natürlich erhalten.

[51] Vgl. Erl. n. 6 zu can. 1331 § 1.

walt zu setzen, ausgesetzt; b) bittet aber ein Gläubiger, der sich *nicht* in Todesgefahr befindet, aus jedwedem gerechten Grund um ein Sakrament, ein Sakramentale oder einen Akt der Leitungsgewalt, so wird eine als Tatstrafe zugezogene Beugestrafe, die noch nicht festgestellt ist (censura latae sententiae non declarata)[52], ausgesetzt.

KAPITEL II

Sühnestrafen

1. Das zweite Kapitel von Titel IV handelt in drei Kanones von den Sühnestrafen. In can. 1336 wird von ihnen mehr im allgemeinen gesprochen. Can. 1337 behandelt einige bestimmte Sühnestrafen. In can. 1338 geht es um einige weitere Einzelbestimmungen.

2. Die zweite Art von Strafen in der Kirche sind also die Sühnestrafen (poenae expiatoriae)[1]. In can. 1312 § 2 wird von ihnen gesagt, es seien solche, »die einem Gläubigen ein geistliches oder zeitliches Gut entziehen und mit dem übernatürlichen Ziel der Kirche vereinbar sind«. Gemäß can. 1336 § 1 können die Sühnestrafen »den Täter entweder auf Dauer oder für eine bestimmte oder unbestimmte Zeit treffen«.

3. Der CIC/1917 redete von Vindikativ- bzw. Vergeltungsstrafen (poenae vindicativae). Can. 2286 bestimmte: »Die Vergeltungsstrafen sind jene, die in der Weise unmittelbar auf die Sühne einer Straftat zielen, daß ihre Nachlassung nicht von der Aufgabe der Verhärtung des Bestraften abhängig ist.[2]« Da der Ausdruck »Vergeltungsstrafe« weniger

---

[52] Ist also die Beugestrafe verhängt oder festgesetzt (censura irrogata vel declarata) so wird sie (in diesem zweiten Anwendungsfall) nicht ausgesetzt.

[1] Wie es zu diesem Begriff kam, beschreibt CIPROTTI 117 f.

[2] Can. 2286 CIC/1917: »Poenae vindicativae illae sunt, quae directe ad

glücklich klingt, ersetzte man ihn im neuen CIC durch den Begriff »Sühnestrafe«.

4. Der CIC/1917 unterschied zwischen »allgemeinen Sühnestrafen« in den cann. 2291–2297 (De poenis vindicativis communibus) und »klerikalen Sühnestrafen« in den cann. 2298–2305 (De peculiaribus clericorum poenis vindicativis). Diese Unterscheidung wurde im neuen CIC nicht übernommen. Überhaupt sind im jetzigen Kapitel über die Sühnestrafen viele Strafen nicht mehr aufgetaucht, so daß dieser Teil des Strafrechts klar und übersichtlich ausgefallen ist.

Can. 1336

§ 1. Poenae expiatoriae, quae delinquentem afficere possunt aut in perpetuum aut in tempus praefinitum aut in tempus indeterminatum, praeter alias, quas forte lex constituerit, hae sunt:
1. prohibitio vel praescriptio commorandi in certo loco vel territorio;
2. privatio potestatis, officii, muneris, iuris, privilegii, facultatis, gratiae, tituli, insignis, etiam mere honorifici;
3. prohibitio ea exercendi, quae sub n. 2 recensentur, vel prohibitio ea in certo loco vel extra certum locum exercendi; quae prohibitiones numquam sunt sub poena nullitatis;
4. translatio poenalis ad aliud officium;
5. dimissio e statu clericali.

Sühnestrafen, die den Täter entweder auf Dauer oder für eine bestimmte oder unbestimmte Zeit treffen können, sind außer anderen, die etwa ein Gesetz festgelegt hat, folgende:
1. *Verbot oder Gebot, sich in einem bestimmten Ort oder Gebiet aufzuhalten;*
2. *Entzug einer Vollmacht, eines Amtes, einer Aufgabe, eines Rechtes, eines Privilegs, einer Befugnis, eines Gunsterweises, eines Titels, einer Auszeichnung, auch wenn sie nur ehrenhalber verliehen wurde;*

---

delicti expiationem tendunt ita ut earum remissio e cessatione contumaciae delinquentis non pendeat.«

3. *Verbot, das auszuüben, was unter n. 2 aufgeführt ist, oder Verbot, dieses an einem bestimmten Ort oder außerhalb eines bestimmten Ortes auszuüben; diese Verbote haben niemals die Nichtigkeit von Akten zur Folge;*
4. *Strafversetzung auf ein anderes Amt;*
5. *Entlassung aus dem Klerikerstand.*

Der CIC/1983 kennt fünf verschiedene Sühnestrafen[3]:

1. Das Verbot oder Gebot, sich in einem bestimmten Ort oder Gebiet aufzuhalten, war im can. 2298 nn. 7 und 8 des CIC/1917 normiert und gehörte dort zu den Klerikerstrafen. Im jetzigen Recht kann (gemäß can. 1337 § 1) das Verbot, sich in einem bestimmten Ort oder Gebiet aufzuhalten, sowohl Kleriker[4] als auch Religiosen treffen.[5] In der Reformkommission wurden Bedenken laut, ob eine solche Strafe noch einen Sinn habe[6]. Man beließ es aber dann bei der vorliegenden Strafe.

2. Der Entzug einer Vollmacht, eines Amtes, einer Aufgabe, eines Rechtes, eines Privilegs, einer Befugnis, eines Gunsterweises, eines Titels und einer Auszeichnung umfaßt nun *neun verschiedene* Strafen. Im CIC/1917 waren diese verschiedenen Tatbestände in den cann. 2291 nn. 7–10 und 2298 nn. 4–6 untergebracht. Auch im vorliegenden Fall hätten einige Konsultoren es lieber gesehen, wenn man eine Reihe von Straftatbeständen gestrichen hätte[7]. Aber die

---

[3] Es ist hier nur die Rede von Sühnestrafen *im* CIC. Wie der vorliegende Kanon angibt (»praeter alias, quas forte lex constituerit«), können weitere Sühnestrafen angedroht werden. Vor allem den *untergeordneten* Gesetzgebern ist damit ein eigener Spielraum gegeben.

[4] Für den Bischof vgl. J. M. HUELS, The Correction and Punishment of a Diocesan Bishop, in: The Jurist 49 (1989) 507–542, hier 533.

[5] Vgl. Erl n. 1 zu can. 1337 § 1.

[6] Com 9 (1977) 157: »Nonnulli animadverterunt talem prohibitionem fere impossibilem esse vel quia auctoritatibus ecclesiasticis minime patent media opportuna ad observantiam privationis obtinendam, vel quia non raro haec poena dissidia cum auctoritate civili suscitare potest.«

[7] »Quidam censuerunt privationes ›tituli‹ vel ›insignis‹ esse minimi mo-

Mehrheit in der Reformkommission wollte bei allen neun Strafen bleiben.

3. Das Verbot[8], das auszuüben, was unter n. 2 aufgeführt ist, oder das Verbot, dieses an einem bestimmten Ort oder außerhalb eines bestimmten Ortes auszuüben, umfaßt die oben unter n. 2 aufgezählten Rechtsgüter, und zwar jetzt nicht unter der Rücksicht des Entzugs, sondern unter der Rücksicht des »Gebrauchs« und der *Ausübung*. Die vorliegende Strafe ist nicht neu, sondern war schon zum Teil im CIC/1917 aufgestellt[9].

4. Die Strafversetzung auf ein anderes Amt wurde in veränderter Form aus dem CIC/1917 übernommen[10]. Dadurch, daß man das Wort »ad inferius« gestrichen hat[11], wurde zwar verbal vermieden, zu sagen, die Strafversetzung geschehe auf ein niederes bzw. weniger angesehenes Amt. Der Sache nach dürfte eine Strafversetzung aber immer mit sich bringen, daß der Versetzte mit einem weniger bedeutenden Amt zufrieden sein muß.

5.a) Die Entlassung aus dem Klerikerstand[12] kann wohl als die schwerste Strafe überhaupt angesehen werden. Der

---

menti, quinimmo aliquando derisionem movere, ita ut melius sit si non ut poenae numerantur« (Com 9 [1977] 156).

[8] Diese Verbote haben *niemals die Nichtigkeit* von Akten zur Folge. Freilich könnte der partikulare Gesetzgeber dem Verbot eine (partikulare) Nichtigkeitsklausel hinzufügen (vgl. Com 9 [1977] 156).

[9] Vgl. can 2291 n. 10 CIC/1917: »Poenae vindicativae quae omnes fideles pro delictorum gravitate afficere possunt, in Ecclesia praesertim sunt:... n. 10: Privatio vel suspensio ad tempus muneris, facultatis vel gratiae iam obtentae.«

[10] Can. 2298 n. 3 CIC/1917: »Poenae vindicativae quae clericis tantum applicantur, sunt:... n. 3: Translatio poenalis ab officio vel beneficio obtento ad inferius.«

[11] Vgl. Com 9 (1977) 156.

[12] Vgl. die cann. 290 bis 293. Der Verlust des klerikalen Standes kann auf dreifache Weise geschehen: durch richterliches Urteil oder durch Verwaltungsdekret, in dem die Ungültigkeit der heiligen Weihe festgestellt wird; durch die rechtmäßig verhängte Strafe der Entlassung; durch Reskript des Apostolischen Stuhles.

CIC/1917 kannte in diesem Zusammenhang drei verschiedene Strafen[13]: die Absetzung (depositio), die immerwährende Aberkennung der geistlichen Tracht (privatio perpetua habitus ecclesiastici) und die Ausstoßung aus dem geistlichen Stand (degradatio)[14].

b) Gemäß can. 1342 § 2 kann die Entlassung aus dem Klerikerstand nur auf dem Gerichtsweg verhängt werden.

c) Gemäß can. 1425 § 1 n. 2 ist die Entlassung aus dem Klerikerstand einem Kollegialgericht von drei Richtern vorbehalten.

d) Gemäß can. 1317 kann die Entlassung aus dem Klerikerstand nicht durch ein Partikulargesetz festgesetzt werden.

§ 2. Latae sententiae eae tantum poenae expiatoriae esse possunt, quae in § 1, n. 3 recensentur.

Tatstrafen können nur jene Sühnestrafen sein, die in § 1, n. 3 aufgeführt werden.

1. Im allgemeinen sind die unter § 1 aufgeführten Sühnestrafen Spruchstrafen (p. ferendae sententiae). Lediglich die im § 1 unter n. 3 aufgeführten Verbote können als Tatstrafe (p. latae sententiae) angedroht werden.

---

[13] Can. 2298 nn. 10, 11 und 12.

[14] Insgesamt ist die Terminologie im neuen CIC mit mehr Rücksicht auf die sogenannten Laien gewählt. So redete man im CIC/1917 (vgl. lib. II tit. VI) von der »reductio clericorum ad statum laicalem«. Daraus ist im CIC/1983 im lib. II pars I tit. III cap. IV (cann. 290–293) eine »amissio status clericalis« geworden. Auch hier wird wieder deutlich, daß der Begriff »Laie« nur ein technischer *Hilfsbegriff* ist, der als Kurzbezeichnung dient für »Kirchenglieder, die nicht Kleriker sind« (vgl. M. KAISER, Die Laien, in: HdbKathKR 185 f.).

Can. 1337

§ 1. Prohibitio commorandi in certo loco vel territorio sive clericos sive religiosos afficere potest; praescriptio autem commorandi, clericos saeculares et, intra limites constitutionum, religiosos.

Das Verbot, sich in einem bestimmten Ort oder Gebiet aufzuhalten, kann sowohl Kleriker als auch Religiosen treffen; das Aufenthaltsgebot aber kann Weltkleriker und, im Rahmen ihrer Konstitutionen, Ordenskleriker treffen.

1. Der vorliegende Kanon nimmt Bezug auf can. 1336 § 1 n. 1, d. h. auf das Verbot oder Gebot, sich in einem bestimmten Ort oder Gebiet aufzuhalten. § 1 von can. 1337 bestimmt jene, die von Verbot oder Gebot getroffen werden können, nämlich Kleriker und Religiosen[15].

§ 2. Ut praescriptio commorandi in certo loco vel territorio irrogetur, accedat oportet consensus Ordinarii illius loci, nisi agatur de domo extradioecesanis quoque clericis paenitentibus vel emendandis destinata.

Damit ein Aufenthaltsgebot für einen bestimmten Ort oder ein bestimmtes Gebiet erlassen werden kann, muß die Zustimmung des betreffenden Ortsordinarius eingeholt werden, es sei denn, es handelt sich um ein Haus, das zur Buße oder Besserung auch für außerdiözesane Kleriker bestimmt ist.

---

[15] Der vorliegende Paragraph enthält Ungenauigkeiten (vgl. BORRAS 90): 1. Bezieht sich das »religiosos« im zweiten Halbsatz auf »clericos« oder ist es absolut gemeint? M. a. W.: Betrifft das Aufenthaltsgebot nur die Religiosenkleriker oder betrifft es alle Religiosen? 2. Warum werden in beiden Halbsätzen die Mitglieder der Säkularinstitute und die Mitglieder der Gesellschaften des apostolischen Lebens nicht genannt? Allenfalls ließe sich bezüglich der zweiten Frage darauf hinweisen, daß can. 738 § 2 für die Mitglieder der Gesellschaften des apostolischen Lebens auf can. 679 verweist, welcher dem Diözesanbischof das Recht gibt, bei einem dringenden, äußerst schweren Grund dem Mitglied eines Religioseninstituts zu verbieten, sich in der Diözese aufzuhalten. – Solange diese Fragen nicht geklärt sind, kann natürlich auch keine sichere Übersetzung ins Deutsche angefertigt werden.

1. Bereits der CIC/1917 kannte in can. 2298 n. 8[16] die Anweisung eines Aufenthaltsortes, die sog. Konfinierung. Der Kleriker wurde dann[17] in einem Kloster oder in einem sog. Demeritenhaus festgehalten oder es wurde ihm eine bestimmte Diözese oder Pfarrei als zwangsmäßiger Aufenthaltsbereich bestimmt.

2. Damit ein Aufenthaltsgebot für einen bestimmten Ort oder ein bestimmtes Gebiet erlassen werden kann, muß die Zustimmung des betreffenden Ortsordinarius eingeholt werden. Denn dieser wird ein Interesse daran haben, daß seine Diözese von straffällig gewordenen Geistlichen fremder Diözesen verschont bleibt. Natürlich ist es denkbar, daß mehrere Diözesen zusammen ein Haus errichten, das zur Buße und Besserung für straffällig gewordene Kleriker eingerichtet wird.

3. Ob in unserer heutigen Zeit ein solches Buß- bzw. Demeritenhaus überhaupt noch sinnvoll ist, kann bezweifelt werden[18]. In den allermeisten Fällen dürften die entsprechenden Personen aus dem klerikalen Stand ausscheiden. Dies um so mehr, als es heute für Kleriker die Möglichkeit gibt, von der Zölibatsverpflichtung dispensiert zu werden (vgl. can. 291).

Can. 1338

§ 1. Privationes et prohibitiones, quae in can. 1336, § 1, nn. 2 et 3 recensentur, numquam afficiunt potestates, officia, munera, iura, privilegia, facultates, gratias, titulos, insignia, quae non sint sub potestate Superioris poenam constituentis.

Rechtsentziehungen und Verbote, die in can. 1336, § 1, nn. 2 und 3 aufgeführt werden, berühren niemals Vollmachten, Ämter, Auf-

---

[16] Can. 2298: »Poenae vindicativae quae clericis tantum applicantur, sunt: ... 8. Praescriptio commorandi in certo loco vel territorio.«
[17] Vgl. MÖRSDORF 416 f.
[18] Vgl. BORRAS 91.

gaben, Rechte, Privilegien, Befugnisse, Gunsterweise, Titel, Auszeichnungen, die nicht in der Verfügungsgewalt des die Strafe festsetzenden Oberen stehen.

1. Der vorliegende Paragraph präzisiert can. 1336 § 1 nn. 2 und 3. Die dort genannten Rechtsentziehungen und Verbote werden nur wirksam, wenn sie in der Verfügungsgewalt des die Strafe festsetzenden Oberen stehen. Dies ist an sich selbstverständlich und hätte gar nicht eigens genannt werden müssen.

§ 2. Potestatis ordinis privatio dari nequit, sed tantum prohibitio eam vel aliquos eius actus exercendi; item dari nequit privatio graduum academicorum.

Einen Entzug der Weihegewalt kann es nicht geben, sondern nur das Verbot, sie selbst oder einige ihrer Akte auszuüben; ebenso kann es keine Aberkennung von akademischen Graden geben.

1. Einen Entzug der Weihegewalt kann es nicht geben, weil diese unverlierbar ist[19]. Es läßt sich lediglich das Verbot aufstellen, die Weihegewalt selber oder einige ihrer Akte auszuüben. Auch die Aberkennung von akademischen Graden ist nicht möglich.

§ 3. De prohibitionibus, quae in can. 1336, § 1, n. 3 indicantur, norma servanda est, quae de censuris datur in can. 1335.

Bezüglich der Verbote von can. 1336, § 1, n. 3 ist die Vorschrift über die Beugestrafen in can. 1335 zu beachten.

1. Bereits in can. 1335 war das sogenannte Prinzip der *salus animarum* für die Beugestrafen aufgestellt worden.

---

[19] Bei Taufe, Firmung und Ordo wird dem Empfänger ein geistiges und unauslöschliches Zeichen (der sogenannte sakramentale Charakter) eingeprägt (DS 1609). Dadurch bleiben diese Sakramente immer gültig.

Dieses Prinzip wird nun in can. 1338 § 3 für die Sühnestrafen wiederholt. Immer dann, wenn ein Verbot, das in can. 1336 § 1 n. 3 ausgesprochen ist, die Seelsorge behindern sollte, wird es ausgesetzt.

KAPITEL III

Strafsicherungsmittel und Bußen

1. Als dritte Art von Strafen werden die Strafsicherungsmittel und Bußen genannt, die auch bereits im CIC/1917[1] enthalten waren. Die Quelle für die Strafsicherungsmittel und Bußen ist das Trienter Konzil, dessen entsprechende Bestimmungen im CIC/1917 in can. 2214 § übernommen wurden[2].

2. Zwischen Strafen, die in den cann. 1331 bis 1338 genannt werden, und den Strafsicherungsmittel und Bußen besteht ein *Unterschied*. Strafen sind nämlich im strengen Sinn Bestrafungen *wegen* einer Straftat. Strafsicherungsmittel und Bußen aber sind nicht Strafen wegen einer Straftat, son-

---

[1] Vgl. lib V pars II tit. X; cann. 2306–2313.
[2] Can. 2214 § 2 CIC/1917: »Prae oculis autem habeatur monitum Conc. Trid., sess. XIII, de ref., cap. 1: ›Meminerint Episcopi aliique Ordinarii se pastores non percussores esse, atque ita praeesse sibi subditis oportere, ut non in eis dominentur, sed illos tanquam filios et fratres diligant elaborentque ut hortando et monendo ab illicitis deterreant, ne, ubi deliquerint, debitis eos poenis coercere cogantur; quos tamen si quid per humanam fragilitatem peccare contigerit, illa Apostoli est ab eis servanda praeceptio ut illos arguant, obsecrent, increpent in omni bonitate et patientia, cum saepe plus erga corrigendos agat benevolentia quam austeritas, plus exhortatio quam comminatio, plus caritas quam potestas; sin autem ob delicti gravitatem virga opus erit, tunc cum mansuetudine rigor, cum misericordia iudicium, cum lenitate severitas adhibenda est, ut sine asperitate disciplina, populis salutaris ac necessaria, conservetur et qui correcti fuerint, emendentur aut, si resipiscere noluerint, ceteri, salubri in eos animadversionis exemplo, a vitiis deterreantur.‹«

dern sie haben nur *eine Verbindung zu* einer möglichen oder schon begangenen Straftat.[3]

3. Gemäß can. 1312 § 3 sind Strafsicherungsmittel (remedia poenalia) von Bußen (paenitentiae) zu unterscheiden. *Strafsicherungsmittel* werden angewandt, um Straftaten vorzubeugen. Sie setzen also voraus, daß die entsprechende Person in Gefahr ist, eine Straftat zu begehen oder im schwerwiegenden Verdacht steht, eine Straftat begangen zu haben. *Bußen* aber verwendet man, um eine Strafe zu ersetzen oder zu verschärfen. Bußen setzten also voraus, daß die Straftat wirklich begangen wurde.

4. Im CIC/1917 wurden in can. 2306 vier Strafsicherungsmittel aufgezählt[4]: die Warnung bzw. Verwarnung (monitio), der Verweis (correptio), das besondere Strafgebot (praeceptum) und die Strafaufsicht (vigilantia). Bei den Strafbußen wurden im CIC/1917 in can. 2313 § 1 die folgenden fünf aufgezählt[5]: die Verrichtung bestimmter Gebete (praeceptum recitandi determinatas preces), Wallfahren und andere fromme Werke (praeceptum peragendi piam aliquam peregrinationem vel alia pietatis opera), ein besonderes Fasten (praeceptum servandi peculiare ieiunium), Almosen für fromme Zwecke (praeceptum erogandi eleemosynas in pios usus), mehrtägige geistliche Übungen in einem geistlichen Haus oder in einem Kloster (praeceptum peragendi exercitia spiritualia in pia aut religiosa domo per aliquot dies).

---

[3] DE PAOLIS 67: »Poenae sunt sine dubio punitiones propter delictum; punitiones tamen non sunt proprie loquendo poenae, quia non sunt propter delictum, quamquam connexionem habeant cum delicto. Huiusmodi punitiones sunt remedia poenalia et paenitentiae.«

[4] Diese Aufzählung war taxativ. Es konnten also keine anderen Strafsicherungsmittel angewandt werden.

[5] Diese Aufzählung war indikativ bzw. beispielhaft. Es konnten also noch weitere Strafbußen verhängt werden.

Can. 1339

§ 1. Eum, qui versatur in proxima delinquendi occasione, vel in quem, ex investigatione peracta, gravis cadit suspicio delicti commissi, Ordinarius per se vel per alium monere potest.

Denjenigen, der sich in nächster Gelegenheit befindet, eine Straftat zu begehen oder auf den aufgrund einer erfolgten Untersuchung der schwerwiegende Verdacht einer begangenen Straftat fällt, kann der Ordinarius entweder selbst oder durch einen anderen verwarnen.

1. Der neue CIC hat nur zwei Strafsicherungsmittel aus dem CIC/1917 übernommen[6]: die Verwarnung (monitio) und den Verweis (correptio). Die Verwarnung wird in § 1 von can. 1339 behandelt, der Verweis in § 2.

2. Bevor eine Verwarnung geschieht, muß *feststehen*, daß derjenige, der verwarnt werden soll, sich in nächster Gelegenheit befindet, eine Straftat zu begehen oder in dem schwerwiegenden Verdacht[7] steht, eine Straftat begangen zu haben. Andernfalls würde der gute Ruf des Betreffenden geschädigt, auf den er ein Recht hat.[8]

3. Wenn es sich bei der Verwarnung auch nicht um eine Strafe im strengen und eigentlichen Sinn handelt[9], so muß doch derjenige, der die Verwarnung ausspricht, eine ausführende Leitungsvollmacht im äußeren Bereich (potestas regi-

---

[6] Es ist nicht klar ersichtlich, ob diese Aufzählung taxativ ist oder nicht. Wenn sie es nicht sein sollte (eine Meinung, der ich mich anschließen möchte), dann können die untergeordneten Gesetzgeber weitere Strafsicherungsmittel anwenden, z. B. das besondere Strafgebot und die Strafaufsicht.

[7] Es muß also der *Verdacht* feststehen. Damit ist aber die *Tatbegangenschaft* noch nicht bewiesen. Aus diesem Grund kann keine eigentliche Strafe, sondern eben nur ein Strafsicherungsmittel (hier: eine Verwarnung) verhängt werden.

[8] Vgl. can. 220: »Niemand darf den guten Ruf, den jemand hat, rechtswidrig schädigen und das persönliche Recht eines jeden auf den Schutz der eigenen Intimsphäre verletzen.«

[9] Vgl. Erl. n. 2 vor can. 1339.

minis exsecutiva in foro externo) besitzen. Aus diesem Grund kann nur ein Ordinarius[10] diese Verwarnung vornehmen. Er kann diese Vollmacht auch delegieren.

4. Es handelt sich im vorliegenden Paragraphen um eine *kanonische Verwarnung* (monitio canonica), nicht also nur um eine väterliche Zurechtweisung bzw. eine brüderliche Ermahnung[11]. Die kanonische Verwarnung[12] hat drei Eigenschaften: a) sie ist vom Gesetz vorgesehen; b) sie geschieht kraft der ausführenden Leitungsvollmacht; c) sie hat eine juridische Auswirkung im äußeren Bereich.

§ 2. Eum vero, ex cuius conversatione scandalum vel gravis ordinis perturbatio oriatur, etiam corripere potest, modo peculiaribus personae et facti condicionibus accommodato.

Demjenigen aber, aus dessen Lebenswandel ein Ärgernis oder eine schwere Verwirrung der Ordnung entsteht, kann er auch einen Verweis in einer Weise erteilen, die den besonderen Verhältnissen der Person und der Tat entspricht.

1. Das zweite Strafsicherunsmittel ist der Verweis (correptio). Der Verweis[13] ist am Platz, wenn der Lebenswandel einer Person Anstoß erregt oder dessen Verhalten eine ernste

---

[10] Vgl. can. 134.

[11] Der CIC/1917 kannte u.a. in den cann. 2158, 2160 und 2166 die väterliche Zurechtweisung (monitio paterna) und in den cann. 588 § 1 und 1367 n. 5 die brüderliche Ermahnung. Der CIC/1917 sah überdies in can. 2309 sowohl für die Verwarnung (monitio) als auch für den Verweis (correptio) eine öffentliche und eine geheime Form vor.

[12] »Die *Warnung* (Mahnung, Verwarnung) ist ein Akt des zuständigen Oberen, durch den der Untergebene aufgefordert wird, eine Handlungsweise zu unterlassen, die (wenigstens dem äußeren Scheine nach) als dem Gesetz und der Gemeinschaftsordnung abträglich beurteilt wird« (SCHAUF, S. 117, n. 163).

[13] »Der *Verweis* (Tadel, Rüge) ist der von einem rechtmäßigen Oberen wegen einer Handlungsweise oder eines begangenen Verbrechens, die zur Störung der sozialen Ordnung geführt haben oder Ärgernis verursachten, ausgesprochene Tadel« (SCHAUF, S. 117 f., n. 163).

Störung der Ordnung darstellt. Der Verweis soll jeweils den besonderen Verhältnissen der zu rügenden Person und der Tat angepaßt werden[14].

§ 3. De monitione et correptione constare semper debet saltem ex aliquo documento, quod in secreto curiae archivo servetur.

Die Verwarnung und der Verweis müssen immer wenigstens aufgrund irgendeines Dokumentes feststehen, das im Geheimarchiv der Kurie aufzubewahren ist.

1. Gemäß can. 37 muß ein Verwaltungsakt, der den äußeren Bereich betrifft, *schriftlich* ausgefertigt werden. Das gilt nun auch für Verwarnung und Verweis. Das Dokument ist im *Geheimarchiv* der Kurie aufzubewahren. Das gilt auch dann, wenn Verwarnung und Verweis öffentlich geschehen sind[15].

---

[14] Der CIC/1917 brachte bei dem Verweis einige Unterscheidungen an, welche zwar nicht in den CIC/1983 aufgenommen wurden, die aber auch jetzt noch von Nutzen sind. In can. 2309 § 1 wurde unterschieden zwischen einem öffentlichen und einem geheimen Verweis. Der öffentliche Verweis geschah gemäß can. 2309 § 2 entweder mündlich vor einem Notar bzw. vor zwei Zeugen oder schriftlich durch eine authentische Urkunde. Gemäß can. 2309 § 3 konnte der Verweis gerichtlicher oder außergerichtlicher Art sein. Nach can. 2309 § 4 vertrat der gerichtliche Verweis eine Strafe oder er diente zur Verschärfung einer Strafe, zumal wenn es sich um die Bestrafung eines Rückfälligen handelte. Can. 2309 § 5 forderte auch für den geheimen Verweis, daß er beweisbar sein mußte. Deshalb sollte eine Niederschrift aufgenommen und im Geheimarchiv aufbewahrt werden. Can. 2309 § 6 ließ die Möglichkeit offen, den Verweis mehrfach zu erteilen.

[15] »Sia l'ammonizione che la correzione devono essere date per iscritto ed il documento deve essere conservato nell'archivio segreto della curia. Ciò vale anche se il rimedio sia stato dato pubblicamente. La conservazione nell'archivio segreto della curia ordinariamente tende a preservare la buona fama del destinatario del provvedimento. Ciò appare maggiormento necessario nell'ipotesi in cui, per motivi di prudenza pastorale, l'Ordinario abbia inflitto il rimedio penale in forma segreta« (NIGRO 782 f.).

Can. 1340

§ 1. Paenitentia, quae imponi potest in foro externo, est aliquod religionis vel pietatis vel caritatis opus peragendum.

Buße, die im äußeren Forum auferlegt werden kann, ist die Auflage, irgendein Werk des Glaubens, der Frömmigkeit oder der Caritas zu verrichten.

1. Wie der CIC/1917[16], so enthält auch der CIC/1983 kein genau umschriebenes Verzeichnis der Strafbußen. Es werden nur recht allgemein einige Bußen aufgezählt.

2. Es handelt sich hier nicht um die Bußen, welche beim Sakrament der Buße im inneren Bereich auferlegt werden (vgl. can. 981). Vielmehr geht es in can. 1340 um Strafbußen, die im äußeren Bereich verhängt werden. Bußen im inneren Bereich beziehen sich auf die Sünde, Strafbußen im äußeren Bereich beziehen sich auf die Straftat[17]. Bußen im inneren Bereich werden freiwillig übernommen, Strafbußen werden zwangsweise[18] auferlegt. Beide Arten von Bußen kommen darin überein, daß sie zur Besserung des Sünders beitragen wollen.

3. Wie bei den Strafsicherungsmitteln[19] kann nur der Ordinarius, der ausführende Leitungsvollmacht im äußeren Bereich hat, eine Strafbuße auferlegen.

---

[16] Vgl. Erl. n. 4 vor can. 1339.
[17] Dies ist wahr, auch wenn eine Straftat natürlich ihrerseits wieder eine Sünde voraussetzt (vgl. can. 1321 § 1).
[18] Freilich müssen auch Strafbußen in irgendeiner Weise freiwillig übernommen werden. Gebete, Wallfahrten, Fasten und andere Verrichtungen dieser Art haben letztlich nur Sinn, wenn sie vom Straftäter freiwillig akzeptiert werden. Man kann sie nicht einfordern wie – sit venia verbo – eine unbezahlte Schneiderrechnung.
[19] Vgl. Erl. n. 3 und n. 4 zu can. 1339 § 1.

§ 2. Ob transgressionem occultam numquam publica imponatur paenitentia.

Für eine geheime Übertretung darf niemals eine öffentliche Buße auferlegt werden.

1. Wegen des guten Rufes dessen, der die geheime Übertretung begangen hat, darf für diese niemals eine öffentliche Buße auferlegt werden. Andernfalls würde durch die *öffentliche* Buße die *geheime* Übertretung allererst bekannt. Dies würde aber letztlich dazu führen, die Unterscheidung der beiden Bereiche (forum internum und forum externum) zu verwischen bzw. aufzugeben.

2. Aus der Tatsache, daß der vorliegende Paragraph die entsprechende Bestimmung des CIC/1917[20] nur in veränderter Weise (unter Weglassung des Wortes »Delikt«) übernommen hat, darf nicht geschlossen werden, daß es keine geheimen *Delikte* (delicta occulta) mehr gebe. Tatsächlich[21] sind ja viele Delikte *ihrer Natur nach geheim;* vgl. z.B. can. 1378 § 1 (absolutio complicis) oder can. 1388 (Beichtsiegelbruch). Darauf hat die Reformkommission im Zusammenhang mit dem Problem der Abtreibung auch eigens hingewiesen.[22]

---

[20] Can. 2312 § 2 CIC/1917: »Ob delictum aut transgressionem occultam nunquam poenitentia publica imponatur.«

[21] Vgl. zum anstehenden Problem F. E. ADAMI, Continuità e variazioni di tematiche penalistiche nel nuovo Codex Iuris Canonici, in: Ephemerides Iuris Canonici 40 (1984) 55–136, hier 117f.

[22] »Suggestum est ut contra procurantes abortum statuatur poena ferendae sententiae. Consultores autem censent opportunam esse poenam latae sententiae alioquin omni efficacia privaretur, cum multi casus aborti sint occulti« (Com 9 [1977] 317).

§ 3. Paenitentias Ordinarius pro sua prudentia addere potest poenali remedio monitionis vel correptionis.

Der Ordinarius kann nach seinem klugen Urteil dem Strafsicherungsmittel der Verwarnung bzw. des Verweises Bußen hinzufügen.

1. Der Ordinarius kann nach seinem klugen Ermessen mit einer Verwarnung oder einem Verweis gewisse Strafbußen verbinden.[23]

---

[23] Can. 1340 § 3 CIC/1983 stimmt fast wörtlich mit can. 2313 § 2 CIC/1917 überein.

Titel V

STRAFVERHÄNGUNG

1. »Das kanonische Recht sieht folgende drei Reaktionsweisen der kirchlichen Rechtsordnung auf Verletzungen kirchlicher Lebensordnungen vor: die via disciplinaris, die via poenalis und die via paenitentialis.«[1] Gegenstand der *via disciplinaris* sind die nichtstrafrechtlichen Sanktionen, wie z. B. die Sanktionen der Nichtigkeit eines Rechtsaktes.[2] Gegenstand der *via poenalis* sind die Bestimmungen des kirchlichen Strafrechts. Gegenstand der *via paenitentialis* sind die Sünden. »Anknüpfungspunkt ist bei der via paenitentialis nicht die Schuld im rechtstechnischen, juristisch abstrakt umschriebenen Sinn, sondern die Schuld im sittlichen Sinn: die Sünde (peccatum).«[3]

2. Im CIC/1917 gab es keinen eigenen Titel, der über die Strafverhängung handelte, vielmehr fanden sich die verschiedenen einschlägigen Bestimmungen verstreut in der pars II (De poenis) des lib. V (De delictis et poenis). Daß nun die verschiedenen Bestimmungen systematisch zusammengefaßt sind, dient der Klarheit und Übersichtlichkeit. Viele der früheren Unsicherheiten dürften damit verschwinden.

3. Von besonderer Bedeutung für die Strafverhängung ist die Unterscheidung der Strafen in Tatstrafen (poenae latae

---

[1] H. PREE, Imputabilitas – Erwägungen zum Schuldbegriff des kanonischen Strafrechts, in: ÖAKR 38 (1989) 226–243, hier 226.
[2] Vgl. z. B. die trennenden Ehehindernisse.
[3] PREE, Imputabilitas (A. 1) 227.

sententiae) und Spruchstrafen (poenae ferendae sententiae)[4].
Die *Tatstrafe* ist eine Strafe, die durch Gesetz oder Gebot in bestimmter Weise und zugleich so angedroht ist, daß sie ohne weiteres mit der Begehung der Tat eintritt. Die *Spruchstrafe* ist eine Strafe, die einer Verhängung durch richterliches Urteil oder durch Strafverfügung bedarf.

4. Der vorliegende Titel über die Strafverhängung hat 13 Kanones.[5] In can. 1341 wird das allgemeine Prinzip formuliert, das bestimmt, ob ein Prozeß stattfinden muß oder nicht. Can. 1342 äußert sich zu der Frage, ob ein gerichtliches Verfahren stattfinden muß oder ob auf dem Verwaltungsweg vorgegangen werden kann. In can. 1343 geht es um die fakultative, in can. 1344 um die obligatorische Strafe. In can. 1345 handelt es sich um einen Täter, der nicht den vollen Gebrauch der Vernunft hat. Can. 1346 behandelt den Fall, in dem der Täter mehrere Straftaten begangen hat. Can. 1347 handelt von der Widersetzlichkeit (contumacia), can. 1348 vom Freispruch. Can. 1349 handelt von der unbestimmten Strafe, can. 1350 von Strafen, die über einen Kleriker zu verhängen sind. In can. 1351 wird bestimmt, daß die Strafe den Täter überall bindet. Can. 1352 handelt von der Aussetzung der Strafe, can. 1353 schließlich von Berufung und Beschwerde.

Can. 1341

Ordinarius proceduram iudicialem vel administrativam ad poenas irrogandas vel declarandas tunc tantum promovendam curet, cum perspexerit neque fraterna correctione neque correptione neque aliis pastoralis sollicitudinis viis satis posse scandalum reparari, iustitiam restitui, reum emendari.

---

[4] Vgl. Erl. n. 3 zu can. 1314.
[5] Zur Ergänzung sind noch die cann. 1717 bis 1731 (Strafprozeß) heranzuziehen.

Der Ordinarius hat dafür zu sorgen, daß der Gerichts- oder der Verwaltungsweg zur Verhängung oder Feststellung von Strafen nur dann beschritten wird, wenn er erkannt hat, daß weder durch mitbrüderliche Ermahnung noch durch Verweis noch durch andere Wege des pastoralen Bemühens ein Ärgernis hinreichend behoben, die Gerechtigkeit wiederhergestellt und der Täter gebessert werden kann.

1. Weil das Heil der Seelen in der Kirche immer das oberste Gesetz ist (vgl. can. 1752), kann der Ordinarius[6] erst dann Strafen[7] verhängen oder feststellen, wenn er erkannt hat, daß weder durch Ermahnung noch durch Verweis oder durch andere Wege[8] des pastoralen Bemühens ein Ärgernis[9] behoben, die Gerechtigkeit wiederhergestellt und der Täter gebessert werden kann. M. a. W.: Der Ordinarius kann davon absehen, den Gerichts- oder Verwaltungsweg für die Strafverhängung zu beschreiten, obwohl doch ein vollendetes Delikt vorliegt. Dies ist eine fundamentale Änderung im kirchlichen Strafrecht.[10]

2. Um die Unsicherheiten zu vermeiden, die dem Verwaltungsweg[11] anhaften, muß der Ordinarius bei der Verhän-

---

[6] Der Ordinarius ist bestimmt in can. 134 § 1.

[7] Vgl. auch Erl. n. 1 und n. 2 vor can. 1339 § 1.

[8] »In mentem revocare debemus quod Ecclesia in propriis finibus persequendis non disponit praeprimis de mediis iuridicis, sed multa alia et quidem validiora subsidia habet, uti e. g. Verbum Dei viventis eiusque praedicatio et, in genere, omnia alia media quae pastoralia appellantur, quin attingant semper ordinem iuridicum« (DE PAOLIS 1986, 233).

[9] »Nonnulli animadverterunt per disciplinam ab hoc canone inductam fere numquam consequi posse finem haud secundarium poenae qui est remotio scandali. – Contra hanc difficultatem Consultores censent ad remotionem scandali non necessario requiri punitionem rei, sed satis esse si ipse reus emendetur« (Com 9 [1977] 160).

[10] »Pur nel silenzio del Concilio Vaticano II in materia di diritto penale, non è chi non veda come questo canone sia una delle più belle trasfusioni dello spirito del Concilio in formule giuridiche« (CIPROTTI 119 f.).

[11] Der Begriff »Verwaltungsweg« ist nicht zu verwechseln mit dem in Erl. n. 1 vor can. 1341 gebrauchten Begriff »via disciplinaris«. Der Gegen-

gung oder Feststellung der Strafen nach Möglichkeit den *Gerichtsweg* wählen. Erst wenn dieser unmöglich, zu beschwerlich oder zu langwierig ist, kann sich der Ordinarius für den *Verwaltungsweg* entscheiden[12].

3. Ein Strafprozeß hat zwar im Rechtsleben der Kirche Seltenheitswert, dennoch gilt: »Dieses Rechtsmittel... dient... der Rechtssicherheit und dem Rechtsfrieden, so daß der Gesetzgeber in verschiedenen Gesetzen ein Strafurteil für einen Rechtsentzug voraussetzt.«[13]

Can. 1342

§ 1. Quoties iustae obstent causae ne iudicialis processus fiat, poena irrogari vel declarari potest per decretum extra iudicium; remedia poenalia autem et paenitentiae applicari possunt per decretum in quolibet casu.

Sooft gerechte Gründe der Durchführung eines gerichtlichen Verfahrens entgegenstehen, kann die Strafe durch außergerichtliches Dekret verhängt oder festgestellt werden; Strafsicherungsmittel aber und Bußen können in jedem Fall durch Dekret verhängt werden.

1. Für Strafen ist der Gerichtsweg die ordentliche Instanz bzw. der normale Weg. Für Strafsicherungsmittel und Straf-

---

begriff zu Verwaltungsweg ist Prozeßweg; die Gegenbegriffe zu der via disciplinaris sind die via poenalis und die via paentitentialis.

[12] Eine Initiative in der Reformkommission, den Verwaltungsweg bei der Verhängung oder Feststellung der Strafen ganz auszuschalten, fand keine Mehrheit (Com 9 [1977] 161).

[13] W. ASTRATH, Der kirchliche Strafprozeß – eine Hilfe für Rechtsfrieden und Rechtssicherheit, in: K. LÜDICKE/H. MUSSINGHOFF/H. SCHWENDENWEIN (Hgg.), Iustus Index (= Festschrift Wesemann) o. O. (Essen) o. J. (1990) (= Münsterischer Kommentar zum CIC 5) 363–386, hier 385; vgl. auch V. DE PAOLIS, Il processo penale nel nuovo Codice, in: Z. GROCHOLEWSKI/V. CÁRCEL ORTI (Hgg.), Dilexit Iustitiam (= Festschrift Sabattani), Vatikanstadt: Lib. Ed. Vat. 1984, 473–494.

bußen dagegen ist der Verwaltungsweg (durch Dekret) jener Weg, der normalerweise beschritten werden sollte.[14]

§ 2. Per decretum irrogari vel declarari non possunt poenae perpetuae, neque poenae quas lex vel praeceptum eas constituens vetet per decretum applicare.

Strafen für immer können nicht durch Dekret verhängt oder festgestellt werden, auch nicht Strafen, für die eine Verhängung durch Dekret in dem diese Strafen festsetzenden Gesetz oder Verwaltungsbefehl verboten ist.

1. Der *Gerichtsweg* ist immer dann *verpflichtend*, wenn immerwährende Strafen verhängt oder festgestellt werden oder wenn es sich um Strafen handelt, für die eine Verhängung durch Dekret in dem diese Strafen festsetzenden Gesetz oder Verwaltungsbefehl verboten ist.

§ 3. Quae in lege del praecepto dicuntur de iudice, quod attinet ad poenam irrogandam vel declarandam in iudicio, applicanda sunt ad Superiorem, qui per decretum extra iudicium poenam irroget vel declaret, nisi aliter constet neque agatur de praescriptis quae ad procedendi tantum rationem attineant.

Was in Gesetz oder Verwaltungsbefehl über den Richter gesagt wird in bezug auf die Verhängung oder Feststellung einer Strafe in einem Gerichtsverfahren, ist auf den Oberen anzuwenden, der durch ein außergerichtliches Dekret eine Strafe verhängt oder feststellt, wenn nichts anderes feststeht und es sich nicht um bloße Verfahrensvorschriften handelt.

1. Im vorliegenden Paragraphen bietet der Gesetzgeber Garantien an, damit auch der Verwaltungsweg genügend

---

[14] Man darf nicht vergessen, daß der Gesetzgeber in can. 1342 § 3 Garantien anbietet, damit auch der Verwaltungsweg genügend Sicherheit und Klarheit bekommt.

Sicherheit und Klarheit bekommt. Die Frage bleibt allerdings, ob der jeweilige Obere sich auf diesen Vorschlag des Gesetzgebers einläßt.

2. In der Reformkommission war der Vorschlag gemacht worden, den Oberen, von dem im vorliegenden Kanon die Rede ist, genauer zu bestimmen. Auf diesen Vorschlag gab der Relator eine ausweichende Antwort.[15] Es wäre sicher wünschenswert gewesen, wenn man den in § 3 gemeinten »Oberen« auf Diözesanbischöfe und höhere Obere beschränkt hätte[16].

Can. 1343

Si lex vel praeceptum iudici det potestatem applicandi vel non applicandi poenam, iudex potest etiam, pro sua conscientia et prudentia, poenam temperare vel in eius locum paenitentiam imponere.

Wenn Gesetz oder Verwaltungsbefehl dem Richter die Vollmacht geben, eine Strafe zu verhängen oder nicht, kann der Richter nach seinem Gewissen und seinem klugen Ermessen auch die Strafe mildern oder an ihrer Stelle eine Buße auferlegen.

1. Der Richter bekommt durch diesen Kanon eine doppelte Vollmacht: a) er kann die Strafe mildern; b) er kann an Stelle der Strafe eine Buße auferlegen.

2. Hier – und in einigen folgenden Kanones – ist dem Gewissen und dem klugen Ermessen des Richters ein weiter

---

[15] »Relator respondet consulto adhibitum esse illud verbum generalissimum ita ut sub nomine ›superior‹ veniant omnes qui potestatem habent ferendi decreta poenalia« (Com 9 [1977] 162).

[16] »Ho già espresso le mie perplessità su questo punto; non mi sembra che chiunque possa dare un precetto in forza della potestà esecutiva ordinaria di cui gode, automaticamente lo possa per quelli penali, e sia perciò il Superiore, di cui in questo canone al § 3. Come altrove ho detto opto per una interpretazione ristretta, che esclude Vicari generali ed episcopali, senza un mandato speciale del Vescovo« (NIGRO 785).

Spielraum gelassen. So sehr man dies auf den ersten Blick begrüßen möchte, so ergeben sich doch Schwierigkeiten. Wird damit die Bestrafung nicht einer gewissen Willkür preisgegeben? Besteht noch genügend Rechtssicherheit? Sind die Richter nicht überlastet, wenn sie von Fall zu Fall auf ihr eigenes Gewissen verwiesen sind? In der Reformkommission bestand durchaus ein Bewußtsein dieser Probleme, ohne daß man zu einer überzeugenden Lösung gekommen wäre.[17]

Can. 1344 *

Etiamsi lex utatur verbis praeceptivis, iudex pro sua conscientia et prudentia potest:
1. poenae irrogationem in tempus magis opportunum differre, si ex praepropera rei punitione maiora mala eventura praevideantur;
2. a poena irroganda abstinere vel poenam mitiorem irrogare aut paenitentiam adhibere, si reus emendatus sit et scandalum reparaverit, aut si ipse satis a civili auctoritate punitus sit vel punitum iri praevideatur;
3. si reus primum post vitam laudabiliter peractam deliquerit neque necessitas urgeat reparandi scandalum, obligationem servandi poenam expiatoriam suspendere, ita tamen ut, si reus intra tempus ab ipso iudice determinatum rursus deliquerit, poenam utrique delicto debitam luat, nisi interim tempus decurrerit ad actionis poenalis pro priore delicto praescriptionem.

Auch wenn das Gesetz anordnende Worte verwendet, kann der Richter nach seinem Gewissen und klugem Ermessen:
1. die Verhängung einer Strafe auf eine günstigere Zeit verschieben, wenn vorauszusehen ist, daß aus einer übereilten Bestrafung größere Übel entstehen werden;

---

[17] »Nonnulli conquesti sunt de nimia discretionalitate iudicis, in novo iure poenali, quae se extendit usque ad applicandam vel non applicandam poenam. – Consultores respondent discretionalitatem iudicis non esse arbitrariam quasi ipse ex suo arbitrio possit poenam applicare vel non; sed est lex quae iuxta entitatem delicti dat iudici potestatem applicandi vel non applicandi poenam« (Com 9 [1977] 162).

2. *von der Verhängung einer Strafe absehen oder eine mildere Strafe verhängen oder eine Buße auferlegen, wenn der Schuldige gebessert ist und das Ärgernis behoben hat oder er hinreichend von einer weltlichen Autorität bestraft worden ist oder diese Bestrafung vorauszusehen ist;*
3. *wenn der Schuldige das erste Mal nach einem untadeligen Leben straffällig geworden ist und keine Notwendigkeit drängt, ein Ärgernis zu beheben, die Verpflichtung zur Beachtung einer Sühnestrafe aussetzen, jedoch so, daß der Täter, wenn er innerhalb einer vom Richter selbst festgesetzten Zeit wieder straffällig werden sollte, die geschuldete Strafe für beide Taten zu verbüßen hat, wenn nicht inzwischen die Verjährung der Vollstreckungsklage für die frühere Straftat eingetreten ist.*

1. Der vorliegende Kanon ist insofern verschieden von can. 1343, als in can. 1344 das Gesetz keine Wahl läßt, sondern die Strafe anordnet (lex utatur verbis *praeceptivis*). Dennoch bleibt auch hier für das Gewissen und das kluge Ermessen des Richters ein weiter Spielraum.

2. Der Richter kann: a) die Verhängung der Strafe auf eine günstigere Zeit verschieben (n. 1); b) von der Verhängung einer Strafe absehen oder eine mildere Strafe verhängen oder eine Buße auferlegen (n. 2); c) die Verpflichtung zur Beachtung einer Sühnestrafe aussetzen (n. 3). In diesem Fall handelt es sich um eine schon verhängte Sühnestrafe, deren Beachtung jedoch ausgesetzt wird.

Can. 1345

Quoties delinquens vel usum rationis imperfectum tantum habuerit, vel delictum ex metu vel necessitate vel passionis aestu vel in ebrietate aliave simili mentis perturbatione patraverit, iudex potest etiam a qualibet punitione irroganda abstinere, si censeat aliter posse melius consuli eius emendationi.

Sooft einem Täter der volle Gebrauch der Vernunft gefehlt hat oder er eine Straftat aus Furcht, Notlage, Leidenschaft, Trunken-

heit oder einer ähnlichen Geistestrübung begangen hat, kann der Richter auch von jedweder Bestrafung absehen, wenn er der Überzeugung ist, auf andere Weise könne seine Besserung eher gefördert werden.

1. Der Richter kann von jedweder Bestrafung absehen bei nicht vollem Gebrauch der Vernunft, ferner bei Furcht, Notlage, Leidenschaft, Trunkenheit oder einer ähnlichen Geistestrübung.

2. Der vorliegende Kanon nennt Fälle und Umstände, die z. T. bereits in can. 1324 § 1 genannt wurden und die eine Milderung der Strafe zur Folge haben.

3. Auch in diesem Kanon bringt die dem Richter gegebene Vollmacht die Gefahr mit sich, daß der Richter zum »dominus legis« wird. Aus diesem Grunde war in der Reformkommission vorgeschlagen worden, die entsprechende Vollmacht nicht an den Richter zu geben, sondern an jenen entsprechenden Oberen, der die Strafe erlassen kann. Doch drang dieser Vorschlag nicht durch.[18]

Can. 1346

Quoties reus plura delicta patraverit, si nimius videatur poenarum ferendae sententiae cumulus, prudenti iudicis arbitrio relinquitur poenas intra aequos terminos moderari.

Sooft ein Täter mehrere Straftaten begangen hat, wird es, falls die Häufung der Spruchstrafen allzu groß erscheint, dem klugen Ermessen des Richters überlassen, die Strafen innerhalb angemessener Grenzen zu ermäßigen.

1. Can. 1326 § 1 n. 1 sprach von der Häufung der *Straftaten*, in can. 1346 geht es um die Häufung der *Strafen*. Generell gilt das Prinzip »Tot poenae quot delicta« (so viel Stra-

---

[18] Vgl. Com 9 (1977) 163.

fen wie Straftaten).[19] Da dieses Prinzip aber zu Härten führen kann, ist es dem klugen Ermessen des Richters überlassen, die Strafen innerhalb angemessener Grenzen zu ermäßigen.

2. Das vorliegende Problem der Ermäßigung der Straftaten taucht nur bei Spruchstrafen auf. Bei Tatstrafen, die so angedroht sind, daß sie ohne weiteres mit Begehung der Tat eintreten, ist für den Richter kein Platz.

Can. 1347

§ 1. Censura irrogari valide nequit, nisi antea reus semel saltem monitus sit ut a contumacia recedat, dato congruo ad resipiscentiam tempore.

Eine Beugestrafe kann gültig nicht verhängt werden, wenn nicht vorher der Täter mindestens einmal verwarnt worden ist, seine Widersetzlichkeit aufzugeben, und ihm eine entsprechende Zeitspanne zum Sinneswandel gewährt wurde.

1. Handelt es sich um die Verhängung einer Beugestrafe, so muß der Strafverhängung eine *Warnung*[20] an den Straffälligen vorausgehen, wodurch dieser aufgefordert wird, seine Widersetzlichkeit (contumacia)[21] aufzugeben. Diese vorgängige Mahnung ist notwendig, weil eine *Beugestrafe* nur verhängt werden darf, wenn die Verstocktheit noch andauert.

---

[19] Im CIC/1917 war dieses Prinzip in can. 2224 § 1 ausdrücklich formuliert worden. Es dürfte auch dem can. 1346 des jetzigen CIC zugrunde liegen.

[20] Die Verwarnung (monitio) ist zu verstehen im Sinne von can. 1339.

[21] »Duplex datur species contumaciae: formalis et virtualis. Virtualis habetur cum agitur de poenis latae sententiae. Est contumax ille qui sciens legem vel praeceptum poenalia, violationem tamen facit. Habetur autem contumacia formalis, de qua loquitur c. 1347 § 1, cum datur monitio formalis ex parte superioris, antequam procedat ad irrogationem poenae« (DE PAOLIS 69 f.).

§ 2. A contumacia recessisse dicendus est reus, quem delicti vere paenituerit, quique praeterea congruam damnorum et scandali reparationem dederit vel saltem serio promiserit.

Es ist davon auszugehen, daß ein Täter von der Widersetzlichkeit abgelassen hat, wenn er die Straftat wirklich bereut hat und er außerdem eine angemessene Wiedergutmachung der Schäden und eine Behebung des Ärgernisses geleistet oder zumindest ernsthaft versprochen hat.

1. Der vorliegende Paragraph gibt die Kriterien an, auf welche sich der Richter stützen soll, um festzustellen, ob der Täter seine Verstocktheit aufgegeben hat. Die entsprechende Vermutung stützt sich: a) auf die Reue des Täters; b) auf die Wiedergutmachung der Schäden und die Behebung des Ärgernisses; c) oder zumindest auf ein ernsthaftes Versprechen, dies zu tun.

Can. 1348

Cum reus ab accusatione absolvitur vel nulla poena ei irrogatur, Ordinarius potest opportunis monitis aliisque pastoralis sollicitudinis viis, vel etiam, si res ferat, poenalibus remediis eius utilitati et publico bono consulere.

Wenn ein Angeklagter von der Anklage freigesprochen wird oder über ihn keine Strafe verhängt wird, kann der Ordinarius durch geeignete Ermahnungen oder andere Wege pastoralen Bemühens oder auch, wenn es die Sache verlangt, durch Strafsicherungsmittel zu dessen Nutzen und für das öffentliche Wohl sorgen.

1. Die Vollstreckung des Urteils ist Verwaltungssache. Zuständig ist also nicht der Richter, sondern der Ordinarius, dessen Gericht das Urteil gefällt hat. Der Ordinarius kann die Vollstreckung selbst vornehmen oder durch einen anderen (Kirchenanwalt, Gerichtsvollzieher) vornehmen lassen.

2. Wenn der Angeklagte *freigesprochen* wird bzw. wenn über ihn *keine Strafe verhängt* wird, muß der Ordinarius zusehen, wie er für den (freigesprochenen) Angeklagten sorgen kann und was er für das öffentliche Wohl tun kann.

3. Bei seinem Vorgehen stehen dem Ordinarius Ermahnungen, andere Wege pastoralen Bemühens und Strafsicherungsmittel zur Verfügung.

Can. 1349

Si poena sit indeterminata neque aliud lex caveat, iudex poenas graviores, praesertim censuras, ne irroget, nisi casus gravitas id omnino postulet; perpetuas autem poenas irrogare non potest.

Wenn eine Strafe unbestimmt ist und das Gesetz nichts anderes vorsieht, darf der Richter keine schwereren Strafen, zumal keine Beugestrafen verhängen, wenn nicht die Schwere des Falles dies unbedingt fordert; Strafen für immer darf er jedoch nicht verhängen.

1. Bisweilen läßt das Gesetz dem Richter einen gewissen Spielraum. Dies ist angedeutet durch Ausdrücke wie »mit einer gerechten Strafe belegen« (iusta poena punire) oder »mit einer entsprechenden Strafe belegen« (congrua poena punire). In solchen Fällen muß der Richter nach seinem klugen Ermessen entscheiden.

2. Für seine Entscheidung werden dem Richter im vorliegenden Kanon drei Grenzen gezogen. Er darf: a) keine schwereren Strafen, b) keine Beugestrafen[22], c) keine immerwährende Strafen verhängen.

---

[22] Für die Verhängung von Beugestrafen ist die Ausnahme gemacht, daß die Schwere des Falles dies unbedingt erfordern könnte.

Can. 1350

§ 1. In poenis clerico irrogandis semper cavendum est, ne iis quae ad honestam sustentationem sunt necessaria ipse careat, nisi agatur de dimissione e statu clericali.

Bei den über einen Kleriker zu verhängenden Strafen ist immer darauf zu achten, daß er nicht das entbehrt, was zu seinem angemessenen Unterhalt notwendig ist, es sei denn, es handelt sich um die Entlassung aus dem Klerikerstand.

1. Gemäß can. 281 § 1 haben Kleriker das Recht auf eine Vergütung (remunerationem merentur). Dieses Grundrecht bleibt dem Kleriker erhalten, auch wenn er bestraft wird; es sei denn, es handelt sich um die Entlassung aus dem Klerikerstand.

§ 2. Dimisso autem e statu clericali, qui propter poenam vere indigeat, Ordinarius meliore quo fieri potest modo providere curet.

Bei einem aus dem Klerikerstand Entlassenen aber, der wegen der Strafe wirklich in Not geraten ist, soll der Ordinarius auf möglichst gute Weise Vorsorge treffen.

1. Grundsätzlich verliert der Kleriker, der aus Klerikerstand entlassen wird (vgl. die cann. 290 n. 2 und 292), die mit dem klerikalen Stand eigenen Rechte. Sollte aber ein entlassener Kleriker in Not geraten, so hat der Ordinarius Vorsorge zu treffen.
2. In den meisten Ländern werden die staatlichen Stellen verlangen, daß die Kirche als »Arbeitgeber« für den Kleriker die entsprechenden sozialen Leistungen erbringt, damit dieser in Notsituationen von einem »sozialen Netz« aufgefangen wird. Darauf weist auch can. 281 § 2 hin.[23]

---

[23] Can. 281 § 2: »Ebenso ist Vorsorge zu treffen, daß sie [die Kleriker]

Can. 1351

Poena reum ubique tenet, etiam resoluto iure eius qui poenam constituit vel irrogavit, nisi aliud expresse caveatur.

Die Strafe bindet den Täter überall, auch wenn das Recht dessen erloschen ist, der die Strafe festgesetzt oder verhängt hat, wenn nichts anderes ausdrücklich bestimmt ist.

1. Die Strafe bindet den Täter überall.[24] Wer irgendwo rechtmäßig bestraft worden ist, kann sich der Strafe nicht dadurch entziehen, daß er (z. B. durch Wegzug in eine andere Diözese) das Untertanenverhältnis zu dem Oberen löst, der die Tatstrafe angedroht oder die Urteilsstrafe verhängt hat.[25]

2. Die im vorliegenden Kanon ausgesprochene Norm ist bei der *Spruchstrafe* darin begründet, daß das Urteil von dem Weiterbestehen der entsprechenden (richterlichen) Vollmacht unabhängig ist. Bei der *Tatstrafe* ist die erwähnte Norm darin begründet, daß Strafgesetz oder Strafgebot ihre selbsttätige Wirkkraft schon ausgelöst haben.[26]

Can. 1352

§ 1. Si poena vetet recipere sacramenta vel sacramentalia, vetitum suspenditur, quamdiu reus in mortis periculo versatur.

---

jene soziale Hilfe erfahren, durch die für ihre Erfordernisse bei Krankheit, Arbeitsunfähigkeit oder im Alter angemessen gesorgt wird.«

[24] Man pflegt das mit dem Grundsatz auszudrücken: »Poena adhaeret ossibus« (Die Strafe hängt an den Knochen).

[25] Eine Strafe ist *ausnahmsweise* nicht überall und immer wirksam, wenn sie ihrer Natur nach auf ein bestimmtes Gebiet beschränkt ist oder wenn sie an das Weiterbestehen der Gewalt des strafenden Oberen gebunden ist.

[26] Eine etwa später oder an einem anderen Ort vorgenommene Feststellung des Strafeintritts hat keine Bedeutung für die *Existenz* der Strafe, sondern nur für die Strafwirkungen im äußeren Bereich.

Wenn eine Strafe den Empfang von Sakramenten oder Sakramentalien verbietet, wird das Verbot ausgesetzt, solange sich der Täter in Todesgefahr befindet.

1. Von der Aussetzung der Strafe war schon in can. 1335 und in can. 1338 § 3 die Rede. Dort ging es ganz allgemein um das Seelenheil der Gläubigen. Im vorliegenden Kanon dagegen geht es um einen einzelnen Gläubigen, der sich eine Strafe zugezogen hat.

2. Die beiden Beugestrafen der Exkommunikation (vgl. can. 1331 § 1 n. 2) und des Interdiktes (vgl. can. 1332) verbieten es, Sakramente zu empfangen. Eine Strafe, die den Empfang von Sakramentalien verbietet, ist im CIC nicht vorgesehen.

3. Die Aussetzung der Strafe hängt mit dem Nachlaß der Strafe zusammen; Aussetzung und Nachlaß[27] sind aber keineswegs identisch. Wenn eine Strafe nachgelassen wird, hört sie auf. Wenn aber eine Strafe ausgesetzt wird, bleibt sie bestehen; ihre Wirkungen brauchen aber wegen bestimmter Umstände vorübergehend nicht beachtet zu werden.

4. Todesgefahr ist jene Lage, in der mit dem bevorstehenden Ableben eines Menschen ernsthaft gerechnet werden muß. Todesgefahr kann sowohl von innen (Krankheit) als auch von außen (Krieg, gefährliche Operation) kommen.

5. In can. 976 werden dem Priester für die Lossprechung in Todesgefahr weitestgehende Vollmachten verliehen, so daß – *objektiv* gesehen – kein Grund vorhanden sein dürfte, der die Lossprechung verhindern könnte. Dennoch wäre es denkbar[28], daß der Pönitent – *subjektiv* gesehen – das Sakrament der Buße nicht empfangen kann.[29] Durch can.

---

[27] In can. 1357 ist die Rede vom *Nachlaß* der Strafen, in den cann. 1335 und 1352 werden die Strafen *ausgesetzt* bzw. *aufgeschoben*.
[28] Vgl. DE PAOLIS 92.
[29] Z. B. weil er nicht die notwendige Reue aufbringt.

1352 § 1 ist nun aber die Möglichkeit geschaffen, auch in diesem Fall ein Sakrament zu empfangen.[30]

§ 2. Obligatio servandi poenam latae sententiae, quae neque declarata sit neque sit notoria in loco ubi delinquens versatur, eatenus ex toto vel ex parte suspenditur, quatenus reus eam servare nequeat sine periculo gravis scandali vel infamiae.

Die Verpflichtung zur Beachtung einer Tatstrafe, die weder festgestellt worden ist noch an dem Ort, wo sich der Täter aufhält, offenkundig ist, wird insofern ganz oder teilweise ausgesetzt, als sie der Täter nicht ohne Gefahr eines schweren Ärgernisses oder einer Rufschädigung beachten kann.

1. Die Aussetzung der Verpflichtung zur Beachtung einer Strafe geschieht nur, wenn es sich um eine *Tatstrafe* handelt, die noch nicht festgestellt wurde und die an dem Ort, an dem der Täter sich aufhält, nicht bekannt ist. Die Aussetzung der Verpflichtung geschieht also *nicht*, wenn es sich um eine Spruchstrafe handelt oder um eine festgestellte Tatstrafe oder um eine nicht festgestellte Tatstrafe, die aber dennoch an dem Ort, an dem der Straftäter sich aufhält, bekannt ist.

2. Im CIC/1917 wurde die entsprechende Materie anders behandelt. *Beugestrafen,* die nicht ohne Gefahr eines schweren Ärgernisses oder Ehrverlustes beobachtet werden konnten, konnten von jedem Beichtvater im inneren Bereich nachgelassen werden (vgl. can. 2254 CIC/1917). Bei *Sühnestrafen,* die von dem Betroffenen nur unter Verlust seiner

---

[30] Man denke an jemanden, der sich in Todesgefahr befindet, der aber nicht die notwendige Reue über seine Sünden aufbringt. Er kann deshalb nicht beichten und er kann deshalb auch nicht von Exkommunikation oder Interdikt, die (normalerweise) den Empfang von Sakramenten verhindern, befreit werden. In diesem Fall könnte er aber kraft can. 1352 § 1 andere Sakramente empfangen, z. B. eine Ehe eingehen bzw. eine Ehe gültig machen lassen.

Ehre oder zum Ärgernis anderer im äußeren Bereich beobachtet werden konnten, war jeder Beichtvater ermächtigt, im inneren sakramentalen Bereich von der Beobachtung der Strafe vorerst zu entbinden[31], also die Strafe vorerst auszusetzen.

Can. 1353

Appellatio vel recursus a sententiis iudicialibus vel a decretis, quae poenam quamlibet irrogent vel declarent, habent effectum suspensivum.

Berufung oder Beschwerde gegen richterliche Urteile oder gegen Dekrete, die irgendeine Strafe verhängen oder feststellen, haben aufschiebende Wirkung.

1. Wenn die Strafe durch richterliches Urteil ausgesprochen wurde, so gibt es dagegen das Rechtsmittel der *Berufung* (appellatio). Wenn die Strafe durch Dekret bzw. Verfügung ausgesprochen wurde, gibt es dagegen das Rechtsmittel der *Beschwerde* (recursus).

2. In der Regel haben Berufung oder Beschwerde *aufschiebende* Wirkung (appellatio vel recursus in suspensivo), d.h. die Einlegung von Berufung oder Beschwerde halten den Eintritt der Rechtskraft des Urteils oder der Verfügung auf. Bisweilen aber haben Berufung und Beschwerde nur eine *Übergangswirkung* (appellatio vel recursus in devolu-

---

[31] Can. 2290 § 1. In casibus occultis urgentioribus, si ex observatione poenae vindicativae latae sententiae, reus seipsum proderet cum infamia et scandalo, quilibet confessarius potest in foro sacramentali obligationem servandae poenae suspendere, iniuncto onere recurrendi saltem intra mensem per epistolam et per confessarium, si id fieri possit sine gravi incommodo, reticito nomine, ad S. Poenitentiariam vel ad Episcopum facultate praeditum et standi eius mandatis.
§ 2. Et si in aliquo casu extraordinario hic recursus sit impossibilis, tunc ipsemet confessarius potest dispensationem concedere ad normam can. 2254 § 3.

tivo tantum), d. h. der Rechtsstreit geht zwar in die höhere Instanz, der Eintritt der Rechtskraft des Urteils oder der Verfügung der Vorinstanz (d. h. der niederen Instanz) wird aber nicht aufgehalten. So hatte z. B. im CIC/1917 (vgl. can. 2243 § 1) die Berufung gegen die Verhängung einer Beugestrafe keine aufschiebende Wirkung.

3. Berufung oder Beschwerde gegen richterliche Urteile oder gegen Dekrete, die irgendeine Strafe verhängen oder feststellen[32], haben aufschiebende Wirkung.[33]

4. Während der Reformarbeit war der Vorschlag gemacht worden, die in can. 1353 genannte Berufung bzw. Beschwerde nur Übergangswirkung haben zu lassen. Dieser Vorschlag wurde aber abgelehnt.[34]

---

[32] Berufung oder Beschwerde richten sich also *nicht* gegen das Gesetz oder das Strafgebot, die Strafen androhen, *sondern* gegen richterliche Urteile oder gegen Dekrete, die Strafen verhängen oder feststellen.

[33] »Another legal protection of the dignity and reputation of the alleged offender is the provision for the suspensive effect of any recourse or appeal against the infliction or declaration of any penalty (c. 1353)« (T. J. GREEN, Penal Law: A Review of Selected Themes, in: The Jurist 50 [1990] 221–256, hier 247).

[34] »Interposita appellatione vel recursu, poena nondum haberi potest iuridice inflicta vel certa, ideoque non expedit ut applicetur, saltem in iure canonico ubi criterium misericordiae et benignitatis praevalet« (Com 16 [1984] 45).

Titel VI

AUFHÖREN DER STRAFE

1. Der vorliegende Titel VI (De poenarum cessatione) des CIC/1983 deckt sich weithin mit dem titulus VII (De poenarum remissione) des liber V des CIC/1917. Innerhalb des CIC/1983 entspricht von der Sache her der vorliegende Titel VI dem Titel II (Strafgesetz und Strafgebot), der von der Aufstellung der Strafen spricht, und dem Titel V (Strafverhängung), der von der Verhängung (Applikation) der Strafen spricht.

2. Für die Kommentierung von Titel VI ist es von Belang, die wichtigsten Begriffe zu klären. Unter »*cessatio*«[1] (poenae) versteht man das Aufhören der Strafe. Eine Strafe kann z. B. aufhören, weil sie abgebüßt wurde, weil der Schuldige gestorben ist oder weil sie erlassen wurde. Unter »*remissio*«[2] (poenae) versteht man den Nachlaß der Strafe durch den zuständigen Oberen. Wird eine Beugestrafe nachgelassen, so redet man von der »*absolutio*« (poenae).[3] Wird eine Sühne-

---

[1] Ich belasse es bei den *lateinischen* Ausdrücken, weil die deutschen Begriffe sehr uneinheitlich gebraucht werden. Es wird noch eine Weile dauern, bis sich eine gewisse Einheitlichkeit herausgebildet haben wird.

[2] »Concludere possumus remissionem esse verbum genericum quae respicit sive poenas medicinales sive poenas expiatorias« (DE PAOLIS 95). Vgl. auch BORRAS 125.

[3] Der Ausdruck »absolutio« (a censura) wird in folgenden Kanones explizit gebraucht: 508 § 1, 566 § 2 und 976. Da freilich in den Kanones des Strafrechts der Begriff »absolutio« (a censura) nicht vorkommt, ist unter den Kommentatoren eine Verwirrung entstanden. Bisweilen hört man die Behauptung, die Unterscheidung zwischen »absolutio« und »dispensatio« sei abgeschafft.

strafe nachgelassen, so verwendet man den Ausdruck »*dispensatio*«.[4] Schließlich gibt es noch den Ausdruck »*suspensio*« (Aussetzung).[5] Wenn eine Strafe ausgesetzt wird, bleibt sie bestehen;[6] ihre Wirkungen brauchen aber wegen bestimmter Umstände vorübergehend nicht beachtet zu werden.[7]

3. Im Titel VI werden zunächst im can. 1354 einige *allgemeine* Prinzipien geklärt. Die cann. 1355 und 1356 gehen auf *spezifische* Grundsätze ein. Can. 1357 behandelt den Dringlichkeitsfall, can. 1358 den Nachlaß von Beugestrafen. Can. 1359 geht auf den Fall ein, in dem jemand mehrfach bestraft worden ist. In den cann. 1360 und 1361 werden spezielle Normen für den Straferlaß gegeben. Die cann. 1362 und 1363 schließlich behandeln die Verjährung.

Can. 1354

§ 1. Praeter eos, qui in cann. 1355-1356 recensentur, omnes, qui a lege, quae poena munita est, dispensare possunt vel a praecepto poenam comminanti eximere, possunt etiam eam poenam remittere.

Außer denen, die in den cann. 1355-1356 aufgeführt werden, können alle, die von einem mit einer Strafe bewehrten Gesetz dispensieren oder von einem eine Strafe androhenden Verwaltungsbefehl befreien können, diese Strafe auch erlassen.

---

[4] »Poena ... expiatoria ... remitti potest a superiore, per dispensationem, quae est actus gratiae, in quantum superior non tenetur per se illam gratiam concedere« (DE PAOLIS 95).

[5] Vgl. Erl. n. 3 zu can. 1352 § 1.

[6] Die suspensio gehört also nicht zur cessatio. M. a. W.: Der Begriff der »suspensio« ist *kein* Artbegriff, der zu dem Gattungsbegriff »cessatio« gehören würde.

[7] Den im staatlichen Recht üblichen Begriff der »Amnestie« kennt das kirchliche Recht nicht.

1. Wer Gewalt über das Gesetz oder das Gebot hat, kann davon dispensieren[8] bzw. befreien. Wer von einem mit einer Strafe bewehrten Gesetz oder von einem eine Strafe androhenden Verwaltungsbefehl dispensieren kann, kann auch die entsprechende Strafe erlassen.[9] Somit können also der Autor[10] von Gesetz und Befehl, sein Nachfolger und alle jene, denen die entsprechende Vollmacht gegeben wird, die entsprechende Strafe erlassen.

2. Eine besondere Frage besteht darin, ob untergeordnete Gesetzgeber (insbesondere die Diözesanbischöfe) von universellen Gesetzen befreien können. Can. 87 § 1 gibt eine entsprechende Vollmacht, nimmt aber gerade die das Strafrecht betreffenden Gesetze aus.[11]

3. Weil also die untergeordneten Gesetzgeber zunächst einmal von universellen Strafgesetzen nicht dispensieren können, deshalb verweist can. 1354 § 1 auf die cann. 1355 und 1356, die weitere Vollmachten zum Inhalt haben.

4. Die Vollmacht, Strafen zu erlassen, haben jene, die eine ausführende Gewalt im *äußeren*[12] Forum haben. Wird aber

---

[8] »Dispens ist die hoheitliche Befreiung von der verpflichtenden Kraft eines rein kirchlichen Rechtssatzes in einem besonderen Fall« (AYMANS-MÖRSDORF 269).

[9] Natürlich sind Erlaß der Strafe und Dispens vom Gesetz *nicht* identisch.

[10] Vgl. ganz allgemein die cann. 129 bis 144.

[11] »Der Diözesanbischof kann die Gläubigen, sooft dies nach seinem Urteil zu deren geistlichem Wohl beiträgt, von Disziplinargesetzen dispensieren, sowohl von allgemeinen als auch von partikularen, die von der höchsten Autorität der Kirche für sein Gebiet oder für seine Untergebenen erlassen worden sind, nicht aber von das Prozeß- oder Strafrecht betreffenden Gesetzen noch von solchen, deren Dispens dem Apostolischen Stuhl oder einer anderen Autorität besonders vorbehalten ist« (can. 87 § 1).

[12] »Remissio poenae est actus potestatis executivae. Remittere per se possunt tantum illi qui potestatem executivam in foro externo habent, ad normam legis exercendam. Sub hoc aspectu illi qui habent potestatem tantum in foro interno nullam competentiam habent in remittendis poenis, nisi lex peculiarem facultatem illis dederit. De facto autem in nonnullis casibus

die Vollmacht erteilt, im *inneren* Forum Strafen zu erlassen, so ist diese Vollmacht im Sinne von can. 130[13] zu verstehen.

§ 2. Potest praeterea lex vel praeceptum, poenam constituens, aliis quoque potestatem facere remittendi.

Außerdem können Gesetz oder Verwaltungsbefehl, die eine Strafe festsetzen, auch anderen die Vollmacht zum Straferlaß übertragen.

1. Weil der Strafnachlaß ein Akt der ausführenden Leitungsgewalt (potestas regiminis executivae)[14] ist, kann er *übertragen* (delegiert) werden. Diese Delegation kann auf verschiedene Art geschehen; so z. B. im Strafgesetz oder Strafgebot selbst; oder gemäß can. 137 § 1; oder auf eine andere Weise, wenn das Heil der Seelen dies erfordert.

§ 3. Si Apostolica Sedes poenae remissionem sibi vel aliis reservaverit, reservatio stricte est interpretanda.

Wenn der Apostolische Stuhl sich oder anderen den Straferlaß vorbehalten hat, ist der Vorbehalt eng auszulegen.

1. Im CIC/1917 gab es manche Strafen, deren Nachlaß niemandem reserviert war (poenae nemini reservatae). Es gab aber auch Vorbehalte des Strafnachlasses zugunsten des Oberhirten bzw. zugunsten des Apostolischen Stuhles (poenae Ordinario vel Sedi Apostolicae reservatae). Die Reservation zugunsten des Apostolischen Stuhles war noch einmal gestuft, je nach dem ob sie »in einfacher Weise« (simplici-

---

lex confert talem facultatem remittendi poenas in foro interno« (DE PAOLIS 96).

[13] »Leitungsgewalt wird an sich im äußeren Bereich ausgeübt, bisweilen aber nur im inneren Bereich, und zwar so, daß die Rechtswirkungen, die die Ausübung dieser Gewalt ihrer Natur nach im äußeren Bereich hat, in diesem Bereich nur anerkannt werden, sofern dies für bestimmte Fälle im Recht festgesetzt ist« (can. 130).

[14] Vgl. die cann. 129–144.

ter), »in besonderer Weise« (speciali modo) oder »in ganz besonderer Weise« (specialissimo modo) dem Apostolischen Stuhl vorbehalten war.[15]

2. Was ist Sinn und Zweck des Vorbehalts? »Der Vorbehalt will die Erlangung der Lossprechung erschweren und den Ernst der Strafe betonen. Dies wird dadurch angestrebt, daß nicht irgendeiner, sondern allein der für den Vorbehaltsfall als zuständig erklärte Hoheitsträger die Lossprechung erteilen kann; andere Hoheitsträger sind damit im allgemeinen nicht in der Lage, die Lossprechung zu gewähren.«[16]

3. Der vorliegende Paragraph war nicht im schema von 1973 enthalten. Offenbar wollte man die Rechtsfigur der Reservation überhaupt abschaffen. Dann aber wurde der tätliche Angriff auf den Papst mit einer Strafe bedroht, deren Nachlassung dem Apostolischen Stuhl vorbehalten war.[17] In der Folge kamen noch andere Strafen hinzu, die auch dem Apostolischen Stuhl reserviert sind.

4. Insgesamt gibt es fünf Strafen, deren Nachlassung dem Apostolischen Stuhl vorbehalten ist, und zwar a) die Verunehrung der heiligen Gestalten (can. 1367); b) den tätlichen Angriff gegen den Papst (can. 1370 § 1); c) die Lossprechung eines Pönitenten durch einen Priester, mit dem dieser eine Sünde gegen das sechste Gebot begangen hat (can. 1378 § 1); d) die Erteilung der Bischofsweihe ohne päpstlichen Auftrag (can. 1382); e) den direkten Beichtsiegelbruch (can. 1388 § 1).

---

[15] Vgl. MÖRSDORF 380.
[16] MÖRSDORF 378.
[17] Vgl. Com 9 (1977) 306 f.

Can. 1355

§ 1. Poenam lege constitutam, si sit irrogata vel declarata, remittere possunt, dummodo non sit Apostolicae Sedi reservata:
1. Ordinarius, qui iudicium ad poenam irrogandam vel declarandam promovit vel decreto eam per se vel per alium irrogavit vel declaravit;
2. Ordinarius loci in quo delinquens versatur, consulto tamen, nisi propter extraordinarias circumstantias impossibile sit, Ordinario, de quo sub n. 1.

Eine vom Gesetz bestimmte Strafe können, wenn sie verhängt oder festgestellt worden ist, unter der Voraussetzung, daß sie nicht dem Apostolischen Stuhl vorbehalten ist, erlassen:
1. *der Ordinarius, der das Gerichtsverfahren zur Verhängung oder Feststellung der Strafe veranlaßt hat oder diese, selbst oder durch einen anderen, mit Dekret verhängt oder festgestellt hat;*
2. *der Ordinarius des Ortes, an dem sich der Täter aufhält, jedoch nach Rücksprache mit dem unter n. 1 genannten Ordinarius, es sei denn, dies ist außergewöhnlicher Umstände wegen unmöglich.*

1. Weil gemäß can. 87 § 1 die Diözesanbischöfe (und ganz allgemein die Ordinarien) von universellen *Strafgesetzen* nicht dispensieren und deshalb von der zugezogenen Strafe auch nicht befreien können, müssen zusätzlich zu den in can. 1354 § 1 Genannten noch andere bestimmt werden, die von den entsprechenden Strafen befreien können.

2. In § 1 handelt es sich um Strafen, die *verhängt* (in diesem Fall handelt es sich um Spruchstrafen) oder *festgestellt* (in diesem Fall handelt es sich um Tatstrafen) worden sind, die aber *nicht dem Apostolischen Stuhl vorbehalten* sind.

3. Diese Strafen können nachgelassen werden: a) von dem Ordinarius, der das Gerichtsverfahren zur Verhängung oder Feststellung der Strafe veranlaßt hat oder diese, selbst oder durch einen anderen, mit Dekret verhängt oder festge-

stellt hat; b) von dem Ordinarius des Ortes, an dem sich der Täter aufhält.[18]

4. Die vorliegende Norm ist erst im Laufe der Beratungen so *ausgeweitet* worden, wie sie jetzt vorliegt. Zunächst wollte man die Nachlassung der Strafe auf den Ordinarius beschränken, der die Strafe verhängt oder festgestellt hat. Die Ausweitung auf den Ordinarius des Ortes, an dem sich der Täter aufhält, geschah mit dem Hinweis auf die heutige Mobilität der Bevölkerung.[19]

§ 2. Poenam latae sententiae nondum declaratam lege constitutam, si Sedi Apostolicae non sit reservata, potest Ordinarius remittere suis subditis et iis qui in ipsius territorio versantur vel ibi deliquerint, et etiam quilibet Episcopus in actu tamen sacramentalis confessionis.

Falls kein Vorbehalt des Apostolischen Stuhles besteht, kann der Ordinarius eine noch nicht festgestellte, aber durch Gesetz festgesetzte Tatstrafe seinen Untergebenen und denen erlassen, die sich in seinem Gebiet aufhalten oder dort straffällig geworden sind; dasselbe kann auch jeder Bischof in der sakramentalen Beichte.

1. In § 2 handelt es sich um eine *nicht festgestellte Tatstrafe,* die auch *nicht dem Apostolischen Stuhl vorbehalten* ist.

2. Diese Strafe kann der Ordinarius seinen Untergebenen und denen erlassen, die sich in seinem Gebiet aufhalten oder dort straffällig geworden sind.

3. In der sakramentalen Beichte kann *jeder* Bischof[20] diese Strafe nachlassen.

---

[18] In diesem Fall soll der Ordinarius – wenn immer dies möglich ist – mit dem in § 1 n. 1 genannten Ordinarius Rücksprache halten.

[19] Vgl. Com 9 (1977) 169.

[20] Also auch jene Bischöfe, die gemäß can. 134 § 1 nicht zu den Ordinarien gehören, z. B. emeritierte Bischöfe oder Auxiliarbischöfe, die nicht Bischofsvikare sind.

Can. 1356

§ 1. Poenam ferendae vel latae sententiae constitutam praecepto quod non sit ab Apostolica Sede latum, remittere possunt:
1. Ordinarius loci, in quo delinquens versatur;
2. si poena sit irrogata vel declarata, etiam Ordinarius qui iudicium ad poenam irrogandam vel declarandam promovit vel decreto eam per se vel per alium irrogavit vel declaravit.

Eine Spruch- oder Tatstrafe, die durch einen nicht vom Apostolischen Stuhl erlassenen Verwaltungsbefehl festgesetzt ist, können erlassen:
1. der Ordinarius des Ortes, an dem sich der Täter aufhält;
2. wenn die Strafe verhängt oder festgestellt worden ist, auch der Ordinarius, der das Gerichtsverfahren zur Verhängung oder Feststellung der Strafe veranlaßt hat oder sie, selbst oder durch einen anderen, mit Dekret verhängt oder festgestellt hat.

1. Der vorliegende Kanon vervollständigt can. 1355 insofern als das Problem der Spruch- oder Tatstrafen behandelt wird, die durch einen nicht vom Apostolischen Stuhl erlassenen[21] *Verwaltungsbefehl* festgesetzt sind.

2. Die im vorliegenden Kanon genannten Spruch- und Tatstrafen können erlassen werden: a) vom Ordinarius des Ortes, an dem sich der Täter aufhält; b) im Falle, daß die Strafe verhängt oder festgestellt wurde, auch von dem Ordinarius, der die Strafe verhängt oder festgestellt hat.

---

[21] Handelt es sich um einen vom Apostolischen Stuhl erlassenen *Verwaltungsbefehl*, so kann gemäß can. 1354 § 1 nur der Apostolische Stuhl von der entsprechenden Strafe befreien. Zwar ist nämlich den Ordinarien eine Befreiungsvollmacht in can. 1355 für die Strafen, die durch Gesetze angedroht sind, gegeben, nicht aber für die Strafen, die durch Verwaltungsbefehl angedroht sind. Für Gesetze gilt allerdings die Befreiungsvollmacht gemäß can. 1354 § 3 und can. 1355 dann nicht, wenn die Strafe dem Apostolischen Stuhl vorbehalten ist. Damit gilt ganz allgemein: »Sanctae Sedi reservantur omnes poenae lege constitutae, quas lex expresse statuat ipsi reservatas, et omnes poenae praecepto constitutae per praeceptum ipsius Sedis Apostolicae« (DE PAOLIS 99).

§ 2. Antequam remissio fiat, consulendus est, nisi propter extraordinarias circumstantias impossibile sit, praecepti auctor.

Wenn es nicht außerordentlicher Umstände wegen unmöglich ist, muß vor dem Straferlaß mit dem Urheber des Verwaltungsbefehls Rücksprache genommen werden.

1. Ähnlich wie bereits in can. 1355 § 1 n. 2 wird auch hier wieder die Rücksprachepflicht mit dem Urheber des Verwaltungsbefehls eingeschärft.

Can. 1357

§ 1. Firmis praescriptis cann. 508 et 976, censuram latae sententiae excommunicationis vel interdicti non declaratam confessarius remittere potest in foro interno sacramentali, si paenitenti durum sit in statu gravis peccati permanere per tempus necessarium ut Superior competens provideat.

Vorbehaltlich der Vorschriften der cann. 508 und 976 kann der Beichtvater die nicht festgestellte Beugestrafe der Exkommunikation oder des Interdiktes, insofern sie Tatstrafe ist, im inneren sakramentalen Bereich nachlassen, wenn es für den Pönitenten hart ist, im Stande schwerer Sünde für den Zeitraum zu verbleiben, der notwendig ist, damit der zuständige Obere Vorsorge treffen kann.

1. Der vorliegende Kanon war im Schema von 1973 nicht enthalten. Vielmehr war in diesem Entwurf der Versuch gemacht worden, die Wirkungen der Exkommunikation und des Interdiktes insofern zu trennen, als der Gebannte bzw. Interdizierte die Beichte und die Krankensalbung sollte empfangen können.[22] Dieser Versuch wurde aber abge-

---

[22] »Excommunicatio vetat: ... b) sacramenta, exceptis paenitentia et infirmorum unctione, recipere, et sacramenta vel sacramentalia conficere vel administrare« (can. 16 § 1 Schema Poen).
»Interdictum vetat: ... b) sacramenta, exceptis paenitentia et infirmorum

lehnt.²³ Damit wurde es notwendig, den vorliegenden Kanon erstmals und neu zu formulieren, um dem Pönitenten die Möglichkeit zu geben, von Beugestrafe und Sünde freizukommen.²⁴ Im übrigen stimmt can. 1357 CIC/1983 nicht einfachhin mit can. 2254 CIC/1917 überein.

2. De Paolis (101–107) vergleicht can. 1357 CIC/1983 mit can. 2254 CIC/1917 und faßt Übereinstimmungen und Unterschiede in neun Punkten zusammen: a) Sowohl in can. 1357 als auch in can. 2254 ist der Priester, dem die entsprechenden Vollmachten gegeben werden, der *Beichtvater*, also ein mit Beichtvollmacht versehener Priester. Dieser Beichtvater besitzt aber per se keine Befugnis über die entsprechenden Beugestrafen. b) *Wegen des Seelenheiles* sind aber Fälle vorgesehen, in denen besondere Vollmachten gegeben werden. In can. 1357 handelt es sich um den Fall, daß es dem Pönitenten hart ist, im Stande schwerer Sünde zu verbleiben. In can. 2254 war zudem noch die Rede davon, daß die Zensur nach außen hin nicht beobachtet werden konnte ohne die Gefahr eines großen Ärgernisses bzw. einer großen Infamie. Dieser Fall ist aber im CIC/1983 bereits in can. 1352 § 2 berücksichtigt²⁵ und braucht deshalb in can. 1357 nicht mehr normiert zu werden.²⁶ c) Das Objekt

---

unctione, recipere, et sacramenta vel sacramentalia conficere ve administrare« (can. 17 § 1 Schema Poen).

²³ Vgl. Com 9 (1977) 149, 151; Com 16 (1984) 42.

²⁴ Im can. 2254 § 1 CIC/1917 war die gegebene Nachlassungsvollmacht freilich insofern größer, als auch die festgestellten und verhängten Beugestrafen nachgelassen werden konnten. – Über den Umfang der damaligen Vollmacht war man sich unter den Kanonisten freilich nicht einig (vgl. MÖRSDORF 385 A. 1).

²⁵ »Die Verpflichtung zur Beachtung einer Tatstrafe, die weder festgestellt worden ist noch an dem Ort, wo sich der Täter aufhält, offenkundig ist, wird insofern ganz oder teilweise ausgesetzt, als sie der Täter nicht ohne Gefahr eines schweren Ärgernisses oder einer Rufschädigung beachten kann« (can. 1352 § 2).

²⁶ Man beachte freilich den Unterschied zwischen can. 1352 § 2 und can. 1357 § 1: In can. 1352 § 2 ist von einer »Aussetzung« der Strafe die

bzw. der Gegenstand der Befugnis ist in can. 1357 »die nicht festgestellte Beugestrafe der Exkommunikation oder des Interdiktes, insofern sie Tatstrafe ist«. In can. 2254 war das Objekt der Befugnis die »Beugestrafe, insofern sie Tatstrafe ist«. Damit ist das Objekt der Befugnis in der gegenwärtigen Bestimmung in zweifacher Hinsicht enger umschrieben: Zum einen kann nicht mehr von der Suspension,[27] zum andern nicht mehr von den festgestellten Beugestrafen losgesprochen werden. d) Der »superior competens«, welcher Vorsorge treffen kann, ist sowohl in can. 1357 § 1 als auch in can. 2254 § 1 der Obere, der im äußeren Bereich (in foro externo) die Strafen nachlassen kann. Im gegenwärtigen CIC sind das die in den cann. 1354 bis 1356 genannten Personen. e) Sowohl nach can. 2254 als auch nach can. 1357 ist die Vollmacht im »inneren sakramentalen Bereich (in foro[28] interno sacramentali)« auszuüben. f) Die Bedingung,

---

Rede (die Strafe bleibt also in sich bestehen), in can. 1357 § 1 handelt es sich um eine wirkliche »Nachlassung« der Strafe.

[27] Die Möglichkeit der Lossprechung von der Suspension in can. 2254 war insofern nicht sinnvoll, als die Suspension nicht den Empfang der Sakramente hindert.

[28] »Forum« ist ursprünglich der zentrale Gemeindeplatz, der neben dem Handel und den politischen Geschäften auch der Rechtsprechung diente. Von daher ist der Begriff forum in das römische Recht eingegangen. Im CIC hat das Wort forum eine vielfältige Bedeutung (vgl. OCHOA Index, »forum«, »forum externum« und »forum internum«). In den cann. 1354–1363 (Aufhören der Strafe) spielt vor allem die Unterscheidung zwischen dem f. externum (äußerer Bereich) und f. internum (innerer Bereich) eine Rolle. F. externum und f. internum sind beides *Rechtsbereiche* und deshalb vom f. conscientiae (*Gewissensbereich*), in dem das unmittelbare Verhältnis des Einzelnen zu Gott geregelt wird, verschieden. F. externum und f. internum sind dadurch unterschieden, daß die Kirche in dem einen Falle *öffentlich* und in dem anderen Fall *geheim* handelt. So wird von geheimen Ehehindernissen im f. internum (also im inneren bzw. geheimen Bereich) dispensiert (vgl. can. 1079 § 3). Der innere Bereich (also das f. internum) wird noch einmal unterschieden in den inneren *nichtsakramentalen* Bereich und den inneren *sakramentalen* Bereich, je nachdem ob sich das Vorgehen außerhalb oder innerhalb des Bußsakramentes bewegt. Zum Ganzen vgl. K. MÖRSDORF, Forum, in: SM II, 55–60.

wonach es »für den Pönitenten hart ist, im Stande schwerer Sünde zu verbleiben« wurde von den Kommentatoren immer weit verstanden.[29] g) Bezüglich des *Rekurses*, von dem in can. 2254 und can. 1357 die Rede ist, kommen beide Kanones in vielem[30] überein, sie unterscheiden sich aber in zwei Bestimmungen[31]: (1) Gemäß can. 2254 war der Rekurs nur notwendig, »si id fieri possit sine gravi incommodo«. Gemäß can. 1357 ist der Rekurs einfachhin notwendig. (2) Gemäß can. 2254 ging der Rekurs »an die Hl. Pönitentiarie oder an den Bischof oder an einen anderen Oberen, der die entsprechende Absolutionsvollmacht hat«. Gemäß can. 1357 geht der Rekurs »an den zuständigen Oberen oder an einen mit der Befugnis ausgestatteten Priester«. h) Gemäß can. 1357 muß die angemessene Buße bzw. die Wiedergutmachung des Ärgernisses und des Schadens *immer* auferlegt werden – ganz unabhängig vom Rekurs. In can. 2254 müssen die »congrua poenitentia« und die »satisfactio« *nur dann* auferlegt werden, *wenn* der Rekurs nicht möglich ist. i) Weil in can. 1357 nicht mehr von der Unmöglichkeit des Rekurses geredet wird, kann nun auch nicht mehr zum Vergleich auf can. 2254 zurückgegriffen werden. Da aber der Rekurs – absolut gesehen – immer unmöglich sein kann, weil es bei der Befolgung menschlicher Gesetze immer Un-

---

[29] Danach genügten schon wenige Stunden »Wartezeit«, um die entsprechende Härte herbeizuführen. Ja, der Beichtvater konnte innerhalb der Beichte den Pönitenten allererst »bewegen«, diese Härte zu »spüren«.

[30] Gemeinsam sind folgende Elemente: »Notwendigkeit des Rekurses«; »innerhalb eines Monats«; »unter Androhung des Wiedereintritts der Strafe«; »Rekurs durch den Pönitenten oder durch den Beichtvater«; »Pflicht des Beichtvaters, den Rekurs aufzuerlegen«; »Pflicht des Pönitenten (nicht: des Beichtvaters), den Rekurs vorzunehmen«.

[31] Die beiden Bestimmungen hängen innerlich zusammen: Weil der Personenkreis, zu dem rekurriert werden muß, in can. 1357 größer ist (so z. B. auch jeder mit der Befugnis ausgestattete Priester) als in can. 2254, deshalb spricht can. 1357 nicht von der Unmöglichkeit des Rekurses, obwohl ein solcher – absolut gesehen – auch in der neuen Gesetzgebung möglich bleiben muß.

möglichkeiten geben kann, bleiben gemäß can. 1357 für den Pönitenten zwei Möglichkeiten: Entweder es ist ihm moralisch unmöglich zu rekurrieren, dann entfällt jede weitere Pflicht nach Ablauf eines Monats, oder er rekurriert nicht, obwohl es ihm moralisch möglich wäre, dann tritt die Strafe wieder ein. Man beachte: Ohne schwere Schuld (vgl. can. 1321 § 1) wird niemand bestraft. Deshalb ist der Wiedereintritt der Strafe auch nur gegeben, wenn der Rekurs wegen schwerer Schuld versäumt wird.

3. Die Vorschriften von can. 508[32] und can. 976[33] werden vorausgesetzt und bleiben unangetastet. In can. 508 handelt es sich um den Bußkanoniker, in can. 976 handelt es sich um die Absolution in Todesgefahr. Zu erwähnen sind hier auch die Vollmachten des cappellanus[34] und die Privilegien, welche manche Orden für den Strafnachlaß besitzen. Gemäß can. 4 bleiben solche Privilegien erhalten. Sie müssen freilich mit dem neuen Strafrechtssystem in Einklang gebracht werden.[35]

---

[32] Can. 508 – § 1. Der Bußkanoniker ebenso der Kathedral- wie einer Kollegiatkirche hat kraft seines Amtes die ordentliche Befugnis, die er aber anderen nicht delegieren kann, im sakramentalen Bereich von Beugestrafen loszusprechen, die nicht festgestellte Tatstrafen und nicht dem Apostolischen Stuhl vorbehalten sind; diese Befugnis bezieht sich innerhalb der Diözese auch auf Diözesanfremde und auf Diözesane auch außerhalb des Gebietes der Diözese.
§ 2. Wo kein Kapitel vorhanden ist, hat der Diözesanbischof einen Priester zu bestellen, der diese Aufgabe wahrnimmt.

[33] Can. 976 – Jeder Priester absolviert, auch wenn er die Befugnis zur Entgegennahme von Beichten nicht besitzt, jegliche Pönitenten, die sich in Todesgefahr befinden, gültig und erlaubt von jedweden Beugestrafen und Sünden, auch wenn ein Priester mit entsprechender Befugnis zugegen ist.

[34] »In Krankenhäusern, Gefängnissen und auf Seereisen hat der Kaplan außerdem die nur an diesen Orten auszuübende Befugnis, von Beugestrafen, die als Tatstrafen nicht vorbehalten und nicht festgestellt sind, zu absolvieren, jedoch unbeschadet der Vorschrift des can. 976« (can. 566 § 2).

[35] Vgl. DE PAOLIS 109.

4. Die Lossprechung[36], die der Beichtvater im inneren[37] sakramentalen Bereich erteilen kann, bezieht sich auf die *nicht festgestellte Beugestrafe der Exkommunikation oder des Interdiktes, insofern sie Tatstrafe ist* (censura latae sententiae excommunicationis vel interdicti non declarata).[38]

5. Als Bedingung für die Nachlassung durch den Beichtvater ist gefordert, daß es für den Pönitenten hart ist, im Stande schwerer Sünde für den Zeitraum zu verbleiben, der notwendig ist, damit der zuständige Obere Vorsorge treffen kann.

§ 2. In remissione concedenda confessarius paenitenti onus iniungat recurrendi intra mensem sub poena reincidentiae ad Superiorem competentem vel ad sacerdotem facultate praeditum, et standi huius mandatis; interim imponat congruam paenitentiam et, quatenus urgeat, scandali et damni reparationem; recursus autem fieri potest etiam per confessarium, sine nominis mentione.

Bei der Gewährung des Nachlasses hat der Beichtvater dem Pönitenten die Pflicht aufzuerlegen, unter Androhung des Wiedereintritts der Strafe, sich innerhalb eines Monats an den zuständigen Oberen oder an einen mit der Befugnis ausgestatteten Priester zu wenden und dessen Auflagen nachzukommen; inzwischen hat er

---

[36] Es handelt sich hier um eine wirkliche *Lossprechung*. In anderen drängenden Fällen (vgl. die cann. 1335 und 1352) wird von den entsprechenden Strafen nicht losgesprochen, sondern diese werden nur ausgesetzt bzw. aufgeschoben.

[37] Der Nachlaß geschieht zwar im inneren Bereich, gilt aber auch für den äußeren Bereich. In seelsorgerlichen Notfällen (»si paenitenti durum sit«) werden innerer und äußerer Bereich gleichsam kurzgeschlossen. »Quamvis campus iuris poenalis sit forum externum, ita ut poenae statui et remitti debeant in foro externo, rationes pastorales tamen, quae exigunt quod provideatur praeprimis bono animarum, suadent quod poenae in nonnullis casibus remitantur in foro etiam interno« (DE PAOLIS 1986, 253). Für den Zusammenhang von innerem und äußerem Bereich gelten auch heute noch die Prinzipien von can. 2232 § 1 und can. 2251 CIC/1917.

[38] Die festgestellte und die verhängte Beugestrafe kann der Beichtvater also *nicht* nachlassen.

eine angemessene Buße und, wenn es dringend ist, die Wiedergutmachung des Ärgernisses und des Schadens aufzuerlegen; der Rekurs aber kann ohne Namensnennung auch durch den Beichtvater erfolgen.

1. Bei der Gewährung des Nachlasses hat der Beichtvater dem Pönitenten die Pflicht aufzuerlegen, unter Androhung des Wiedereintritts der Strafe, sich innerhalb eines Monats an den zuständigen Oberen oder an einen mit der Befugnis ausgestatteten Priester zu wenden und dessen Auflagen nachzukommen.
2. Der Rekurs kann auch durch den Beichtvater erfolgen, und zwar ohne den Namen des Pönitenten zu nennen.
3. Inzwischen hat der Beichtvater dem Pönitenten eine angemessene Buße und, wenn es dringend ist, die Wiedergutmachung des Ärgernisses und des Schadens aufzuerlegen.
4. In can. 2254 § 2 CIC/1917 war auch von der Möglichkeit die Rede,[39] einen anderen Beichtvater anzugeben, der die entsprechende Vollmacht besaß. Hatte man dann von diesem die Lossprechung erhalten, so brauchte man sich nicht mehr um den Bescheid zu kümmern, der von jener Stelle kam, die man vorher angegangen hatte. Der CIC/1983 schweigt von einer entsprechenden Möglichkeit, dennoch darf man der Meinung sein, diese Vollmacht bestehe auch heute, denn der entsprechende Beichtvater kann seine Vollmachten benutzen, wie er will. Im übrigen sind Vollmachten gegeben, damit sie zum Nutzen des Pönitenten gebraucht werden.[40]

---

[39] »Nihil impedit quominus poenitens, etiam post acceptam, ut supra, absolutionem, facto quoque recursu ad Superiorem, alium adeat confessarium facultate praeditum, ab eoque, repetita confessione saltem delicti cum censura, consequatur absolutionem; qua obtenta, mandata ab eodem accipiat, quin teneatur postea stare aliis mandatis ex parte Superioris supervenientibus« (can. 2254 § 2 CIC/1917).

[40] »Ovviamente le facoltà sono date in favore del reo e perciò è com-

4. Im Bistum Limburg ist bei der Lossprechung im Falle einer Abtreibung (vgl. can. 1398) auf den Rekurs gemäß can. 1357 § 2 verzichtet worden.[41] Dieser Verzicht gilt m. W. in allen deutschen Diözesen.[42].

§ 3. Eodem onere recurrendi tenentur, postquam convaluerint, ii quibus ad normam can. 976 remissa est censura irrogata vel declarata vel Sedi Apostolicae reservata.

Dieselbe Rekurspflicht trifft nach ihrer Genesung jene, denen gemäß can. 976 eine verhängte oder festgestellte oder dem Apostolischen Stuhl vorbehaltene Beugestrafe nachgelassen worden ist.

1. Auch bei der Absolution in Todesgefahr muß nach der (eventuellen) Genesung an die zuständige Stelle rekurriert werden.

2. Es handelt sich im vorliegenden Paragraphen um eine *verhängte oder festgestellte oder dem Apostolischen Stuhl vorbehaltene Beugestrafe*. Gemäß can. 976 kann jedweder Priester jeglichen Pönitenten in Todesgefahr von jedweden Beugestrafen und Sünden absolvieren. Rekurriert werden muß aber nur bei den eben genannten Beugestrafen.

---

prensibile che chiunque ha la facoltà la possa esercitare in suo favore. Nonostante il silenzio del Codice credo che una tale facoltà sia da riconoscersi al reo; forse non è state riproposta esplicitamente, in quanto appariva ovvia alla luce dei principi generali circa l'uso delle facoltà« (NIGRO 795).

[41] »Wenn ein Priester im Dringlichkeitsfall des can. 1357 § 1 von der Exkommunikation gemäß can. 1398 wegen Abtreibung absolviert hat, wird auf den gemäß can. 1357 § 2 erforderlichen Rekurs an den Diözesanbischof verzichtet mit der Weisung, daß der Beichtvater selbst dem Pönitenten eine angemessene Buße und die Wiedergutmachung des etwa entstandenen Ärgernisses auferlegt« (ABl. Limburg vom 25. 11. 1983, S. 216, n. 340).

[42] Die DB hatte auf ihrer Vollversammlung vom 19. bis 22. September 1983 in Fulda empfohlen, daß in allen ihren Diözesen hinsichtlich der Absolution bei Abtreibung einhellig auf den Rekurs verzichtet werden sollte.

3. Zwar droht § 3 nicht ausdrücklich[43] den Wiedereintritt der Strafe an, wenn nicht rekurriert wird, dennoch dürfte ein solcher Wiedereintritt gegeben sein, sei es, weil von *derselben* Rekurspflicht die Rede ist, sei es, weil die in § 3 gemeinten Strafen in sich *viel schwerer* sind als jene, von denen in § 1 losgesprochen wird.

4. Ausgehend von can. 1357 und den Vollmachten der Beichtväter bei der Nachlassung von Strafen zieht P. J. M. Huizing eine sehr negative Bilanz des kirchlichen Strafrechts. Vor allem wirft er dem can. 1357 vor, daß er *unpraktikabel* sei, weil es den meisten Beichtvätern an dem nötigen Wissen fehle: »Die in diesem Beitrag erörterte Kontroverse ist nur ein kleines Beispiel von kanonischen Rechtsbestimmungen, die aufgrund von ›theologischen‹ Überlegungen formuliert, in Wirklichkeit aber kaum oder überhaupt nicht ausführbar sind. Es wäre mehr als wünschenswert, die lateinischen kanonisch-rechtlichen Bestimmungen — und nicht nur des Strafrechts — systematisch auch auf ihre Ausführbarkeit in *allen* lokalen Kirchen des lateinischen Ritus zu überprüfen. Wenn oft über Mißachtung oder Gleichgültigkeit gegenüber dem Kirchenrecht geklagt wird, sollte man dabei wenigstens auch in Betracht ziehen, daß die kirchlichen Gesetze leider zu oft ihre Anpassungsmöglichkeit an die Forderungen des wirklichen Lebens zu wenig nutzen. Die Theorie ist Maßstab für die Praxis, aber die Praxis ist auch maßgebend für die Theorie.«[44]

---

[43] »Credo che il silenzio della legge non sia sufficiente a discriminare le due situazioni, anche perché nel primo caso vi è una minore gravità, trattandosi di censura simplicemente incorsa, mentre nell'altro potrebbe trattarsi di censura inflitta o dichiarata« (Nigro 795).
[44] P. J. M. Huizing, Beichtväter und Strafrecht, in: A. Gabriels/ H. J. F. Reinhardt (Hgg.), Ministerium Iustitiae (= Festschrift Heinemann), Essen 1985, 363–371, hier 370; vgl. auch den weithin identischen Aufsatz: P. J. M. Huizing, De iudicio poenali in foro poenitentiali, in: PerRMCL 75 (1986) 255–272.

Can. 1358

§ 1. Remissio censurae dari non potest nisi delinquenti qui a contumacia, ad normam can. 1347, § 2, recesserit; recedenti autem denegari nequit.

Eine Beugestrafe kann nur einem Täter erlassen werden, der gemäß can. 1347, § 2 die Widersetzlichkeit aufgegeben hat; einem solchen aber kann der Nachlaß nicht verweigert werden.

1. Die Beugestrafen dienen dazu, eine hartnäckige Verstocktheit (contumacia) zu brechen. Sie haben ihre Eigenart darin, daß sie verhängt werden und nur solange aufrechterhalten werden dürfen, als die Verstocktheit andauert. Daß dies der Sinn der Beugestrafen ist, wird vor allem auch durch die Art ihrer Verhängung deutlich. Handelt es sich nämlich um eine Spruchstrafe, so muß der Täter vorher mindestens einmal verwarnt worden sein (can. 1347 § 1). Handelt es sich um eine Tatstrafe, so ist hier eine vorgängige Warnung natürlich nicht möglich. Die Beugestrafe tritt aber nicht ein, wenn ein Zweifel an der Verstocktheit besteht. Dies ist dann der Fall, wenn ein rechtmäßiger Milderungsgrund vorliegt. In diesem Fall trifft den Täter keine Tatstrafe (vgl. can. 1324 § 3).

2. Ein Zeichen dafür, daß der Täter seine Verstocktheit aufgegeben hat, besteht darin, daß er die Straftat wirklich bereut und außerdem eine angemessene Wiedergutmachung der Schäden und eine Behebung des Ärgernisses verspricht (vgl. can. 1347 § 2). In diesem Fall hat er ein Recht auf den Nachlaß der Strafe.

3. Obwohl dem Bußwilligen der Nachlaß nicht verweigert werden darf, so geschieht der Nachlaß der *Beugestrafe* doch nicht von selbst, sondern es bedarf eines jurisdiktionellen Aktes der Kirche, der darin besteht, daß der entsprechende Amtsträger von der Strafe befreit.

4. Die *Sühnestrafen* erlöschen durch Verbüßung oder werden vom zuständigen Oberen nachgelassen. Dieser

Nachlaß ist aber ein Akt der Gnade, auf den der Bestrafte kein Recht hat.[45]

§ 2. Qui censuram remittit, potest ad normam can. 1348 providere vel etiam paenitentiam imponere.

Wer eine Beugestrafe erläßt, kann gemäß can. 1348 verfahren oder auch eine Buße auferlegen.

1. Der Obere, der eine Beugestrafe erläßt, wird dem gebesserten Straftäter weiterhelfen, indem er ihn ermahnt oder eine Buße bzw. ein Strafsicherungsmittel auferlegt.

Can. 1359

Si quis pluribus poenis detineatur, remissio valet tantummodo pro poenis in ipsa expressis; generalis autem remissio omnes aufert poenas, iis exceptis quas in petitione reus mala fide reticuerit.

Wenn jemand mehrfach bestraft worden ist, gilt der Straferlaß lediglich für die darin ausdrücklich genannten Strafen; ein allgemeiner Straferlaß aber hebt alle Strafen auf mit Ausnahme derjenigen, die der Täter in seinem Bittgesuch böswillig verschwiegen hat.

1. In den Kanones 1359 bis 1361 geht es um verschiedene (mehr formale) Bestimmungen für den Strafnachlaß. Can. 1359 betrachtet den Nachlaß bei Strafhäufung, can. 1360 handelt vom Straferlaß aufgrund schwerer Furcht, can. 1361 schließlich erwähnt verschiedene Formalitäten für den Straferlaß.

2. In can. 1346 ging es um die Häufung der Delikte und

---

[45] »Poena ... expiatoria, si non cessat simpliciter per expiationem, remitti potest a superiore, per dispensationem, quae est actus gratiae, in quantum superior non tenetur per se illam gratiam concedere« (DE PAOLIS 96).

die Verhängung mehrerer Strafen. Im gegenwärtigen Kanon geht es um den entsprechenden Nachlaß. Dabei gibt es zwei Möglichkeiten: Entweder es handelt sich um einen allgemeinen Straferlaß oder einen nicht allgemeinen Straferlaß. Beim *nicht allgemeinen* Straferlaß werden nur jene Strafen erlassen, die im Erlaß ausdrücklich genannt werden.[46] Der *allgemeine* Straferlaß hebt alle Strafen auf, auch jene die der Täter in seinem Bittgesuch trotz guten Willens vergessen hat zu nennen. Nicht erlassen werden allerdings jene Strafen, die der Täter in seinem Bittgesuch böswillig verschwiegen hat.

Can. 1360

Poenae remissio metu gravi extorta irrita est.

Ein Straferlaß, der aufgrund schwerer Furcht abgenötigt worden ist, ist ungültig.

1. In can. 125 § 2 wird bestimmt: »Eine Handlung, die aufgrund schwerer, widerrechtlich eingeflößter Furcht oder aufgrund arglistiger Täuschung vorgenommen wurde, ist rechtswirksam, wenn nicht etwas anderes im Recht vorgesehen ist; sie kann aber durch das Urteil eines Richters aufge-

---

[46] Während bei der Beichte die Sünden nicht einzeln, sondern nur zusammen nachgelassen werden können (weshalb die Beichte vollständig sein d. h. alle nach der Taufe begangenen und noch nicht direkt nachgelassenen schweren Sünden enthalten muß), können die Strafen *einzeln und getrennt* nachgelassen werden. Es wird hier ganz deutlich, daß die Strafe zwar mit der Sünde im Zusammenhang steht, keineswegs aber mit ihr identisch ist. Für die Exkommunikation bedeutet dies: »Generaliter loquendo, concludere possumus omnes effectus qui recensentur sub can. 1331 non sunt connexi cum peccato, sed cum poena excommunicationis. Si attente legimus canonem facile percipimus quomodo effectus excommunicationis non proveniunt a peccato, sed a delicto. Ex hoc intelligitur cur poena excommunicationis sit eminenter ecclesiastica, positiva, quamvis profundae dentur rationes theologicae. Ex hoc intelligitur etiam cur christifideles possint pluribus poenis excommunicationis detineri, et ab una absolvi possint, manentibus aliis« (DE PAOLIS 1986, 248 f.).

hoben werden, sei es auf Antrag der geschädigten Partei oder ihrer Rechtsnachfolger, sei es von Amts wegen.«

2. In can. 1360 wird das in can. 125 § 2 aufgeführte, allgemeine Prinzip auf den Nachlaß angewandt und dabei verändert. In can. 1360 braucht die Furcht nicht widerrechtlich zu sein; ferner ist ein so zustande gekommener Strafnachlaß nicht nur aufhebbar, sondern einfachhin ungültig.

Can. 1361

§ 1. Remissio dari potest etiam absenti vel sub condicione.

Der Straferlaß kann auch jemandem in Abwesenheit oder bedingungsweise erteilt werden.

1. Der Strafnachlaß ist ein Akt der freiwilligen Verwaltung (iurisdictio voluntaria).[47] Deshalb kann er auch *in Abwesenheit* gegeben werden. Der Strafnachlaß kann auch *bedingungsweise* erteilt werden. Die häufigste Bedingung ist jene »unter Androhung des Wiedereintritts der Strafe« (sub poena reincidentiae).[48]

§ 2. Remissio in foro externo detur scripto, nisi gravis causa aliud suadeat.

Der Straferlaß im äußeren Forum hat schriftlich zu erfolgen, es sei denn, ein schwerwiegender Grund legt etwas anderes nahe.

1. Die freiwillige Verwaltung, zu welcher der Strafnach-

---

[47] Es gibt zwei formal verschiedene Arten der Verwaltung: die *freiwillige* und die *zwangsmäßige*. Jene umschließt den Bereich der freiwilligen Rechtspflege, diese umfaßt jedes zwangsmäßige Vorgehen außergerichtlicher Art.

[48] Vgl. can. 1357 § 2. Man beachte jedoch: Ohne schwere Schuld (vgl. can. 1321 § 1) wird niemand bestraft. Deshalb ist der Wiedereintritt der Strafe auch nur gegeben, wenn der Rekurs wegen schwerer Schuld versäumt wurde.

laß gehört, bedient sich in ihren Entscheidungen vornehmlich der Form des Reskriptes.[49] Nur in Ausnahmefällen und bei Vorliegen eines schwerwiegenden Grundes kann von der Form der Schriftlichkeit abgegangen werden.

§ 3. Caveatur ne remissionis petitio vel ipsa remissio divulgetur, nisi quatenus id vel utile sit ad rei famam tuendam vel necessarium ad scandalum reparandum.

Es ist darauf zu achten, daß die Bitte um Erlaß oder der Erlaß selbst nur insoweit bekannt wird, als es zur Sicherung des Rufes des Täters dienlich oder zur Behebung eines Ärgernisses notwendig ist.

1. Wegen besonderer Gründe kann sowohl das Bittgesuch als auch das Reskript geheim gehalten werden. Der gute Ruf des Täters oder die Behebung des Ärgernisses können es jedoch erfordern, das Bittgesuch oder das Reskript (oder beides) zu veröffentlichen.

Can. 1362

§ 1. Actio criminalis praescriptione extinguitur triennio, nisi agatur:
1. de delictis Congregationi pro Doctrina Fidei reservatis;
2. de actione ob delicta de quibus in cann. 1394, 1395, 1397, 1398, quae quinquennio praescribitur;
3. de delictis quae non sunt iure communi punita, si lex particularis alium praescriptionis terminum statuerit.

Eine Strafklage verjährt in drei Jahren, außer es handelt sich um:
1. Straftaten, die der Glaubenskongregation vorbehalten sind;
2. eine Klage wegen der in den cann. 1394, 1395, 1397 und 1398 aufgeführten Straftaten, die in fünf Jahren verjährt;
3. Straftaten, die nicht vom allgemeinen Recht mit Strafe bedroht

---

[49] Vgl. die cann. 37 und 51.

sind, wenn das Partikularrecht eine andere Verjährungsfrist festgesetzt hat.

1. Mit dem Problem des Strafnachlasses ist das Problem der *Verjährung*[50] verbunden. Davon handeln die cann. 1362 und 1363. Die Verjährung wird unterschieden in die erwerbende Verjährung (= Ersitzung) und die erlöschende Verjährung (= Verjährung i. e. S.). Die *Ersitzung* bringt mit dem Ablauf eines bestimmten Zeitraumes subjektive Rechte zum Entstehen. Die *Verjährung i. e. S.* bringt Ansprüche durch Nichtübung zum Erlöschen.

2. Im can. 1344 n. 3 ist die Rede von der »actio poenalis«, in can. 1362 § 1 von der »actio criminalis«. Die deutsche Übersetzung spricht beide Male von der »Strafklage«. Die Frage, ob die beiden Klagen identisch sind, wurde auch in der Reformkommission diskutiert.[51] Tatsächlich ist die »actio poenalis« von der »actio criminalis« verschieden.[52] Die »actio criminalis« betrifft die Untersuchungsperiode und schließt mit der Verurteilung oder dem Freispruch. Die »actio poenalis« betrifft die Vollstreckung der Strafe. Wenn man die »actio criminalis« *Strafklage* nennt, sollte man die »actio poenalis« *Vollstreckungsklage* nennen. In can. 1362 geht es um die Strafklage, in can. 1363 um die Vollstreckungsklage.

3. Im CIC/1917 setzte can. 1703 verschiedene, mehr oder weniger lange Zeiten der Verjährung für die Strafklage fest.[53] Der neue CIC kennt neben dem allgemeinen Prinzip,

---

[50] Vgl. AYMANS-MÖRSDORF 503–509.
[51] Vgl. Com 9 (1977) 173 f.
[52] »L'action *criminelle* ne se confond pas avec l'action *pénale*« (BORRAS 148).
[53] »Firmo praescripto can. 1555, § 1 de delictis Sacrae Congregationi S. Officii reservatis, tempus utile ad actionem criminalem proponendam est triennium, nisi agatur: 1. De actione iniuriarum, quae uno anno perimitur; 2. De actione ob delicta qualificata contra VI et VII divinum praeceptum,

wonach eine Strafklage in *drei Jahren* verjährt, noch drei Ausnahmen: a) Straftaten, die der Glaubenskonkregation vorbehalten sind[54], werden nach eigenen Normen behandelt. b) Klagen wegen versuchter Eheschließung von Klerikern oder Religiosen mit ewigen Gelübden (can. 1394), Klagen wegen Konkubinat oder anderer ähnlicher Sünden (can. 1395), Klagen wegen Tötung, Entführung oder anderer ähnlicher Sünden (can. 1397), schließlich Klagen wegen Abtreibung (can. 1398) verjähren erst in fünf Jahren. c) Klagen, die nur im Partikularrecht behandelt werden, haben eine eigene Verjährungsfrist.

§ 2. Praescriptio decurrit ex die quo delictum patratum est, vel, si delictum sit permanens vel habituale, ex die quo cessavit.

Die Verjährung beginnt mit dem Tag, an dem die Straftat begangen worden ist, oder, wenn es sich um eine fortdauernde oder eine gewohnheitsmäßige Straftat handelt, mit dem Tag, an dem sie aufgehört hat.

1. Die Verjährung beginnt mit dem Tag, an dem die Straftat begangen worden ist oder (wenn es sich um eine fortdauernde oder eine gewohnheitsmäßige Straftat handelt) mit dem Tag, an dem sie aufhört. So beginnt die Verjährung der Strafklage wegen Konkubinats eines Klerikers (vgl. can. 1395 § 1) an dem Tag, an dem es aufhört. Wird in den nächsten fünf Jahren keine Klage gegen den entsprechenden Kleriker erhoben, so ist die Klage verjährt. Nach den fünf Jahren besteht kein Anspruch mehr auf strafrechtliche Verfolgung, d.h. gegen den Kleriker kann kein Prozeß mehr angestrengt werden.

---

quae quinquennio perimitur; 3. De actionibus ob simoniam vel homicidium, contra quae actio criminalis decennio perdurat« (can. 1703 CIC/1917).

[54] Vgl. Erl. n. 2 zu can. 1378 § 1.

Can. 1363

§ 1. Si intra terminos de quibus in can. 1362, ex die quo sententia condemnatoria in rem iudicatam transierit computandos, non sit reo notificatum exsecutorium iudicis decretum de quo in can. 1651, actio ad poenam exsequendam praescriptione extinguitur.

Wenn innerhalb der in can. 1362 genannten Fristen, die von dem Tage an zu zählen sind, an dem das Strafurteil rechtskräftig geworden ist, dem Täter das in can. 1651 genannte Vollstreckungsdekret des Richters nicht bekanntgegeben worden ist, erlischt die Vollstreckungsklage durch Verjährung.

1. Der Kanon setzt voraus, daß das Strafurteil schon gesprochen ist. Es muß freilich noch ausgeführt werden. Damit ist die Strafklage (actio criminalis) beendet und wir befinden uns nun im Bereich der Vollstreckungsklage (actio poenalis). An sich müßte das Vollstreckungsdekret des Richters[55] gemäß can. 1651 bekanntgegeben werden. Wenn dieses Vollstreckungsdekret unterlassen wird, beginnt die Verjährung[56] der Vollstreckungsklage (actio poenalis). Diese Verjährung hat dieselben Fristen wie die in can. 1362 genannte Strafklage.[57] Wenn also innerhalb der entsprechenden Frist das Vollstreckungsdekret nicht ergangen ist, erlischt die Vollstreckungsklage, d. h. es kann keine Vollstreckung mehr vorgenommen werden.[58]

---

[55] »Ein Urteil kann erst vollstreckt werden, wenn ein Vollstreckungsdekret des Richters vorliegt, das anordnet, das Urteil müsse ausgeführt werden; dieses Dekret ist je nach Art der Verfahren entweder in den Urteilstenor selbst aufzunehmen oder gesondert zu erlassen« (can. 1651).

[56] Und zwar beginnt sie an dem Tag, an dem das Strafurteil rechtskräftig geworden ist.

[57] Im allgemeinen ist also die Verjährungsfrist der Vollstreckungsklage drei Jahre.

[58] Die Verjährung hat also ein je anderes »Objekt« je nachdem, ob es sich um eine Strafklage (actio criminalis) oder um eine Vollstreckungsklage (actio poenalis) handelt. Verjährt die Strafklage, so kann kein Prozeß mehr

§ 2. Idem valet, servatis servandis, si poena per decretum extra iudicium irrogata sit.

Dasselbe gilt entsprechend, wenn die Strafe durch außergerichtliches Dekret verhängt worden ist.

1. I. d. R. wird die Strafe durch ein Strafurteil verhängt, das der Richter ausspricht. Die Strafe kann aber auch durch ein außergerichtliches *Dekret* (also auf dem Verwaltungswege) verhängt werden. In diesem Fall gilt Entsprechendes für die Verjährung der Vollstreckungsklage.

---

angestrengt werden. Verjährt die Vollstreckungsklage, so kann keine Vollstreckung mehr vorgenommen werden.

Teil II

STRAFEN FÜR EINZELNE STRAFTATEN

1. Im CIC/1917 umfaßte das spezielle Strafrecht 101 Kanones (von can. 2314 bis can. 2414). Diese waren in neun Deliktskategorien nach folgenden Gesichtspunkten aufgeteilt: Glaube und Einheit der Kirche (cann. 2314–2319), Religion (cann. 2320–2329), kirchliche Autoritäten, Personen und Sachen (cann. 2330–2349), Leben, Freiheit, Eigentum, guter Ruf und gute Sitten (cann. 2350–2359), Fälschungen (cann. 2360–2363), Spendung und Empfang der Weihen und anderer Sakramente (cann. 2364–2375), Standespflichten von Klerikern und Religiosen (cann. 2376–2389), Verleihung, Übernahme und Niederlegung von kirchlichen Würden, Ämtern und Pfründen (cann. 2390–2403), Mißbrauch der kirchlichen Vollmacht oder des kirchlichen Amtes (cann. 2404–2414).

2. Im CIC/1983 umfaßt das spezielle Strafrecht[1] (wenn man die Generalklausel einrechnet) 36 Kanones (von can. 1364 bis can. 1399). Diese sind in sieben Deliktskategorien nach folgenden Gesichtspunkten aufgeteilt: Glaube und Einheit der Kirche (cann. 1364–1369), kirchliche Autoritäten und Freiheit der Kirche (cann. 1370 bis 1377), Amtsanmaßung und Amtspflichtverletzung (cann. 1378–1389), Falschanschuldigung und Urkundenfälschung (cann. 1390–1391), Amts- und Standespflichten (cann. 1392–1396), Leben und Freiheit des Menschen (cann. 1397–1398), allgemeine Norm (can. 1399).

---

[1] Für diesen Teil halte ich mich weitgehend an BORRAS, GREEN, PAARHAMMER und STRIGL.

3. Der CIC/1983 umfaßt 14 Tatstrafen[2] und 29 Spruchstrafen. Von den letzteren sind 24 »poenae obligatoriae« (verpflichtend aufzuerlegende Strafen)[3] und fünf »poenae facultativae« (Wahlstrafen).[4]

---

[2] Sie sind aufgezählt in Erl. n. 5 zu can. 1314. Bisweilen redet man nur von 11 Tatstrafen, weil man einige Tatbestände unter *einer Nummer zusammenfaßt*. So werden z. B. die Feier der heiligen Messe ohne Priesterweihe (can. 1378 § 2 n. 1) und die Erteilung der sakramentalen Lossprechung ohne gültige Vollmacht (can. 1378 § 2 n. 2) sehr oft unter einer einzigen Nummer aufgeführt und gezählt.
[3] Bei den verpflichtenden Spruchstrafen unterscheidet man noch einmal zwischen bestimmten und unbestimmten Strafen. Es gibt neun »poenae determinatae« und 15 »poenae indeterminatae«. Die »poenae obligatoriae« sind aufgezählt in Erl. n. 1 und Erl. n. 2 zu can. 1315 § 2.
[4] Die »poenae facultativae« sind aufgezählt in Erl. n. 3 zu can. 1315 § 2.

Titel I

STRAFTATEN GEGEN DIE RELIGION UND DIE EINHEIT DER KIRCHE

1. Der vorliegende Titel I[5] ist eine Zusammenfassung der beiden ersten Titel[6] des speziellen Strafrechts im CIC/1917. Dabei wurden allerdings einige Straftatbestände gestrichen; einige wurden unter anderen Titeln untergebracht.

Can. 1364

§ 1. Apostata a fide, haereticus vel schismaticus in excommunicationem latae sententiae incurrit, firmo praescripto can. 194, § 1, n. 2; clericus praeterea potest poenis, de quibus in can. 1336, § 1, nn. 1, 2 et 3, puniri.

Der Apostat, der Häretiker oder der Schismatiker ziehen sich die Exkommunikation als Tatstrafe zu, unbeschadet der Vorschrift des can. 194, § 1, n. 2; ein Kleriker kann außerdem mit den Strafen gemäß can. 1336, § 1, nn. 1, 2 und 3 belegt werden.

1. Der Apostat, der Häretiker oder der Schismatiker ziehen sich die Exkommunikation als Tatstrafe zu. Als erster Straftatbestand wird die *Apostasie* beschrieben. Gemäß can. 751 nennt man Apostasie »die Ablehnung des christlichen Glaubens im ganzen«. »Dieser Tatbestand liegt nicht erst dann vor, wenn jede christliche Glaubenswahrheit geleugnet wird, vielmehr schon dann, wenn eine für den christ-

---

[5] Vgl. SCHWENDENWEIN 464 f.
[6] Titulus XI: De delictis contra fidem et unitatem Ecclesiae. Titulus XII: De delictis contra religionem.

lichen Glauben wesentliche Wahrheit preisgegeben wird, näherhin eine Wahrheit, ohne deren gläubige Annahme kein Anspruch auf den Namen eines Christen besteht, z. B. die Leugnung der Gottessohnschaft Jesu Christi.«[7] Die Apostasie kann sich äußern im Beitritt zu einer nichtchristlichen Religion, zu einer atheistischen Vereinigung oder auch in einem praktischen Atheismus.

2. Der zweite Straftatbestand ist die *Häresie*. »Häresie nennt man die nach Empfang der Taufe erfolgte beharrliche Leugnung einer kraft göttlichen und katholischen Glaubens zu glaubenden Wahrheit oder einen beharrlichen Zweifel an einer solchen Glaubenswahrheit« (can. 751).[8]

3. Der dritte Straftatbestand ist das *Schisma*. »Schisma nennt man die Verweigerung der Unterordnung unter den Papst oder der Gemeinschaft mit den diesem untergebenen Gliedern der Kirche« (can. 751). Durch die Aussagen des Zweiten Vatikanischen Konzils über die »communio« in der Kirche und über die Verschränkung von Gesamt- und Teilkirche wird die katholische Kirche als die eine und einzige begriffen. Wer also keine Gemeinschaft haben will mit einem »Teil« der Kirche, der hat auch keine Gemeinschaft mit dem »Gesamt« der Kirche und ist demgemäß ein Schismatiker.[9]

4. Der Apostat, der Häretiker oder der Schismatiker ziehen sich die Exkommunikation als Tatstrafe zu. Kleriker sind außerdem[10] von Rechts wegen ihres Amtes enthoben

---

[7] Mörsdorf 423.

[8] Es muß sich um eine Wahrheit handeln, die kraft göttlichen und kirchlichen Glaubens anzunehmen ist, also um ein Dogma. »Die Leugnung anderer Wahrheiten ist Ungehorsam gegen Gott oder gegen die Kirche, erfüllt aber nicht den strafbaren Tatbestand des Irrglaubens« (Mörsdorf 423).

[9] Vgl. z. B. R. Henseler, Die Abspaltung des Erzbischofs Lefebvre. Zur Situation aus kirchenrechtlicher Sicht, in: Theologie der Gegenwart 31 (1988) 267–271; R. Ahlers/P. Krämer (Hgg.), Das Bleibende im Wandel. Theologische Beiträge zum Schisma von Marcel Lefebvre, Paderborn 1990.

[10] Die Exkommunikation als solche bewirkt keineswegs automatisch

(vgl. can. 194 § 1 n. 2). Ein Kleriker kann überdies mit Sühnestrafen gemäß can. 1336 § 1 nn. 1–3 (Aufenthaltsgebot, Aufenthaltsverbot, Entzug von Befugnissen, Rechten, Würden usw.) belegt werden.

5. Nicht in allen Fällen läßt es sich leicht feststellen, ob im konkreten Fall eine Tatstrafe eingetreten ist oder nicht. Es gab deshalb in der Reformkommission Tendenzen, die Fälle, die in can. 1364 behandelt werden, in den Bereich der Spruchstrafen[11] zu verweisen.[12] Man beließ es dann aber bei der Tatstrafe.

6. »Ein besonderes Problem sieht man heute in den *Überzeugungstätern*, jenen also, die durch ihr irriges Gewissen Straftaten wie Apostasie, Häresie, Schisma begehen und möglicherweise, weil ohne schwere Schuld, nicht strafbar sind.«[13] Auch in diesen Fällen[14] müßte es *Sperrmaßnahmen*

---

den Amtsverlust, wie sie ja überhaupt nicht die »communio« mit der Kirche einfachhin zerstört. Man sieht an diesem Beispiel, daß »excommunicatio« und »communio« keine kontradiktorischen Gegenbegriffe sind. Aus diesem Grund sind auch alle Versuche, die excommunicatio von der communio her zu definieren, mit Schwierigkeiten behaftet.

[11] »That apostasy, heresy, and schism profoundly disturb the Church and warrant an appropriately serious ecclesial response are undeniable. The precise issue is whether the excommunication in question should be incurred *latae sententiae* or whether the complexity of the issue requires a formal ecclesiastical intervention, be it judicial or administrative in character (*ferendae sententiae*)« (T. J. GREEN, Penal Law: A Review of Selected Themes, in: The Jurist 50 [1990] 221–256, hier 250).

[12] »Poena excommunicationis punitur delictum haeresis, apostasiae vel schismatis, sed hoc delictum debet iuridice comprobari, ut constet non tantum de obiectiva gravitate sed etiam de imputabilitate, quod non semper facile est. In hac complexa materia magna desideratur securitas iuridica quae non habetur nisi iudex vel superior casum omniaque eius adiuncta perpendat et decernat de exsistentia delicti et consequenter de inflictione poenae« (Com 16 [1984] 47).

[13] A. SCHEUERMANN, Das Schema 1973 für das kommende kirchliche Strafrecht, in: AfkKR 143 (1974) 3–63, hier 46.

[14] Haben wir bei M. Lefebvre einen solchen Fall? Vgl. R. AHLERS/ P. KRÄMER (Hgg.), Das Bleibende im Wandel. Theologische Beiträge zum Schisma von Marcel Lefebvre, Paderborn 1990. Ganz generell haben wir

geben, weil alles andere zur Selbstauflösung der Kirche führen würde.[15]

7. Ein eigener *Problemfall* ist der in Deutschland staatlicherseits ermöglichte Kirchenaustritt. a) Dieser Kirchenaustritt »kann nur dann als Glaubensabfall gewertet werden, wenn er eine gewandelte Überzeugung und Abkehr von der katholischen Kirche demonstrieren soll«.[16] b) Bei der Eheschließung, die formfrei zwischen einem ausgetretenen Katholiken und einem getauften Nichtkatholiken stattfindet (vgl. can. 1124), wird eine sakramentale Ehe geschlossen. Der abgefallene Katholik empfängt also zwingend das Ehesakrament, obwohl ihm wegen der Exkommunikation gemäß can. 1364 § 1 der Sakramentenempfang verboten ist (vgl. can. 1331 § 1 n. 2). Der ausgetretene Katholik »empfängt von Rechts wegen etwas, was ihm von Rechts wegen verboten ist«.[17] Dies ist offenbar ein Widerspruch.

8. Der CIC kennt noch *weitere Bestimmungen*, die mit den in can. 1364 § 1 genannten Straftaten zusammenhängen. Vgl. can. 149 § 1 (Übertragung eines Kirchenamtes), can. 171 § 1 n. 4 (Stimmabgaben), can. 316 (Mitgliedschaft in kirchlichen Vereinen), can. 694 (Entlassung aus einem Religioseninstitut), can. 1041 n. 2 (Empfang der Weihen), can. 1071 § 1 n. 4 (Erlaubnis zur Eheschließung),[18] und can. 1184 § 1 n. 1 (kirchliches Begräbnis).

---

dieses Problem bei Kirchenaustritten *aus Gewissensgründen*. Diese dürften vor allem dann vorliegen, wenn jemand zu einer anderen Glaubensgemeinschaft übertritt.

[15] »Jurisdictional measures may be inappropriate in dealing with persons who place themselves outside of the Church. It might be better simply to declare formally an incompatibility between their faith and that of the Church« (GREEN 920).
[16] STRIGL 941, A. 1.
[17] PAARHAMMER 412.
[18] Vgl. auch die cann. 1086 § 1, 1117 und 1124.

9. Das Recht der katholischen Ostkirchen[19] regelt die vorliegende Materie in den Kanones 1436 § 1[20] und 1437[21].

§ 2. Si diuturna contumacia vel scandali gravitas postulet, aliae poenae addi possunt, non excepta dimissione e statu clericali.

Wenn andauernde Widersetzlichkeit oder die Schwere des Ärgernisses es erfordern, können weitere Strafen hinzugefügt werden, die Entlassung aus dem Klerikerstand nicht ausgenommen.

1. Bei hartnäckiger Verstocktheit und andauernder Widersetzlichkeit ist es möglich, weitere Spruchstrafen folgen zu lassen, bis hin zur Entlassung aus dem geistlichen Stand.[22]

---

[19] Die katholischen Ostkirchen sind die in voller Gemeinschaft mit dem Apostolischen Stuhl in Rom stehenden, nichtlateinischen Teilkirchen. Vgl. das decretum de Ecclesiis Orientalibus catholicis »Orientalium Ecclesiarum« des Zweiten Vatikanischen Konzils. Zum CCEO vgl. C. G. FÜRST, Der Strafrechtsentwurf der päpstlichen Kommission für die Revision des orientalischen Codex Iuris Canonici, in: F. POTOTSCHNIG/A. RINNERTHALER (Hgg.), Im Dienst von Kirche und Staat (= Festschrift Holböck), Wien: Verband der wissenschaftlichen Gesellschaften Österreichs 1985 (= Kirche und Recht 17), 367–385; C. G. FÜRST, Katholisch ist nicht gleich lateinisch. Der gemeinsame Kirchenrechtskodex für die katholischen Ostkirchen, in: HK 45 (1991) 136–140.

[20] »Qui aliquam veritatem fide divina et catholica credendam denegat vel eam in dubium ponit aut fidem christianam ex toto repudiat et legitime monitus non resipiscit, ut haereticus aut apostata excommunicatione maiore puniatur, clericus praeterea aliis poenis puniri potest non exclusa depositione« (can. 1436 § 1 CCEO).

[21] »Qui subiectionem supremae Ecclesiae auctoritati aut communionem cum christifidelibus eidem subiectis detrectat et legitime monitus oboedientiam non praestat, ut schismaticus excommunicatione maiore puniatur« (can. 1437 CCEO).

[22] PAARHAMMER beklagt an dieser Stelle, daß die Kirche es unterlassen hat, zwischen einem *Kriminalstrafrecht* (für alle Christgläubigen) und einem *Disziplinarstrafrecht* (für die Kleriker) zu unterscheiden. Ein bestrafter Laie dürfte von der in can. 1364 § 2 angedrohten Strafe kaum etwas zu spüren bekommen. »Einem Kleriker dagegen, der in Richtung Apostasie, Häresie, Schisma auffällig wird, kann man allerdings ganz anders zu Leibe rücken« (PAARHAMMER 413).

2. a) *Die Entlassung*[23] *aus dem Klerikerstand*[24] ist für sechs Delikte angedroht: can. 1364 § 2 (Apostasie, Häresie, Schisma), can. 1367 (Verunehrung der heiligen Gestalten), can. 1370 § 1 (tätlicher Angriff auf den Papst), can. 1387 (Verführung eines Pönitenten), can. 1394 § 1 (versuchte Eheschließung) und can. 1395 § 1 (Konkubinat).

b) Gemäß can. 1342 § 2 kann die Entlassung aus dem Klerikerstand nur auf dem Gerichtsweg verhängt werden.

c) Gemäß can. 1425 § 1 n. 2 ist die Entlassung aus dem Klerikerstand einem Kollegialgericht von drei Richtern vorbehalten.

d) Gemäß can. 1317 kann die Entlassung aus dem Klerikerstand nicht durch ein Partikulargesetz festgesetzt werden.

Can. 1365

Reus vetitae communicationis in sacris iusta poena puniatur.

Wer sich verbotener Gottesdienstgemeinschaft schuldig macht, soll mit einer gerechten Strafe belegt werden.

1. Die verbotene Gottesdienstgemeinschaft (vetita communicatio in sacris) wird in can. 844 beschrieben. § 1 spricht ein grundsätzliches Verbot der Sakramentengemeinschaft aus. Die §§ 2–5 lassen einige Ausnahmen zu. Von der verbotenen Konzelebration ist in can. 908 die Rede.[25]

---

[23] Vgl. Erl. n. 5 zu can. 1336 § 1.
[24] Vgl. die cann. 290 bis 293. Der Verlust des klerikalen Standes kann auf dreifache Weise geschehen: durch richterliches Urteil oder durch Verwaltungsdekret, in dem die Ungültigkeit der heiligen Weihe festgestellt wird; durch die rechtmäßig verhängte Strafe der Entlassung; durch Reskript des Apostolischen Stuhles.
[25] »Katholischen Priestern ist es verboten, zusammen mit Priestern oder Amtsträgern von Kirchen oder kirchlichen Gemeinschaften, die nicht in der vollen Gemeinschaft mit der katholischen Kirche stehen, die Eucharistie zu konzelebrieren« (can. 908).

2. Mit der Strafbestimmung von can. 1365 »sollen vor allem Formen der Konzelebration, Sakramentenempfang und liturgische Experimente mit ökumenischem Etikett verhindert werden«.[26]

3. Es handelt sich hier um eine »poena indeterminata« (unbestimmte Strafe),[27] die verhängt werden muß. Es handelt sich also um eine verpflichtende[28] Bestrafung. Das »wie« der Strafe aber bleibt dem Ermessen – allerdings nicht der Willkür[29] – des Inhabers der Strafgewalt überlassen.

4. Das Recht der katholischen Ostkirchen ist in der Formulierung des Straftatbestandes etwas milder, insofern dort[30] »nur« eine »poena facultativa« (eine freigestellte Strafe) angedroht wird.

---

[26] PAARHAMMER 430.

[27] Der Gesetzgeber sieht für insgesamt 15 Tatbestände eine verpflichtende Bestrafung vor, ohne die Art der zu verhängenden Strafe näher zu bestimmen.

[28] Ganz zu Recht schreibt W. AYMANS im Vorwort zur ersten Auflage der im Auftrag der Deutschen Bischofskonferenz herausgegebenen Übersetzung des CIC: »Eine Schlüsselfrage bestand darin, wie der vom Gesetzgeber extensiv verwendete Konjunktiv in der deutschen Sprache angemessen wiederzugeben sei. Es wäre verfehlt, in dieser gesetzgeberischen Aussageform bloß den Ausdruck eines nachdrücklichen Rates zu sehen; vielmehr werden auf diese Weise echte Rechtspflichten statuiert, was schon daran erkennbar wird, daß gelegentlich die Rechtsgültigkeit von der Einhaltung der so ausgedrückten Rechtspflicht abhängt« (Codex des kanonischen Rechtes, Kevelaer 1983, S. VII).

[29] Deshalb bestimmt can. 1349: »Wenn eine Strafe unbestimmt ist und das Gesetz nichts anderes vorsieht, darf der Richter keine schwereren Strafen, zumal keine Beugestrafen verhängen, wenn nicht die Schwere des Falles dies unbedingt fordert; Strafen für immer darf er jedoch nicht verhängen.«

[30] »Qui normas iuris de communicatione in sacris violat, congrua poena puniri potest« (can. 1440 CCEO).

Can. 1366

Parentes vel parentum locum tenentes, qui liberos in religione acatholica baptizandos vel educandos tradunt, censura aliave iusta poena puniantur.

Eltern oder solche, die Elternstelle vertreten, welche veranlassen, daß ihre Kinder in einer nichtkatholischen Religion getauft oder erzogen werden, sollen mit einer Beugestrafe oder einer anderen gerechten Strafe belegt werden.

1. Um welchen Straftatbestand handelt es sich? a) Nicht katholische Eltern können hier nicht gemeint sein, weil sie gemäß can. 11 durch rein kirchliche Gesetze nicht verpflichtet werden. b) Sicher werden Eltern[31] aus rein katholischen Ehen getroffen. c) In einer konfessions- oder religionsverschiedenen Ehe ist der katholische Elternteil betroffen. Doch kann von ihm nicht mehr verlangt werden als was can. 1125 n. 1 fordert: »Der katholische Partner hat sich bereitzuerklären, Gefahren des Glaubensabfalls zu beseitigen, und er hat das aufrichtige Versprechen abzugeben, nach Kräften alles zu tun, daß alle seine Kinder in der katholischen Kirche getauft und erzogen werden.« d) Die Elternstelle vertreten, z. B. die Adoptiveltern, der Vormund, dann auch jene, die tatsächlich (ohne daß sie in rechtlicher Hinsicht Stellvertreter der Eltern sind) die Erziehung von Kindern zu besorgen haben, sind ebenfalls betroffen. e) Das »tradunt« (übergeben, veranlassen) zeigt an, daß das Delikt nur vorsätzlich begangen werden kann. f) Das »in religione acatholica« wirft ein weiteres Problem auf. Soll dies bedeuten, daß Eltern, die ihre Kinder überhaupt nicht taufen und religionslos erziehen lassen, nicht von der Strafe getroffen werden?

---

[31] Auf die Verpflichtung der Eltern für die Taufe ihrer Kinder geht can. 867 ein. Recht und Pflicht der Eltern, ihre Kinder im Glauben zu erziehen, werden in den cann. 226 § 2, 774 § 2 und 1136 eingeschärft.

g) Die Formulierung »baptizandos vel educandos« stellt auf zwei getrennte Tatbestände ab.

2. Es handelt sich hier um eine bestimmte und verpflichtende Spruchstrafe.[32] »Da es sich um ein Vergehen von Laien handelt, wird als mögliche Zensur zunächst an das Interdikt zu denken sein. Die Exkommunikation scheint doch etwas zu scharf zu sein, wenn man nicht von einer Zensur überhaupt absehen will und es bloß bei einer ›alia iusta poena‹, die als Alternative möglich ist, belassen will. Worin eine solche ›gerechte‹ Strafe allerdings bestehen soll, ist nicht leicht vorstellbar.«[33]

3. Diese neue, im Entwurf von 1973 nicht enthaltene Strafdrohung[34] findet sich erstmals[35] als can. 1318 im Schema von 1980.

4. Das Recht der katholischen Ostkirchen enthält eine fast wörtlich identische Norm.[36]

Can. 1367

Qui species consecratas abicit aut in sacrilegum finem abducit vel retinet, in excommunicationem latae sententiae Sedi Apostolicae reservatam incurrit; clericus praeterea alia poena, non exclusa dimissione e statu clericali, puniri potest.

Wer die eucharistischen Gestalten wegwirft oder in sakrilegischer Absicht entwendet oder zurückbehält, zieht sich die dem Apostoli-

---

[32] Der CIC stellt neun bestimmte und verpflichtende Spruchstrafen auf.

[33] PAARHAMMER 423.

[34] Im CIC/1917 war dieser Straftatbestand freilich schon in can. 2319 § 1 nn. 3 und 4 normiert. Vgl. dazu MÖRSDORF 431.

[35] Ist diese Norm sinnvoll? »The wisdom and practical efficacy of certain canons in part II can be questioned; e. g. canon 1366 on handing over children for non-Catholic baptism or education, or canon 1369 on abuse of religion or Church in the mass media« (GREEN, Penal Law [A. 11] 231).

[36] »Parentes vel parentum locum tenentes, qui filios in religione acatholica baptizandos vel educandos tradunt, congrua poena puniantur« (can. 1439 CCEO).

schen Stuhl vorbehaltene Exkommunikation als Tatstrafe zu; ein Kleriker kann außerdem mit einer weiteren Strafe belegt werden, die Entlassung aus dem Klerikerstand nicht ausgenommen.

1. Das erhabene Sakrament der Eucharistie ist von allen Gläubigen in Ehren zu halten.[37] Deshalb muß jede grobe Ehrfurchtslosigkeit bestraft werden. Der Gesetzgeber spricht hier zwei Tatbestände[38] an: a) *wegwerfen:* Dies bedeutet eine absichtliche Ehrfurchtslosigkeit wie z. B. Ausspucken oder Herumstreuen;[39] b) *in sakrilegischer Absicht entwenden oder zurückbehalten:* Es handelt sich hier um das bewußte Unfugtreiben mit den heiligen Gestalten. Dem Vernehmen nach wird in manchen Sekten, die einem Satans- und Teufelskult huldigen, Spott mit den heiligen Hostien getrieben.[40]

2. Wer so handelt, zieht sich die dem Apostolischen Stuhl vorbehaltene[41] Exkommunikation als Tatstrafe zu. Ein Kle-

---

[37] »Die Gläubigen sind zu größter Wertschätzung der heiligsten Eucharistie gehalten, indem sie tätigen Anteil an der Feier des erhabensten Opfers nehmen, in tiefer Andacht und häufig dieses Sakrament empfangen und es mit höchster Anbetung verehren; die Seelsorger, welche die Lehre über dieses Sakrament darlegen, haben die Gläubigen gewissenhaft über diese Verpflichtung zu belehren« (can. 898).

[38] In beiden Fällen ist *vorsätzliches* Handeln vorausgesetzt.

[39] »Verschütten, Fallenlassen oder Verlieren aus Unachtsamkeit oder momentaner Schwäche, auch der unwürdige Empfang der Kommunion erfüllen nicht den Tatbestand, ebensowenig Erbrechen bei einem Kranken etc.« (PAARHAMMER 413 f.). Bei allem ist natürlich auch zu bedenken, daß erst dann ein Delikt zustande kommt, wenn die entsprechende Tat gemäß can. 1321 § 1 schwerwiegend zurechenbar ist.

[40] Die vergessene Erneuerung der heiligen Gestalt in angemessenen Zeitabständen, das Tragen von schlampiger liturgischer Kleidung, die Verwendung von nicht gereinigten Geräten bei der Eucharistiefeier u. a. m. darf erst dann unter den vorliegenden Strafbestand gerechnet werden, wenn es sich dabei um eine vorsätzliche und schwer zurechenbare Tat handelt. Dies dürfte allerdings zumeist *nicht* der Fall sein.

[41] Dem Apostolischen Stuhl sind die folgenden fünf Strafen vorbehalten: Verunehrung der heiligen Gestalten (can. 1367), tätlicher Angriff auf den Papst (can. 1370), die sog. absolutio complicis (can. 1378 § 1), Erteilung

riker kann außerdem mit einer weiteren Strafe belegt werden, die Entlassung aus dem Klerikerstand[42] nicht ausgenommen.

3. Im CIC/1917 war der entsprechende Straftatbestand in can. 2320 festgesetzt.[43]

4. Das Recht der katholischen Ostkirchen normiert den vorliegenden Straftatbestand in ähnlicher Weise.[44]

Can. 1368

Si quis, asserens vel promittens aliquid coram ecclesiastica auctoritate, periurium committit, iusta poena puniatur.

Wenn jemand etwas vor einer kirchlichen Autorität versichert oder verspricht und dabei einen Meineid leistet, soll er mit einer gerechten Strafe belegt werden.

1. Es handelt sich hier um den *falschen Aussage- oder Versprechenseid vor einer kirchlichen Autorität*.[45] Ein Eid ist die Anrufung des göttlichen Namens als Zeugen für die

---

der Bischofsweihe ohne päpstlichen Auftrag (can. 1382), direkter Beichtsiegelbruch (can. 1388 § 1). Vorbehalte zugunsten des Papstes und Vorbehalte zugunsten des Apostolischen Stuhles gibt es nicht nur im Strafrecht, sondern in fast allen Bereichen des kanonischen Rechts (vgl. R. A. STRIGL, Päpstliche Reservationen im neuen CIC/1983, in: K. LÜDICKE/H. PAARHAMMER/D. A. BINDER (Hgg.), Recht im Dienste des Menschen (= Festschrift Schwendenwein), Graz: Styria 1986, 561–566).

[42] Vgl. Erl. n. 2 zu can. 1364 § 2.

[43] »Qui species consecratas abiecerit vel ad malum finem abduxerit aut retinuerit, est suspectus de haeresi; incurrit in excommunicationem latae sententiae specialissimo modo Sedi Apostolicae reservatam; est ipso facto infamis, et clericus praeterea est deponendus« (can. 2320 CIC/1917). Vgl. JONE 574–576.

[44] »Qui Divinam Eucharistiam abiecit aut in sacrilegum finem abduxit vel retinuit, excommunicatione maiore puniatur et, si clericus est, etiam aliis poenis non exclusa depositione« (can. 1442 CCEO).

[45] Zu denken ist z. B. an einen Eid im Eheprozeß oder an die Erklärung, welche Diakone und Priester vor der Weihe ablegen müssen (vgl. can. 1036).

Wahrheit (vgl. can. 1199 § 1). Man unterscheidet zwischen Aussage- und Versprechenseid. Der Aussageeid »ist die Anrufung Gottes als Zeugen für die Wahrheit der Aussage über eine Tatsache«.[46] Der Versprechenseid »ist ein eidlich bekräftigtes Versprechen; dabei wird Gott angerufen als Zeuge für die Aufrichtigkeit der Versprechensabgabe und zugleich als Bürge für die Festigkeit des Willens hinsichtlich der Erfüllung des Versprochenen«.[47]

2. Wer vor einer kirchlichen Autorität einen Meineid leistet, soll mit einer gerechten Strafe belegt werden. Es handelt sich um eine verpflichtende, aber unbestimmte Spruchstrafe.

3. Im CIC/1917 war der entsprechende Straftatbestand viel weiter gefaßt (Gotteslästerung bzw. Falscheid vor kirchlichem *und* weltlichem Gericht) und unter Strafe gestellt.[48]

4. Im Strafrecht der katholischen Ostkirchen ist eine ähnliche Norm ergangen.[49]

5. Meineid bzw. Falscheid sind auch nach staatlichem Recht strafbar (vgl. §§ 153–163 StGB).

Can. 1369

Qui in publico spectaculo vel concione, vel in scripto publice evulgato, vel aliter instrumentis communicationis socialis utens, blasphemiam profert, aut bonos mores graviter laedit, aut in religionem vel Ecclesiam iniurias exprimit vel odium contemptumve excitat, iusta poena puniatur.

---

[46] K. MÖRSDORF, Lehrbuch des Kirchenrechts II, Paderborn ¹¹1967, 396.

[47] Ebd.

[48] »Qui blasphemaverit vel periurium extra iudicium commiserit, prudenti Ordinarii arbitrio puniatur, maxime clericus« (can. 2323 CIC/1917). Vgl. MÖRSDORF 433 f. Vgl. auch die cann. 1743 § 3, 1755 § 3 und 1794 des CIC/1917.

[49] »Qui periurium commisit coram auctoritate ecclesiastica aut qui, etsi iniuratus, iudici legitime interroganti scienter falsum affirmavit aut verum occultavit aut qui ad haec delicta induxit, congrua poena puniatur« (can. 1444 CCEO).

Wer in einer öffentlichen Aufführung oder Versammlung oder durch öffentliche schriftliche Verbreitung oder sonst unter Benutzung von sozialen Kommunikationsmitteln eine Gotteslästerung zum Ausdruck bringt, die guten Sitten schwer verletzt, gegen die Religion oder die Kirche Beleidigungen ausspricht oder Haß und Verachtung hervorruft, soll mit einer gerechten Strafe belegt werden.

1. Der Straftatbestand[50] besteht darin, daß jemand in öffentlichen Darbietungen (Aufführungen, Versammlungen) oder durch öffentliche schriftliche Verbreitungen eine *Gotteslästerung*[51] zum Ausdruck bringt, die guten Sitten schwer verletzt, gegen die Religion oder die Kirche Beleidigungen ausspricht oder Haß und Verachtung hervorruft.

2. Es handelt sich hier um eine unbestimmte, aber verpflichtende Spruchstrafe.

3. Gegenüber dem CIC/1917 ist nun der Straftatbestand spezifiziert worden.[52] Im Recht der katholischen Ostkirchen ist eine ähnliche Norm ergangen.[53]

4. Im deutschen Recht ist der entsprechende Straftatbestand folgendermaßen normiert: »(1) Wer öffentlich oder durch Verbreiten von Schriften (§ 11 Abs. 3) den Inhalt des religiösen oder weltanschaulichen Bekenntnisses anderer in einer Weise beschimpft, die geeignet ist, den öffentlichen

---

[50] »The practical relevance of this canon is somewhat questionable because of its lack of precision« (GREEN 921).

[51] »Die Bosheit der Gotteslästerung besteht in der Herabwürdigung der Ehre Gottes und dem Ärgernis, das hierdurch anderen gegeben wird« (MÖRSDORF 433).

[52] »Qui blasphemaverit vel periurium extra iudicium commiserit, prudenti Ordinarii arbitrio puniatur, maxime clericus« (can. 2323 CIC/1917). Vgl. MÖRSDORF 433 f. Vgl. auch can. 2344 CIC/1917.

[53] »Qui vel publico spectaculo vel contione vel in scripto publice evulgato vel aliter instrumentis communicationis socialis utens blasphemiam profert aut bonos mores graviter laedit aut in religionem vel Ecclesiam iniurias exprimit vel odium contemptumve excitat, congrua poena puniatur« (can. 1448 § 1 CCEO).

Frieden zu stören, wird mit Freiheitsstrafe bis zu drei Jahren oder mit Geldstrafe bestraft. (2) Ebenso wird bestraft, wer öffentlich oder durch Verbreiten von Schriften (§ 11 Abs. 3) eine im Inland bestehende Kirche oder andere Religionsgesellschaft oder Weltanschauungsvereinigung, ihre Einrichtungen oder Gebräuche in einer Weise beschimpft, die geeignet ist, den öffentlichen Frieden zu stören« (§ 166 StGB).

Titel II

STRAFTATEN GEGEN DIE KIRCHLICHEN AUTORITÄTEN UND DIE FREIHEIT DER KIRCHE

1. Der vorliegende Titel[1] ist dem Titel XIII des CIC/1917 nachgebildet.[2] Es sind aber auch Elemente aus anderen Titeln des CIC/1917 in den jetzigen Titel II übernommen worden.

Can. 1370

§ 1. Qui vim physicam in Romanum Pontificem adhibet, in excommunicationem latae sententiae Sedi Apostolicae reservatam incurrit, cui, si clericus sit, alia poena, non exclusa dimissione e statu clericali, pro delicti gravitate addi potest.

Wer physische Gewalt gegen den Papst anwendet, zieht sich die dem Apostolischen Stuhl vorbehaltene Exkommunikation als Tatstrafe zu, der, wenn es ein Kleriker ist, eine weitere Strafe je nach Schwere der Straftat hinzugefügt werden kann, die Entlassung aus dem Klerikerstand nicht ausgenommen.

1. Es muß sich um »physische Gewalt« handeln, also z. B.[3] um tätliche Beleidigungen, körperliche Mißhandlungen, Verstümmelung, Gefangennahme, Vertreibung, jede Form eines Attentats (z. B. mit Schußwaffen, Sprengkörpern usw.).

---

[1] Vgl. SCHWENDENWEIN 465 f.
[2] Titulus XIII: De delictis contra auctoritates, personas, res ecclesiasticas.
[3] Vgl. PAARHAMMER 449, A. 63.

2. Wer so handelt, zieht sich die dem Apostolischen Stuhl vorbehaltene[4] Exkommunikation als Tatstrafe zu. Ist der Täter ein Kleriker, so kann eine weitere Strafe je nach Schwere der Straftat hinzugefügt werden, die Entlassung aus dem Klerikerstand[5] nicht ausgenommen.

3. Im CIC/1917 gab es eine entsprechende Strafe.[6] Auch das Recht der katholischen Ostkirchen enthält eine ähnliche Strafe.[7]

§ 2. *Qui id agit in eum qui episcopali charactere pollet, in interdictum latae sententiae et, si sit clericus, etiam in suspensionem latae sententiae incurrit.*

Wer so gegen einen Bischof handelt, zieht sich die Strafe des Interdikts als Tatstrafe zu und, wenn es ein Kleriker ist, auch die Suspension als Tatstrafe.

1. Der Straftatbestand besteht darin, daß jemand »so gegen einen Bischof handelt«, d. h. daß er physische Gewalt[8] gegen ihn anwendet. Die physische Gewalt muß sich gegen eine Person wenden, die die Bischofsweihe empfangen hat

---

[4] Die dem Apostolischen Stuhl vorbehaltenen fünf Strafen sind aufgezählt in Erl. n. 2 zu can. 1367.

[5] Vgl. Erl. n. 2 zu can. 1364 § 2.

[6] »Qui violentas manus in personam Romani Pontificis iniecerit: 1. Excommunicationem contrahit latae sententiae Sedi Apostolicae specialissimo modo reservatam; et est ipso facto vitandus; 2. Est ipso iure infamis; 3. Clericus est degradandus« (can. 2343 § 1 CIC/1917). Vgl. Jone 594 f. Die Unterscheidung zwischen dem excommunicatus toleratus und dem e. vitandus ist im jetzigen CIC nicht mehr beibehalten worden. Im can. 2258 CIC/1917 unterschied man zwischen dem Gebannten, der *geduldet* wird (toleratus) und dem Gebannten, der zu *meiden* ist (vitandus).

[7] »Qui vim physicam in Episcopum adhibuit vel aliam gravem iniuriam in ipsum iniecit, congrua poena puniatur non exclusa, si clericus est, depositione; si vero idem delictum in Metropolitam, Patriarcham vel immo Romanum Pontificem commissum est, reus puniatur excommunicatione maiore, cuius remissio in ultimo casu ipsi Romano Pontifici est reservata« (can. 1445 § 1 CCEO).

[8] Vgl. Erl. n. 1 zu can. 1370 § 1.

(qui episcopali charactere pollet). Es genügt nicht, daß die Gewalt sich gegen den Vorsteher einer Teilkirche als solche (vgl. can. 368) wendet.[9] Die Gewalt muß sich gegen einen *Bischof* richten.

2. Wer so handelt, zieht sich die Strafe des Interdikts als Tatstrafe zu und, wenn es ein Kleriker ist, auch die Suspension als Tatstrafe. Gemäß can. 1334 § 2[10] hat die hier gemeinte Suspension *alle* in can. 1333 § 1 erwähnten Wirkungen.

3. Der CIC/1917 war in dem entsprechenden Kanon (in der Umschreibung des Personenkreises und der Bestimmung der Strafen) detaillierter und insgesamt schärfer.[11] Im Recht der katholischen Ostkirchen ist eine ähnliche Strafe aufgestellt.[12]

§ 3. Qui vim physicam in clericum vel religiosum adhibet in fidei vel Ecclesiae vel ecclesiasticae potestatis vel ministerii contemptum, iusta poena puniatur.

Wer physische Gewalt gegen einen Kleriker oder einen Religiosen

---

[9] I. d. R. besitzt z. B. der Apostolische Präfekt keine Bischofsweihe.

[10] »Ein Gesetz, nicht aber ein Verwaltungsbefehl, kann eine Suspension als Tatstrafe festlegen, ohne Angabe des Umfangs oder der Begrenzung; eine Strafe dieser Art hat aber alle in can. 1333, § 1 erwähnten Wirkungen« (can. 1334 § 2).

[11] »Qui in personam S. R. E. Cardinalis vel Legati Romani Pontificis: 1. In excommunicationem incurrit latae sententiae Sedi Apostolicae speciali modo reservatam; 2. Est ipso iure infamis; 3. Privetur beneficiis, officiis, dignitatibus, pensionibus et quolibet munere, si quod in Ecclesia habeat« (can. 2343 § 2 CIC/1917).
»Qui in personam Patriarchae, Archiepiscopi, Episcopi etiam titularis tantum, incurrit in excommunicationem latae sententiae Sedi Apostolicae speciali modo reservatam« (can. 2343 § 3 CIC/1917).

[12] »Qui vim physicam in Episcopum adhibuit vel aliam gravem iniuriam in ipsum iniecit, congrua poena puniatur non exclusa, si clericus est, depositione; si vero idem delictum in Metropolitam, Patriarcham vel immo Romanum Pontificem commissum est, reus puniatur excommunicatione maiore, cuius remissio in ultimo casu ipsi Romano Pontifici est reservata« (can. 1445 § 1 CCEO).

in Mißachtung des Glaubens, der Kirche, der kirchlichen Gewalt oder eines kirchlichen Amtes anwendet, soll mit einer gerechten Strafe belegt werden.

1. Bestraft werden soll, wer physische Gewalt[13] gegen einen *Kleriker*[14] oder einen *Religiosen*[15] in Mißachtung des Glaubens, der Kirche, der kirchlichen Gewalt oder eines kirchlichen Amtes anwendet. Nicht-Religiosen, die aber gleichwohl zu den Instituten des geweihten Lebens oder den Gesellschaften des apostolischen Lebens gehören (also die Mitglieder der Säkularinstitute und der Gesellschaften des apostolischen Lebens) genießen nicht den strafrechtlichen Schutz von can. 1370 § 3.

2. Wer die entsprechende Gewalt ausübt, muß mit einer gerechten Strafe belegt werden. Es handelt sich also um eine unbestimmte, aber verpflichtende Spruchstrafe.

3. Im CIC/1917 war eine wesentlich schwerere Strafe vorgesehen.[16]

4. Das Recht der katholischen Ostkirchen kennt eine entsprechende Norm, *die in ihrem Umfang weiter ist.*[17]

5. Ein *Problem* besteht natürlich darin, daß Mitglieder von Säkularinstituten und von Gesellschaften des apostolischen Lebens den entsprechenden strafrechtlichen Schutz

---

[13] Vgl. Erl. n. 1 zu can. 1370 § 1.

[14] Durch den Empfang der Diakonenweihe wird man Kleriker (vgl. can. 266 § 1).

[15] Novizen eines Religioseninstituts, die noch keine amtlichen Gelübde abgelegt haben, genießen nicht den entsprechenden Schutz. So auch im Recht von 1917 (vgl. MÖRSDORF 446, A. 39).

[16] »Qui in personam aliorum clericorum vel utriusque sexus religiosorum, subiaceat ipso facto excommunicationi Ordinario proprio reservatae, qui praeterea aliis poenis, si res ferat, pro suo prudenti arbitrio eum puniat« (can. 2343 § 4 CIC/1917). Vgl. auch MÖRSDORF 445 f.

[17] »Qui id egit in alium clericum, religiosum, sodalem societatis vitae communis ad instar religiosorum vel in laicum, qui actu munus ecclesiasticum exercet, congrua poena puniatur« (can. 1445 § 2 CCEO).

nicht genießen. Auch Laien, die im kirchlichen Dienst stehen, sind offenbar vergessen worden.[18] Ersatzweise könnte hier can. 1397[19] zur Anwendung kommen.

Can. 1371

Iusta poena puniatur:
1. qui, praeter casum de quo in can. 1364, § 1, doctrinam a Romano Pontifice vel a Concilio Oecumenico damnatam docet vel doctrinam, de qua in can. 752, pertinaciter respuit, et ab Apostolica Sede vel ab Ordinario admonitus non retractat;
2. qui aliter Sedi Apostolicae, Ordinario, vel Superiori legitime praecipienti vel prohibenti non obtemperat, et post monitum in inoboedientia persistit.

Mit einer gerechten Strafe soll belegt werden:
1. wer außer dem in can. 1364, § 1 genannten Fall eine vom Papst oder einem Ökumenischen Konzil verworfene Lehre vertritt oder eine Lehre, worüber can. 752 handelt, hartnäckig ablehnt und, nach Verwarnung durch den Apostolischen Stuhl oder den Ordinarius, nicht widerruft;
2. wer sonst dem Apostolischen Stuhl, dem Ordinarius oder dem Oberen, der rechtmäßig gebietet oder verbietet, nicht gehorcht und nach Verwarnung im Ungehorsam verharrt.

1. In can. 1371 n. 1 geht es um Vergehen gegen das Lehramt der Kirche. a) Der Strafbestand besteht darin, daß jemand eine vom Papst oder einem Ökumenischen Konzil verworfene Lehre vertritt oder eine vom kirchlichen Lehramt

---

[18] »Was ist bei einem tätlichen Angriff auf Laien, die z. B. im kirchlichen Gericht als Richter, Bandverteidiger, Notare, Anwälte etc. tätig sind?« (PAARHAMMER 416).

[19] »Wer einen Menschen tötet oder durch Gewalt oder Täuschung entführt, festhält, verstümmelt oder schwer verletzt, soll je nach Schwere der Straftat mit den in can. 1336 genannten Rechtsentzügen und Verboten bestraft werden; die Tötung aber einer der in can. 1370 genannten Personen wird mit den dort festgesetzten Strafen belegt« (can. 1397).

(Papst, Bischofskonferenz; vgl. can. 752) in Glaubens- oder Sittensachen, wenn auch ohne dogmatische Glaubensverpflichtung, vorgestellte Lehre hartnäckig ablehnt und, nach Verwarnung durch den Apostolischen Stuhl oder den Ordinarius, nicht widerruft.[20] b) Der Täter soll mit einer gerechten Strafe belegt werden. Es handelt sich um eine verpflichtende, aber unbestimmte Spruchstrafe. c) Der CIC/1917 war in seiner entsprechenden Bestimmung etwas detaillierter.[21] d) Im Recht der katholischen Ostkirchen findet sich eine entsprechende Bestimmung.[22]

2. In can. 1371 n. 2 geht es um Ungehorsam gegen Weisungen der kirchlichen Autorität.[23] a) Der Straftatbestand besteht darin, daß jemand dem Apostolischen Stuhl, dem Ordinarius oder dem Oberen, der rechtmäßig gebietet oder verbietet, nicht gehorcht und nach Verwarnung im Ungehorsam verharrt. Auf den entsprechenden Gehorsam verweisen die cann. 212 § 1 und 273. Doch darf diese Gehor-

---

[20] »Innerhalb des Wahrheits- und Verkündigungsdienstes der Kirche kommt der Abwehraufgabe große Bedeutung zu, denn in der Sorge um die Reinerhaltung des Glaubens und der Sitte muß die kirchliche Autorität dort eingreifen oder ein Eingreifen veranlassen, wo für das Volk Gottes Schaden zu befürchten ist« (PAARHAMMER 432).

[21] »Pertinaciter docentes vel defendentes sive publice sive privatim doctrinam, quae ab Apostolica Sede vel a Concilio Generali damnata quidem fuit, sed non uti formaliter haeretica, arceantur a ministerio praedicandi verbum Dei audiendive sacramentales confessiones et a quolibet docendi munere, salvis aliis poenis quas sententia damnationis forte statuerit, vel quas Ordinarius, post monitionem, necessarias ad reparandum scandalum duxerit« (can. 2317 CIC/1917). Vgl. auch MÖRSDORF 430.

[22] »Praeter hos casus, qui sustinet doctrinam, quae a Romano Pontifice vel Collegio Episcoporum magisterium authenticum exercentibus ut erronea damnata est, nec legitime monitus resipiscit, congrua poena puniatur« (can. 1436 § 2 CCEO).

[23] »This second point is somewhat vaguely formulated and could occasion abuses. Hence it should be stressed that the law envisions a serious breach of discipline here« (GREEN 922).

samspflicht[24] nicht überdehnt werden.[25] b) Der Täter muß mit einer gerechten Strafe belegt werden. Es handelt sich um eine unbestimmte, aber verpflichtende Spruchstrafe. c) Im CIC/1917 war eine entsprechende Strafe vorgesehen.[26] d) Auch das Recht der katholischen Ostkirchen kennt diese Strafe.[27]

Can. 1372

Qui contra Romani Pontificis actum ad Concilium Oecumenicum vel ad Episcoporum collegium recurrit censura puniatur.

Wer sich gegen eine Maßnahme des Papstes an ein Ökumenisches Konzil oder das Bischofskollegium wendet, soll mit einer Beugestrafe belegt werden.

1. Derjenige soll bestraft werden, der sich gegen eine

---

[24] Vgl. R. SEBOTT, Sachlichkeit im Orden. Das Gemeinwohl als Kriterium für Befehl und Gehorsam, in: M. SIEVERNICH/G. SWITEK (Hgg.), Ignatianisch. Eigenart und Methode der Gesellschaft Jesu, Freiburg i. Br. 1990, 584–596. Ich habe in diesem Aufsatz versucht, Befehl und Gehorsam konsequent an das »bonum commune« zu binden. Dadurch ist allererst ein *Kriterium* aufgestellt, an dem Befehl und Gehorsam gemessen werden können.

[25] »Würde man eine solche Gehorsamsverweigerung unbegrenzt deuten, dann müßte man schon in jeder Übertretung eines gemeinkirchlichen oder teilkirchlichen Gesetzes, einer Verordnung oder Verwaltungsanordnung einen strafbaren Ungehorsam sehen; dies hätte die Konsequenz, daß die gesamte kirchliche Rechtsordnung eine Strafrechtsordnung wäre; jedes Gebot oder Verbot würde unter der Strafdrohung des c. 1371 n. 2 stehen, was eine völlig absurde Vorstellung ist und gegen den Sinn der Strafgesetze überhaupt stünde« (PAARHAMMER 432 f.).

[26] »Qui Romano Pontifici vel proprio Ordinario aliquid legitime praecipienti vel prohibenti pertinaciter non obtemperant, congruis poenis, censuris non exclusis, pro gravitate culpae puniantur« (can. 2331 § 1 CIC/1917). Vgl. MÖRSDORF 438.

[27] »Qui proprio Hierarchae legitime praecipienti vel prohibenti non obtemperat et post monitionem in inoboedientia persistit, ut delinquens congrua poena puniatur« (can. 1446 CCEO).

Maßnahme[28] des Papstes an ein Ökumenisches Konzil oder das Bischofskollegium wendet.[29]

2. Der Täter soll mit einer Beugestrafe bestraft werden, d. h. es handelt sich um eine verpflichtende und (wenigstens in der Art) bestimmte Spruchstrafe.

3. Der CIC/1917 war in seiner entsprechenden Vorschrift sehr ausführlich und ins einzelne gehend.[30]

4. Der vorliegende Kanon ist in seiner praktischen Anwendung nicht unproblematisch: Wer soll die Strafe aussprechen können? Nur der Papst selbst? Was ist unter »recurrere« zu verstehen? Wer sind jene, die sich eventuell an ein Ökumenisches Konzil oder das Bischofskollegium wenden? Nur physische oder auch juristische Personen (Universitäten, Kapitel usw.)?

Can. 1373

Qui publice aut subditorum simultates vel odia adversus Sedem Apostolicam vel Ordinarium excitat propter aliquem potestatis vel ministerii ecclesiastici actum, aut subditos ad inoboedientiam in eos provocat, interdicto vel aliis iustis poenis puniatur.

---

[28] Was ist unter einem »actus Romani Pontificis« zu verstehen? »Es sind wohl zunächst Rechtsakte ins Auge zu fassen, wie z. B. Gesetze, Dekrete, Urteile, Verwaltungsmaßnahmen jeder Art, soweit sie vom Papst allein gesetzt werden, denn nur da trifft c. 1404 zu: Prima Sedes a nemine iudicatur« (PAARHAMMER 423).

[29] »This canon is somewhat perplexing since it apparently reflects the intra-ecclesial conflict of the conciliarist period rather than the very productive contemporary collaboration of the pope and his brother bischops« (GREEN 922).

[30] »Omnes et singuli cuiuscunque status, gradus seu conditionis etiam regalis, episcopalis vel cardinalitiae fuerint, a legibus, decretis, mandatis Romani Pontificis pro tempore exsistentis ad universale Concilium appellantes, sunt suspecti de haeresi et ipso facto contrahunt excommunicationem Sedi Apostolicae speciali modo reservatam; Universitates vero, Collegia, Capitula aliaeve personae morales, quocunque nomine nuncupentur, interdictum speciali modo Sedi Apostolicae pariter reservatum incurrunt« (can. 2332 CIC/1917). Vgl. MÖRSDORF 438 f.

Wer öffentlich wegen irgendeiner Maßnahme der kirchlichen Gewalt oder eines kirchlichen Amtes Streit der Untergebenen oder Haß gegen den Apostolischen Stuhl oder den Ordinarius hervorruft oder die Untergebenen zum Ungehorsam gegen diese auffordert, soll mit dem Interdikt oder anderen gerechten Strafen belegt werden.

1. Es handelt sich hier um Verschwörung, Aufwiegelung und Aufforderung zur Gehorsamsverweigerung. Die Straftat[31] begeht also, wer öffentlich wegen irgendeiner Maßnahme der kirchlichen Gewalt oder eines kirchlichen Amtes den Streit der Untergebenen oder Haß gegen den Apostolischen Stuhl oder den Ordinarius hervorruft oder die Untergebenen zum Ungehorsam gegen diese auffordert. Die Straftatbestände müssen »publice« getan werden.[32]

2. Wer solches tut, muß mit dem Interdikt oder anderen gerechten Strafen belegt werden. Es handelt sich also um eine bestimmte und verpflichtende Spruchstrafe.

3. Im CIC/1917 gab es eine entsprechende Strafe.[33] Auch das Recht der katholischen Ostkirchen kennt den vorliegenden Straftatbestand.[34]

---

[31] »As distinct from the simple disobedience penalized in canon 1371 n. 2, this broadly formulated text envisions a conspiracy against church authority which does not necessarily involve any doctrinal violations« (GREEN 923).

[32] »Damit scheidet eine untergründige oder im stillen geschehene Aufwiegelung zu Widergesetzlichkeit als Straftatbestand aus« (PAARHAMMER 424).

[33] »Conspirantes vero contra auctoritatem Romani Pontificis eiusve Legati vel proprii Ordinarii aut contra eorum legitima mandata, itemque subditos ad inobedientiam erga ipsos provocantes, censuris aliisve poenis coerceantur; et dignitatibus, beneficiis aliisve muneribus, si sint clerici; voce activa et passiva atque officio, si religiosi, priventur« (can. 2331 § 2 CIC/1917).

[34] »Qui seditiones vel odia adversus quemcumque Hierarcham suscitat aut subditos ad inoboedientiam in eum provocat, congrua poena puniatur non exclusa excommunicatione maiore, praesertim si hoc delictum adver-

Can. 1374

Qui nomen dat consociationi, quae contra Ecclesiam machinatur, iusta poena puniatur; qui autem eiusmodi consociationem promovet vel moderatur, interdicto puniatur.

Wer einer Vereinigung beitritt, die gegen die Kirche Machenschaften betreibt, soll mit einer gerechten Strafe belegt werden; wer aber eine solche Vereinigung fördert oder leitet, soll mit dem Interdikt bestraft werden.

1. Die Förderung einer gegen die Kirche arbeitenden Vereinigung oder die Bekleidung einer leitenden Position in einer solchen muß mit einem Interdikt bestraft werden. Bloße Mitgliedschaft allein soll mit einer gerechten Strafe belegt werden. Der Straftatbestand ist *sehr allgemein* gehalten. Dies ist wohl bewußt so geschehen, damit möglichst alle Gemeinschaften und Vereinigungen, *die gegen die Kirche arbeiten*, getroffen werden können. Um nur *ein* Beispiel zu geben: Die verbotenen Zusammenschlüsse von Klerikern, die einen gewerkschaftlichen Charakter tragen und als Interessenvertretung der Kleriker gegen die Hierarchie bestehen, könnten als solche »kirchenfeindlichen Vereinigungen« angesehen werden.[35]

2. Wer eine solche Vereinigung fördert oder leitet, muß mit dem Interdikt bestraft werden. Es handelt sich um eine verpflichtende und bestimmte Spruchstrafe. Wer einer solchen Vereinigung beitritt, muß mit einer gerechten Strafe belegt werden. Es handelt sich um eine verpflichtende, aber unbestimmte Spruchstrafe.

3. Das Recht der katholischen Ostkirchen hat eine ent-

---

sus Patriarcham vel immo adversus Romanum Pontificem commissum est« (can. 1447 § 1 CCEO).

[35] Vgl. SC pro Clericis, »Declaratio de quibusdam associationibus vel coadunationibus quae omnibus clericis prohibentur« vom 8. 3. 1982, in: AAS 74 (1982) 642–645.

sprechende Strafe[36]. Es geht allerdings nicht auf diejenigen ein, die eine solche Vereinigung fördern oder leiten.

4. Ein Problemfall bei dem vorliegenden Kanon sind die verschiedenen *freimaurerischen* Verbindungen.[37] a) Nach dem CIC/1917 zog sich derjenige, der einer Freimaurergesellschaft angehörte, ohne weiteres den Kirchenbann zu.[38] Geistliche und Religiosen, die einer Freimaurergesellschaft oder einer ähnlichen Vereinigung beitraten, waren nach can. 2336 § 1 CIC/1917 härter zu bestrafen und außerdem der SC S. Officii anzuzeigen (can. 2336 § 2 CIC/1917), »weil möglicherweise ein Glaubensvergehen vorlag«.[39] b) Bei der Revision des kirchlichen Strafrechts spielte die Frage der Freimaurerei zunächst keine Rolle. Erst in einem Spät-

---

[36] »Qui nomen dat consociationi, quae contra Ecclesiam machinatur, congrua poena puniatur« (can. 1448 § 2 CCEO).

[37] Die Literatur in dieser Frage ist nicht mehr überschaubar. Hier sollen nur einige Titel zur Einführung aufgelistet werden: R. APPEL/H. VORGRIMLER, Kirche und Freimaurer im Dialog, Frankfurt a. M. 1975; A. KEHL, Warum Dialog zwischen Katholiken und Freimaurern? Hamburg 1978; R. SEBOTT, Die Freimaurer und die Deutsche Bischofskonferenz, in: StdZ 199 (1981) 75–87; J. STIMPFLE, Die Freimaurerei und die Deutsche Bischofskonferenz, in: ebd. 409–422; K. BARESCH, Katholische Kirche und Freimaurerei. Ein brüderlicher Dialog 1968 bis 1983, Wien: Österreichischer Bundesverlag 1983; R. SEBOTT, Der Kirchenbann gegen die Freimaurer ist aufgehoben, in: StdZ 202 (1983) 411–421; J. STIMPFLE, Freimaurerei und katholische Kirche. Nach Veröffentlichung des neuen Kirchenrechts, in: Internationale Katholische Zeitschrift »Communio« 13 (1984) 166–174; A. E. HIEROLD, Katholische Kirche und Freimaurerei. Anmerkungen zu einer Erklärung der Kongregation für die Glaubenslehre, in: Münchener Theologische Zeitschrift 37 (1986) 87–96; R. SEBOTT, Freimaurer, in: Staatslexikon II, ⁷1986, Sp. 725–728; D. A. BINDER, Die diskrete Gesellschaft. Geschichte und Symbolik der Freimaurer, Graz: Styria 1988; T. J. GREEN, Penal Law: A review of Selected Themes, in: The Jurist 50 (1990) 221–256, hier 240–243.

[38] »Nomen dantes sectae massonicae aliisve, eiusdem generis associationibus quae contra Ecclesiam vel legitimas civiles potestates machinantur, contrahunt ipso facto excommunicationem Sedi Apostolicae simpliciter reservatam« (can. 2335 CIC/1917).

[39] MÖRSDORF 442.

stadium wünschten einige[40] eine ausdrückliche Verurteilung von Katholiken, die einer Freimaurergesellschaft anhängen. Dieser Vorschlag wurde aber abgelehnt.[41] c) Im CIC/1983 werden die Freimaurer nicht mehr erwähnt.[42] Damit ist gemäß can. 6 § 1 nn. 1 und 3[43] der im früheren can. 2335 enthaltene Kirchenbann aufgehoben. d) Natürlich ist es richtig, daß ein Freimaurer (wie übrigens jeder Katholik) von jedweder anderen Strafmaßnahme getroffen werden kann, *wenn* er eine entsprechende Straftat begeht.[44] *Wenn* z. B. ein Katholik einer Freimaurerloge angehören sollte, die eine Häresie vertritt und *wenn* der Katholik sich mit dieser Häresie identifizieren sollte, so wird[45] er von can. 1364 § 1 getroffen.[46] e) Es wäre selbstverständlich auch möglich (vgl. can. 1315), daß ein Bischof oder eine Bischofskonferenz ihr

---

[40] »During the revision process a number of bishops, especially the German bishops, argued that the anti-ecclesial stance of the Masons was still a relevant consideration even though for the National Conference of Catholic Bishops and other conferences this was not a major issue« (GREEN 923).

[41] Vgl. Com 16 (1984) 49; Hierold, Katholische Kirche (A. 37) 92 f.

[42] PIO CIPROTTI, der Relator der Strafrechtskommission, faßt den Unterschied zwischen den cann. 2335 bzw. 2336 CIC/1917 und can. 1374 CIC/1983 so zusammen: »Il can. 1372 [richtig: 1374], corrispondente al vecchio can. 2335 e in parte anche al can. 2336, differisce notevolmente da questi, soprattutto per la pena (ora *ferendae sententiae* e, salvo che per i promotori e i dirigenti, indeterminata), e per l'omessa previsione delle associazioni ›quae contra ... legitimas civiles potestates machinantur‹« (CIPROTTI 125).

[43] »Mit Inkrafttreten dieses Codex werden aufgehoben: 1. der im Jahr 1917 promulgierte Codex Iuris Canonici ... 3. alle allgemeinen oder partikularen Strafgesetze, die vom Apostolischen Stuhl erlassen worden sind, es sei denn, daß sie in diesem Codex selbst aufgenommen sind« (can. 6 § 1 nn. 1 und 3 CIC/1983).

[44] Diese Aussage ist freilich eine Binsenwahrheit, auf die hier nur eingegangen wird, weil sich manche Autoren auf diese Wahrheit berufen, um zu behaupten, die Freimaurer könnten *anderweitig* von Kirchenstrafen getroffen werden.

[45] Da wir uns innerhalb des Strafrechts bewegen, gilt hier natürlich can. 18, der auf enge Auslegung abhebt. Im übrigen sind auch die einschränkenden Bestimmungen der cann. 1322 bis 1324 zu beachten.

[46] »Incompatibilitas cum fide catholica vel incidit in haeresim et tunc

teilkirchliches Verbot mit einer *teilkirchlichen* Strafdrohung versehen. In der Reformkommission ist eigens auf diese Möglichkeit aufmerksam gemacht worden.[47] f) Bestehen bleibt das *Verbot*[48] der Deutschen Bischofskonferenz vom 12. Mai 1980, wonach im Gebiet der Deutschen Bischofskonferenz niemand zugleich Katholik und Freimaurer sein kann.[49] Ja, dieses Verbot[50] wurde am 26. November 1983 durch die römische Glaubenskongregation auf die ganze Welt ausgedehnt.[51]

---

cadit sub can. 1316 [gemeint ist der spätere can. 1364] vel non, et tunc non meretur tali gravissima poena« (Com 16 [1984] 49).

[47] »Ad practicam activitatem (machinationem) quod attinet, notetur quod massoneria non eadem est in omnibus nationibus; melius ergo esset ut leges particulares iuxta particularia adiuncta propriam legislationem poenalem ferant« (Com 16 [1984] 49).

[48] Verbot und Strafandrohung liegen auf verschiedenen Ebenen. Dies ist genau zu beachten. Zwar setzt jede kirchliche Strafe voraus, daß die entsprechende Tat schwerwiegend zurechenbar ist (vgl. can. 1321 § 1). Aber längst nicht jede schwere Sünde ist durch eine kirchliche Strafe bedroht.

[49] Erklärung der Deutschen Bischofskonferenz zur Frage der Mitgliedschaft von Katholiken in der Freimaurerei, u. a. in: ABl. für die Diözese Osnabrück 1980, 64–68.

[50] Selbstverständlich ist ein solches Verbot nur die Formulierung eines (moralischen) Gesetzes. Es wird also die sog. *Materie* bzw. der Gegenstand des (sündhaften) Aktes genauer bestimmt. Damit es überhaupt zu einer Sünde kommt, bedarf es außerdem der *Erkenntnis* der Übertretung und der *freien Einwilligung*. Diese dürfen nicht einfach vorausgesetzt, sondern müssen eigens aufgewiesen werden. Wenn also bisweilen gesagt wird, der Katholik, der in eine Loge eintrete oder in ihr verbleibe, sei im Zustand der (schweren) Sünde und dürfe deshalb gemäß can. 915 nicht zur Kommunion zugelassen werden, so ist diese Behauptung insofern schief und ungenau, als sie auch etwas sagen will über die Erkenntnis und den freien Willen des entsprechenden Katholiken. In Wirklichkeit läßt sich aber von außen über Erkenntnis und Wille der entsprechenden Person nichts sagen. M. a. W.: Es könnte durchaus sein, daß der Katholik, der in eine Freimaurerloge eintritt, *bona fide* handelt, also der Meinung ist, mit seinem Eintritt in die Loge nichts Böses zu tun.

[51] SC pro doctrina fidei, Declaratio de associationibus massonicis (26. 11. 1983), in: AAS 76 (1984) 300. Solche Verbote in der entsprechenden Materie sind nicht neu. So wurde z. B. den Klerikern untersagt, dem »Rotary Club« beizutreten, weil diese Vereinigung eine gewisse geistige

Can. 1375

Qui impediunt libertatem ministerii vel electionis vel potestatis ecclesiasticae aut legitimum bonorum sacrorum aliorumve ecclesiasticorum bonorum usum, aut perterrent electorem vel electum vel eum qui potestatem vel ministerium ecclesiasticum exercuit, iusta poena puniri possunt.

Wer die Freiheit eines Dienstes, einer Wahl, der kirchlichen Gewalt oder den rechtmäßigen Gebrauch geistlicher oder anderer kirchlicher Güter behindert oder einen Wähler oder einen Gewählten oder jemanden einschüchtert, der kirchliche Gewalt oder einen kirchlichen Dienst ausübt, kann mit einer gerechten Strafe belegt werden.

1. Im vorliegenden Kanon[52] werden drei verschiedene Straftatbestände behandelt: a) die Behinderung des kirchlichen Dienstes oder der kirchlichen Gewalt bzw. die Einschüchterung der Personen, die Dienste verrichten oder Gewalt in der Kirche auszuüben haben; b) die Behinderung kirchlicher Wahlen[53] bzw. die Einschüchterung der Wähler oder eines Gewählten; c) die Behinderung des rechtmäßigen Gebrauchs heiliger Sachen oder sonstiger geistlicher Güter der Kirche. »Den Straftatbestand erfüllen z. B. widerrechtliche Vorschriften zum Simultangebrauch von Gotteshäusern, des Glockengeläutes zu profanen Anlässen, Gewährung des kirchlichen Begräbnisses, widerrechtliche Enteignung von Kirchengut oder Entziehung zustehender Werte

---

Nähe zu den Freimaurern hat. Vgl. Suprema SC S. Officii, Dekret vom 20. Dezember 1950, in: AAS 43 (1951), 91. Dazu: HK 5 (1950/51) 240–242.

[52] »The canon is somewhat difficult to interpret because it lacks the specificity of the 1917 Code« (GREEN 924).

[53] Für die Papstwahl gilt Sonderrecht. Vgl. Paul VI., Apostolische Konstitution »Romano Pontifici eligendo« vom 1. 10. 1975, in: AAS 67 (1975) 609–645.

und Rechte, Vereitelung frommer Zuwendungen, Verhinderung des Früchtebezuges, Gebührenverweigerung.«[54]

2. In allen drei Fällen können die Täter mit einer gerechten Strafe belegt werden. Es handelt sich also um eine freigestellte Bestrafung.[55]

3. Im Recht von 1917 wurden die hier vorliegenden Straftatbestände in den cann. 2334, 2337, 2345, 2346 und 2390 behandelt. Im Recht der katholischen Ostkirchen ist eine ähnliche Norm aufgestellt.[56]

Can. 1376

Qui rem sacram, mobilem vel immobilem, profanat iusta poena puniatur.

Wer eine bewegliche oder unbewegliche heilige Sache entweiht, soll mit einer gerechten Strafe belegt werden.

1. Mit der Bestimmung des can. 1376 sollen heilige Sachen[57] (bewegliche[58] oder unbewegliche[59]) vor Profanierung (Entweihung, Schändung und Verunehrung) geschützt werden. »In Frage kommen alle Sachen, die durch ›dedicatio‹, ›destinatio‹ oder ›benedictio‹ zur ›res sacra‹ geworden sind

---

[54] PAARHAMMER 438.

[55] Insgesamt gibt es fünf Straftatbestände, die zu der Kategorie der freigestellten Bestrafung gehören. Sie sind aufgezählt in Erl. n. 3 zu can. 1315 § 2.

[56] »Qui impedivit libertatem ministerii vel electionis vel potestatis ecclesiasticae aut legitimum bonorum Ecclesiae temporalium usum aut perterrefecit electorem vel eum, qui potestatem vel ministerium exercet, congrua poena puniatur« (can. 1447 § 2 CCEO).

[57] »Heilige Sachen, die durch Weihung oder Segnung für den Gottesdienst bestimmt sind, sind ehrfürchtig zu behandeln und dürfen nicht zu profanem oder ihnen fremden Gebrauch verwendet werden, selbst dann nicht, wenn sie Eigentum von Privatpersonen sind« (can. 1171).

[58] Z. B. ein Kelch.

[59] Z. B. ein Altar.

und damit nicht mehr zum profanen Gebrauch verwendet werden dürfen.«[60]

2. Der Täter muß mit einer gerechten Strafe belegt werden. Es handelt sich also um eine verpflichtende, aber unbestimmte Spruchstrafe.

3. Im CIC/1917 war der vorliegende Straftatbestand in den cann. 2325, 2328 und 2329 behandelt worden.[61] Im Entwurf von 1973 tauchte er nicht auf. Bei der Überarbeitung des Entwurfs setzte man aber eine entsprechende Strafe durch.[62] Im Recht der katholischen Ostkirchen ist eine sehr ähnliche Strafe formuliert.[63]

Can. 1377

Qui sine praescripta licentia bona ecclesiastica alienat, iusta poena puniatur.

Wer ohne die vorgeschriebene Erlaubnis Kirchenvermögen veräußert, soll mit einer gerechten Strafe belegt werden.

1. In can. 1377 wird die unerlaubte Veräußerung von Kirchenvermögen geregelt. Der vorliegende Kanon setzt can. 1292 voraus,[64] welcher die zuständigen Autoritäten für die Veräußerung des Kirchenvermögens benennt[65]: a) Die

---

[60] PAARHAMMER 433.

[61] Vgl. MÖRSDORF 435 f.

[62] »Relator refert de propositione alicuius Consultoris S. Congregationis pro Doctrina Fidei statuendi poenam contra eos qui res sacras profanant. Propositio placet Consultoribus, ideo novus canon redigitur« (Com 9 [1977] 309).

[63] »Qui res sacras in usum profanum vel in malum finem adhibet, suspendatur vel a Divina Eucharistia suscipienda prohibeatur« (can. 1441 CCEO).

[64] Vgl. generell die cann. 638 §§ 3 und 4 und 1290 bis 1296.

[65] Hier wird nur ein *Überblick* gegeben, um die Strafnorm von can. 1377 verständlich zu machen. Zum vermögensrechtlichen Detail vgl. R. PUZA, Die Rechtsgeschäfte über das Kirchenvermögen, in: HdbKathKR 910–915.

Bischofskonferenz hat für ihren Bereich eine Ober- und Untergrenze zu bestimmen. Die DB hat als Obergrenze die Summe von 10 Mio. DM festgelegt. Als Untergrenze ist die Summe von 10 000 DM festgesetzt.[66] b) Die Erlaubnis des *Apostolischen Stuhles* ist einzuholen, wenn die Obergrenze überschritten wird oder wenn es sich um Sachen handelt, die der Kirche aufgrund eines Gelübdes geschenkt worden sind, oder um künstlerisch oder historisch wertvollen Sachen. c) Liegt der Wert des Vermögens, dessen Veräußerung beabsichtigt ist, unterhalb der Obergrenze, so ist bei juristischen Personen, die *nicht* dem Diözesanbischof unterliegen, *jene Autorität für die Veräußerung zuständig*, die in den eigenen Statuten bestimmt wird. d) Liegt der Wert zwischen der Unter- und Obergrenze, so ist bei juristischen Personen, die dem Diözesanbischof unterstehen, eben dieser *Diözesanbischof* für die Veräußerung zuständig. Der Diözesanbischof bedarf der Zustimmung des Vermögensverwaltungsrates und des Konsultorenkollegiums sowie derjenigen, die direkt davon betroffen sind. e) Liegt der Wert des Vermögens, dessen Veräußerung beabsichtigt ist, unterhalb der Untergrenze, so ist bei juristischen Personen, die dem Diözesanbischof unterstehen, eben *diese juristische Person allein zuständig*.

2. Wer ohne die vorgeschriebene Erlaubnis Kirchenvermögen veräußert, muß mit einer gerechten Strafe belegt werden. Es handelt sich also um eine unbestimmte, aber verpflichtende Spruchstrafe. Im übrigen muß beachtet werden, daß rechtswidrige Veräußerung in den meisten Fällen – nach kirchlichem Recht – ungültig ist.

3. Im CIC/1917[67] gab es eine Abstufung der Strafen für widerrechtliche Veräußerungen je nach dem Wert der veräußerten Sache.

---

[66] ABl. Limburg vom 1.6.1986, S. 130, n. 13.
[67] Can. 2347 CIC/1917; vgl. dazu MÖRSDORF 449f.

4. Im Recht der katholischen Ostkirchen ist eine fast wörtlich identische Strafe vorgesehen.[68]

---

[68] »Qui sine praescripto consensu vel licentia bona ecclesiastica alienavit, congrua poena puniatur« (can. 1449 CCEO).

TITEL III

AMTSANMASSUNG UND AMTSPFLICHTVERLETZUNG

1. Die Inhalte dieses Titels[1] stimmen weithin mit jenen von Titel XVI[2] des 5. Buches im CIC/1917 überein. Die Straftaten dieses Titels betreffen vor allem die Kleriker und nur ausnahmsweise die Laien. Gegenüber dem Schema von 1973 ist die endgültige und jetzt vorliegende Fassung des Titels erheblich erweitert worden.

Can. 1378

§ 1. Sacerdos qui contra praescriptum can. 977 agit, in excommunicationem latae sententiae Sedi Apostolicae reservatam incurrit.

Ein Priester, der gegen die Vorschrift des can. 977 handelt, zieht sich die dem Apostolischen Stuhl vorbehaltene Exkommunikation als Tatstrafe zu.

1. Die Straftat[3] besteht darin, daß ein Priester[4] gegen die

---

[1] Vgl. SCHWENDENWEIN 466 f.
[2] Titulus XVI: De delictis in administratione vel susceptione ordinum aliorumque Sacramentorum.
[3] Nicht alle Mitglieder in der Reformkommission waren damit einverstanden, daß die Straftat auf das 6. Gebot eingeengt wurde (vgl. Com 15 [1983] 210). Im übrigen gilt für die Arbeit der Reformkommission: »Ex... historia et ex ipso textu manifeste apparet legislatorem voluisse simplificare et mitigare disciplinam circa hanc materiam. Ideo non amplius fit quaestio de fictione absolutionis, vel de inductione ad non confitendum peccatum sive directe sive indirecte, neque de interpretatione ampliore Congregationis S. Officii« (DE PAOLIS 1990, 216).
[4] Es ist zweifelhaft, ob die hier vorliegende Strafnorm nur für den »sacerdos« gilt oder auch für den Bischof. Die Zweifel rühren daher, daß

Vorschrift des can. 977[5] handelt. Außer in Todesgefahr verbietet dieser Kanon die sakramentale Lossprechung[6] eines Pönitenten von einer Sünde gegen das sechste Gebot, die zwischen Beichtvater und Pönitenten begangen worden ist.[7] »Unverständlich ist, warum der Gesetzgeber die absolutio complicis nur auf den Tatbestand der Sünde gegen das sechste Gebot abgestellt hat und nicht auch andere gemeinsam vorgenommene Verbrechen (z. B. Vergehen gegen Leib und Leben, Freiheit, Eigentum) mit in die Norm einbezogen worden sind.«[8]

2. Wer so handelt, zieht sich die dem Apostolischen Stuhl[9]

---

gemäß can. 18 Strafgesetze eng auszulegen sind. Vgl. zur anstehenden Frage: DE PAOLIS, 1990, 217; L. CHIAPPETTA, Il codice di diritto canonico II, Neapel: Dehoniane o. J. (1988) 510, n. 4495, A. 1.

[5] »Die Absolution des Mitschuldigen an einer Sünde gegen das sechste Gebot des Dekalogs ist ungültig, außer in Todesgefahr« (can. 977).

[6] Es ist eine eigene Frage, ob auch jener Beichtvater, der nur so tut, als ob er absolvieren würde (fictio absolutionis), unter die Vorschrift des can. 1378 § 1 fällt. Im can. 2367 § 1 CIC/1917 war die »fictio absolutionis« eigens erwähnt. Da sie im neuen CIC nicht mehr erwähnt wird, darf man der Meinung sein, sie falle nicht unter die Vorschrift von can. 1378 § 1. »Casus fictionis absolutionis venit potius sub c. 1379, qui agit de simulatione sacramenti. Qui fingit absolvere complicem simulat sacramentum; ideoque ›iusta poena‹ puniri debet, ad normam c. 1379« (DE PAOLIS 1990, 218).

[7] Es müssen also drei Dinge zusammenkommen: »Ad delictum huiusmodi committendum requiritur quod subiectum activum sit sacerdos cum facultate, saltem supplita, audiendi confessiones; quod delictum consummetur per factum ipsius absolutionis, quamvis invalidae; quod tandem poenitens non sit in periculo mortis constitutus« (DE PAOLIS 1990, 216 f.).

[8] PAARHAMMER 416. Vgl. auch GREEN 924.

[9] Die Delikte, welche in den can. 1378 § 1, 1387 und 1390 normiert sind, werden von der Congregatio de Doctrina Fidei behandelt. Vgl. Johannes Paul II, Constitutio Apostolica de Romana Curia »Pastor bonus« vom 28. 6. 1988, in: AAS 80 (1988) 841–912, hier 874, art. 52: »Delicta contra fidem necnon graviora delicta tum contra mores tum in sacramentorum celebratione commissa, quae ipsi delata fuerint, cognoscit atque, ubi opus fuerit, ad canonicas sanctiones declarandas aut irrogandas ad normam iuris, sive communis sive proprii, procedit.«

vorbehaltene[10] Exkommunikation als Tatstrafe zu. Die absolutio complicis gehört also zu den ganz schweren Straftatbeständen.

3. Im CIC/1917 war der entsprechende Straftatbestand in den cann. 884[11] und 2367[12] geregelt.[13] Das Recht der katholischen Ostkirchen hat eine fast wörtlich identische Vorschrift.[14]

§ 2. In poenam latae sententiae interdicti vel, si sit clericus, suspensionis incurrit:
1. qui ad ordinem sacerdotalem non promotus liturgicam eucharistici Sacrificii actionem attentat;
2. qui, praeter casum de quo in § 1, cum sacramentalem absolutio-

---

[10] Dem Apostolischen Stuhl sind fünf Tatstrafen vorbehalten; vgl. Erl. n. 2 zu can. 1367. – Man beachte den Unterschied zwischen A. 9 und A. 10. In A. 9 handelt es sich um die *Verhängung* der Strafe, die die *Glaubenskongregation* u. U. vornimmt. In A. 10 handelt es sich um den Vorbehalt der *Lossprechung*. Ist eine Lossprechung dem Apostolischen Stuhl vorbehalten, so muß (für den inneren Bereich) die *Apostolische Pönitentiarie* angegangen werden.

[11] »Absolutio complicis in peccato turpi invalida est, praeterquam in mortis periculo; et etiam in periculo mortis, extra casum necessitatis, est ex parte confessarii illicita ad normam constitutionum apostolicarum et nominatim constitutionis Benedicti XIV ›Sacramentum Poenitentiae‹, 1 Iun. 1741« (can. 884 CIC/1917).

[12] Can. 2367 CIC/1917. § 1. Absolvens vel fingens absolvere complicem in peccato turpi incurrit ipso facto in excommunicationem specialissimo modo Sedi Apostolicae reservatam; idque etiam in mortis articulo, si alius sacerdos, licet non approbatus ad confessiones, sine gravi aliqua exoritura infamia et scandalo, possit excipere morientis confessionem, excepto casu quo moribundus recuset alii confiteri.
§ 2. Eandem excommunicationem non effugit absolvens vel fingens absolvere complicem qui peccatum quidem complicitatis, a quo nondum est absolutus, non confitetur, sed ideo ita se gerit, quia ad id a complice confessario sive directe sive indirecte inductus est.

[13] Vgl. JONE 617 f.

[14] »Sacerdos, qui complicem in peccato contra castitatem absolvit, excommunicatione maiore puniatur firmo can. 728, § 1, n. 2« (can. 1457 CCEO). Im bezogenen can. 728 § 1 n. 2 ist die Sünde der absolutio complicis dem Apostolischen Stuhl reserviert.

nem dare valide nequeat, eam impertire attentat, vel sacramentalem confessonem audit.

Die Tatstrafe des Interdikts oder, falls es sich um einen Kleriker handelt, der Suspension, zieht sich zu:
1. *wer ohne Priesterweihe das eucharistische Opfer zu feiern versucht;*
2. *wer außer dem in § 1 genannten Fall, obwohl er die sakramentale Absolution nicht gültig erteilen kann, diese zu erteilen versucht oder die sakramentale Beichte hört.*

1. a) Es handelt sich in diesem Paragraphen um die Anmaßung von Weihe- und Leitungsgewalt. Der Straftatbestand von n. 1 besteht darin, daß jemand das eucharistische Opfer zu feiern[15] versucht, obwohl er keine Priesterweihe[16] empfangen hat. »Nicht unter diesen Straftatbestand fallen Meßfeier und Beichthören im Spiel, Film, Theater, auch nicht Sakramentenspendung im Spott und zur Verhöhnung, weil hier weder Anmaßung der Weihevollmacht geschieht noch arglistige Täuschung der Beiwohner erfolgt.«[17] b) Im Falle eines sog. sacrificium attentatum tritt für Laien die Tatstrafe des Interdikts ein, für Kleriker[18] die Tatstrafe der Suspension. c) Der CIC/1917 behandelte in can. 2322[19] den

---

[15] Unregelmäßigkeiten, auch wenn sie nicht unter den vorliegenden Straftatbestand fallen sollten, können dann gegeben sein, wenn (z. B. bei Gruppenmessen) die Laien mit dem Priester rund um den Altar stehen und das Hochgebet mitsprechen.

[16] Von Belang sind hier die cann. 900 § 1 (»Zelebrant, der in der Person Christi das Sakrament der Eucharistie zu vollziehen vermag, ist nur der gültig geweihte Priester«) und 907 (»Bei der Feier der Eucharistie ist es Diakonen und Laien nicht erlaubt, Gebete, besonders das eucharistische Hochgebet, vorzutragen oder Funktionen zu verrichten, die dem zelebrierenden Priester eigen sind«).

[17] PAARHAMMER 417.

[18] Es kommt hier nur ein Diakon in Frage. Dieser ist schon Kleriker (vgl. can. 266 § 1), aber noch nicht Priester.

[19] Can. 2322 CIC/1917. Ad ordinem sacerdotalem non promotus:
1. Si Missae celebrationem simulaverit aut sacramentalem confessionem

entsprechenden Straftatbestand.[20] d) Das Recht der katholischen Ostkirchen behandelt *alle* Fälle der Vortäuschung von Sakramentenspendung in einer *einzigen* Norm.[21]

2. a) Der Straftatbestand von n. 2 besteht darin, daß jemand versucht, die sakramentale Absolution zu erteilen oder daß jemand die sakramentale Beichte hört, obwohl er beides nicht kann,[22] sei es, weil ihm die Weihe fehlt, sei es, weil ihm die entsprechende Befugnis[23] fehlt[24], die Absolu-

---

exceperit, excommunicationem ipso facto contrahit, speciali modo Sedi Apostolicae reservatam; et insuper laicus quidem privetur pensione aut munere, si quod habeat in Ecclesia, aliisque poenis pro gravitate culpae puniatur; clericus vero deponatur;

2. Si alia munia sacerdotalia usurpaverit, ab Ordinario pro gravitate culpae puniatur.

[20] Zur Auslegung vgl. MÖRSDORF 432 f.

[21] »Qui Divinae Liturgiae vel aliorum sacramentorum celebrationem simulavit, congrua poena puniatur non exclusa excommunicatione maiore« (can. 1443 CCEO).

[22] In can. 1378 § 2 ist nur die Anmaßung priesterlicher Dienste in bezug auf Feier und Spendung der Eucharistie und der Buße als Straftatbestand erfaßt. Jede *andere* Vortäuschung von Sakramenten (z. B. Krankensalbung, Taufe, Firmung) wird in can. 1379 behandelt.

[23] Die Beichtvollmacht wird im neuen CIC nicht mehr Jurisdiktionsvollmacht (= Leitungsgewalt) genannt, sondern *Befugnis* (facultas). Gleichwohl gibt es eine Nachbarschaft zwischen den beiden Begriffen (vgl. can. 144). Daß der Beichtvater eine solche Befugnis braucht, wird in can. 966 § 1 bestimmt: »Zur gültigen Absolution von Sünden ist erforderlich, daß der Spender außer der Weihegewalt die Befugnis besitzt, sie gegenüber den Gläubigen, denen er die Absolution erteilt, auszuüben.« Die – wegen der horrenden Unkenntnisse vieler Priester im Kirchenrecht (insonderheit im Strafrecht) – bisweilen anzutreffende Meinung, mit der Weihe besitze der Priester auch die Beichtvollmacht, ist selbstverständlich falsch. Richtig ist aber, daß zwischen der Weihegewalt und der Absolutionsbefugnis eine innere Verwandtschaft besteht. Absolut gesprochen könnte die Kirche die Absolutionsbefugnis mit der Weihegewalt koppeln. »Quod haec facultas concedatur per interventum specialem auctoritatis ecclesiasticae competentis pendet sine dubio a dispositione positiva Ecclesiae. Nihil per se, theoretice loquendo, vetat quod huiusmodi facultas detur per ipsam sacram ordinationem« (DE PAOLIS 1990, 180). Ein solcher Vorschlag ist auch bereits gemacht worden (vgl. M. KAISER, Befugnis zur Entgegennahme von Beichten, in: AfkKR 154 [1985] 164–182, hier 179).

[24] In Deutschland ist die Erlangung der Befugnis zur Entgegennahme der

tion zu erteilen.[25] b) Im vorliegenden Fall tritt für Laien die Tatstrafe des Interdikts ein, für Kleriker[26] die Tatstrafe[27] der Suspension. c) Der CIC/1917 behandelte in can. 2366[28] das Beichthören ohne Beichtvollmacht und die Lossprechung von vorbehaltenen Sünden ohne die entsprechende Vollmacht.

§ 3. In casibus de quibus in § 2, pro delicti gravitate, aliae poenae, non exclusa excommunicatione, addi possunt.

In den Fällen des § 2 können je nach Schwere des Delikts andere Strafen hinzugefügt werden, die Exkommunikation nicht ausgenommen.

1. Für die Fälle des § 2, die besonders schwer wiegen,

Beichten für *Ordenspriester* durch einen Entscheid der Arbeitsgruppe Neues Kirchenrecht der DB vom 2. 4. 1985 unnötig verkompliziert worden. Die Schwierigkeit liegt vor allem darin, daß die Befugnis zum Beichthören bei einer Versetzung in den Bereich einer anderen Diözese erlischt. Vorschläge für eine *Erleichterung* der Erlangung der Befugnis sind gemacht worden (vgl. KAISER, Befugnis [A. 23] 179–182).

[25] Für den Fall der Todesgefahr gilt die Sonderregelung von can. 976: »Jeder Priester absolviert, auch wenn er die Befugnis zur Entgegennahme von Beichten nicht besitzt, jegliche Pönitenten, die sich in Todesgefahr befinden, gültig und erlaubt von jedweden Beugestrafen und Sünden, auch wenn ein Priester mit entsprechender Befugnis zugegen ist.«

[26] »Ratio cur aliquis sacerdos non potest dare valide absolutionem esse potest sive quia numquam habuit facultatem, sive quia facultas cessavit vel revocata est, sive quia non habetur in determinatas personas vel in determinato territorio, sive quia adest obex quae prohibet absolutionem sacramentalem et quidem ad validitatem et hoc sive habitualiter sive per modum actus« (DE PAOLIS 1990, 184).

[27] »Absolutio data a sacerdote sine facultate non est tantum invalida, sed est etiam delictum. Immo ipsa auditio confessionum ab huiusmodi sacerdote est delictum« (DE PAOLIS 1990, 181 f.).

[28] »Sacerdos qui sine necessaria iurisdictione praesumpserit sacramentales confessiones audire, est ipso facto suspensus a divinis; qui vero a peccatis reservatis absolvere, ipso facto suspensus est ab audiendis confessionibus« (can. 2366 CIC/1917). Vgl. MÖRSDORF 461 f.

sieht der Gesetzgeber sogar die Möglichkeit der Verhängung der Exkommunikation als Spruchstrafe vor.[29]

Can. 1379

Qui, praeter casus de quibus in can. 1378, sacramentum se administrare simulat, iusta poena puniatur.

Wer außer in den Fällen von can. 1378 eine Sakramentenspendung vortäuscht, soll mit einer gerechten Strafe belegt werden.

1. Bereits in can. 1378 wurden drei Fälle der ungültigen Sakramentenspendung behandelt: die absolutio complicis, die versuchte Zelebration der Eucharistie, die versuchte sakramentale Absolution. In can. 1379 werden nun die übrigen Fälle der Vortäuschung einer Sakramentenspendung[30] behandelt.[31]

2. Eine Sakramentenspendung *täuscht vor,* wer das entsprechende Sakrament *nicht gültig* spenden kann. Dies ist dann der Fall, wenn jemand versucht, Sakramente zu spenden, obwohl ihm die erforderliche Weihestufe oder die erforderliche Jurisdiktion fehlt. Die *unerlaubte* (aber gültige) Sakramentenspendung fällt nicht unter die Vorschrift des can. 1379.[32]

---

[29] »Der Bischof von Innsbruck hat im Fall des ›Falschen Priesters von Schwaz‹ einen 24jährigen Tischler aus Bayern, der sich fälschlich als Missionar auf Heimaturlaub ausgegeben und sich während der Sommermonate als Aushilfspriester zur Verfügung gestellt hatte, wobei er durch Wochen Eucharistiefeiern vorgetäuscht und andere Sakramente zum Schein gespendet hatte, mit der Exkommunikation gemäß c. 1378 § 3 belegt« (PAARHAMMER 451, A. 83).

[30] Z.B. die Vortäuschung der Taufe, der Firmung, der Krankensalbung.

[31] Can. 1379 ist also die Grundnorm bzw. die allgemeine Norm. Can. 1378 ist die Spezialnorm.

[32] »Durch Exkommunikation oder Suspension, selbst wenn sie deklariert wurden, ist die Gültigkeit der Sakramentenspendung nicht betroffen... Die Sakramentenspendung ist nur verboten. Wenn also ein so Bestrafter verbotswidrig die Sakramente spendet, täuscht er die Spendung

3. Wer so handelt, muß mit einer gerechten Strafe belegt werden. Es handelt sich um eine unbestimmte, aber verpflichtende Spruchstrafe.

Can. 1380

Qui per simoniam sacramentum celebrat vel recipit, interdicto vel suspensione puniatur.

Wer aufgrund von Simonie ein Sakrament spendet oder empfängt, soll mit dem Interdikt oder der Suspension bestraft werden.

1. Der vorliegende Kanon behandelt die simonistische Feier der Sakramente.[33] »Simonie im Rechtssinn ist die bewußte auf ein entgeltliches Rechtsgeschäft hinzielende Willenskundgabe, durch die geistliche Sachen weltlichen gleichgestellt oder der Gefahr einer Verunehrung ausgesetzt werden.«[34] Bestraft werden muß sowohl derjenige, der ein Sakrament *spendet,* als auch derjenige, der ein Sakrament *empfängt.* Eine Unterscheidung zwischen der Simonie göttlichen Rechtes (vgl. can. 727 § 1 CIC/1917) und der Simonie kirchlichen Rechtes (vgl. can. 727 § 2 CIC/1917) taucht im neuen Recht nicht mehr auf.[35]

2. Wer solches tut, muß mit dem Interdikt (das alle treffen kann) oder der Suspension (die nur über Kleriker verhängt werden kann) bestraft werden. Es handelt sich also um eine verpflichtende und bestimmte Spruchstrafe.

---

nicht vor und fällt daher nicht unter die Strafdrohung des can. 1379« (PAARHAMMER 434).

[33] Simonistische *Amtsübertragung* steht nicht mehr unter Strafe, ist aber ungültig (vgl. can. 149 § 3).

[34] K. MÖRSDORF, Lehrbuch des Kirchenrechts II, Paderborn ¹¹1967, 6.

[35] »Es gibt überhaupt keinen Kanon mehr, in dem dieser Sachverhalt dargestellt wird. Man muß daher annehmen, daß nur noch die Simonie göttlichen Rechtes in Frage kommen dürfte, nämlich jener geistliche Schacher, bei dem eine geistliche Sache gegen eine weltliche Sache gegeben wird; aber hauptsächlich wird eine simonistische Weihespendung in Frage kommen« (PAARHAMMER 427).

3. Im CIC/1917 gab es eine ganze Reihe von Bestimmungen[36] über simonistische Machenschaften.[37]

4. Das Recht der katholischen Ostkirchen enthält zwei getrennte Bestimmungen gegen die Simonie.[38, 39]

Can. 1381

§ 1. Quicumque officium ecclesiasticum usurpat, iusta poena puniatur.

Wer sich ein Kirchenamt anmaßt, soll mit einer gerechten Strafe belegt werden.

1. Im vorliegenden Kanon wird die Anmaßung eines kirchlichen Amtes unter Strafe gestellt. »Ein Kirchenamt ist jedweder Dienst, der durch göttliche oder kirchliche Anordnung auf Dauer eingerichtet ist und der Wahrnehmung eines geistlichen Zwecks dient« (can. 145 § 1). Weil das Amt durch »kanonische Amtsübertragung« (provisio canonica) gültig erlangt wird (vgl. can. 146), besteht die Amtsanmaßung in einer »eigenmächtigen Inbesitznahme eines Kirchenamtes«.[40]

2. Wer sich ein Kirchenamt anmaßt, muß mit einer gerechten Strafe belegt werden. Es handelt sich um eine verpflichtende aber unbestimmte Spruchstrafe.

---

[36] Sie waren zum großen Teil aus der Vergangenheit mitgeschleppt worden.

[37] Vgl. die cann. 727–730, 1470 § 1 n. 6 und § 2, 2324, 2325, 2327, 2371, 2392 des CIC/1917.

[38] »Qui sacram ordinationem simoniace ministravit vel suscepit, deponatur; qui vero alia sacramenta simoniace ministravit vel suscepit, congrua poena puniatur non exclusa excommunicatione maiore« (can. 1461 CCEO).

[39] »Qui officium, ministerium vel aliud munus in Ecclesia simoniace obtinuit, contulit aut quomodocumque usurpavit aut illegitime retinet vel aliis transmisit vel exsequitur, congrua poena puniatur non exclusa excommunicatione maiore« (can. 1462 CCEO).

[40] PAARHAMMER 434.

3. Im CIC/1917 waren die entsprechenden Straftaten nicht unter einem Oberbegriff in einem Kanon zusammengefaßt worden, sondern sie wurden verstreut aufgeführt.[41] Das Recht der katholischen Ostkirchen hat eine entsprechende Bestimmung.[42]

§ 2. Usurpationi aequiparatur illegitima, post privationem vel cessationem a munere, eiusdem retentio.

Einer widerrechtlichen Amtsanmaßung wird der unrechtmäßige Amtsverbleib nach Entzug des Amtes oder nach Ausscheiden aus dem Amt gleichgesetzt.

1. Das widerrechtliche Festhalten an einem Amt nach Entzug des Amtes oder nach Ausscheiden aus dem Amt[43] wird einer widerrechtlichen Amtsanmaßung gleichgesetzt. »Geht es im § 1 um die Sicherheit der Amtsverleihung für die kirchliche Autorität, so geht es in § 2 um die notfalls strafrechtliche Durchsetzung einer oberhirtlichen Maßnahme zur Erledigung eines Amtes (Amtsenthebung, Verzichtsmaßnahme, Versetzung).«[44]

Can. 1382

Episcopus qui sine pontificio mandato aliquem consecrat in Episcopum, itemque qui ab eo consecrationem recipit, in excommunicationem latae sententiae Sedi Apostolicae reservatam incurrunt.

Ein Bischof, der jemanden ohne päpstlichen Auftrag zum Bischof weiht, und ebenso, wer von ihm die Weihe empfängt, zieht sich die dem Apostolischen Stuhl vorbehaltene Exkommunikation als Tatstrafe zu.

---

[41] Vgl. die cann. 2322 n. 2, 2394, 2401.
[42] Vgl. can. 1462 CCEO.
[43] Vgl. die cann. 184 bis 196 (Verlust eines Kirchenamtes).
[44] PAARHAMMER 434.

1. Die Erteilung der Bischofsweihe ohne päpstlichen Auftrag[45] ist sowohl für den Spender als auch für den Empfänger strafbar. Dieser Fall ereignete sich, als Erzbischof Marcel Lefebvre[46] gemeinsam mit dem emeritierten Bischof von Campos, Antonio de Castro Mayer am 30. Juni 1988 ohne päpstlichen Auftrag vier Priester zu Bischöfen weihte.[47]

2. Wer solches tut, zieht sich die dem Apostolischen Stuhl vorbehaltene[48] Exkommunikation als Tatstrafe zu.[49]

---

[45] Vgl. auch can. 1013: »Keinem Bischof ist es gestattet, jemandem zum Bischof zu weihen, wenn nicht zuvor der päpstliche Auftrag feststeht.«

[46] Vgl. R. Ahlers/P. Krämer (Hgg.), Das Bleibende im Wandel. Theologische Beiträge zum Schisma von Marcel Lefebvre, Paderborn 1990.

[47] »Msgr. Marcel Lefebvre, emeritierter Erzbischof-Bischof von Tulle, hat – trotz des ausdrücklichen Monitums vom 17. Juni und der wiederholten Bitten, er möge von seinem Vorhaben absehen – durch die Bischofsweihe von vier Priestern ohne päpstlichen Auftrag und gegen den Willen des Papstes einen Akt schismatischer Natur gesetzt und sich damit die von can. 1364 § 1 und can. 1382 des Codex des kanonischen Rechtes vorgesehene Strafe zugezogen.
Ich erkläre mit allen rechtlichen Folgen, daß sowohl der obengenannte Msgr. Marcel Lefebvre als auch Bernard Fellay, Bernard Tissier de Mallerais, Richard Williamson und Alfonso de Galarreta ›ipso facto‹ sich die dem Apostolischen Stuhl vorbehaltene Exkommunikation als Tatstrafe zugezogen haben.
Weiter erkläre ich, daß Msgr. Antonio de Castro Mayer, emeritierter Bischof von Campos, indem er direkt an der Liturgiefeier als Konzelebrant teilnahm und öffentlich dem schismatischen Akt zustimmte, sich die von can. 1364 § 1 vorgesehene Exkommunikation als Tatstrafe zugezogen hat. Die Priester und Gläubigen werden ermahnt, dem Schisma von Msgr. Lefebvre nicht zuzustimmen, weil sie sich ›ipso facto‹ die schwere Strafe der Exkommunikation zuziehen würden.« (Dekret der Kongregation für die Bischöfe vom 1. 7. 1988, in: ABl. Limburg [1. 9. 1988] S. 94, n. 219.)

[48] Dem Apostolischen Stuhl sind fünf Tatstrafen vorbehalten; vgl. Erl. n. 2 zu can. 1367.

[49] Es ist eine noch nicht ausdiskutierte Frage, ob die *mitweihenden* Bischöfe ebenfalls von can. 1382 erfaßt werden. P. Ciprotti ist folgender Meinung: »I vescovi conconsacranti non sono espressamente menzionati, perché rientrano nella dizione ›Episcopus qui aliquem consecrat‹ (sempre che siano a conoscenza della mancanza del mandato pontificio), dizione che è da intendere letteralmente, senza che la si possa limitare al solo consacrante principale; ai conconsacranti quindi non possono applicarsi le norme sui complici, di cui al can. 1329 (allora sarebbero complici non

3. Im CIC/1917 war die vorliegende Materie in den cann. 2370⁵⁰ und 953⁵¹ geregelt. Wir haben hier einen der sehr seltenen Fälle, daß es im CIC/1983 – gegenüber dem CIC/1917 – eine *Strafverschärfung* gegeben hat.⁵²

4. Das Recht der katholischen Ostkirchen hat eine entsprechende Norm aufgestellt.⁵³

Can. 1383

Episcopus qui, contra praescriptum can. 1015, alienum subditum sine legitimis litteris dimissoriis ordinavit, prohibetur per annum ordinem conferre. Qui vero ordinationem recepit, est ipso facto a recepto ordine suspensus.

Einem Bischof, der gegen die Vorschrift von can. 1015 einen fremden Untergebenen ohne die rechtmäßigen Weiheentlaßschreiben geweiht hat, wird für ein Jahr verboten, eine Weihe zu spenden. Wer aber eine Weihe so empfangen hat, ist ohne weiteres von der empfangenen Weihe suspendiert.

---

necessari), dato che essi non sono complici, ma coautori, e non si può dire, come richiede il can. 1329 § 2, che ›in lege vel praecepto non nominantur‹« (CIPROTTI 126). Dem steht allerdings entgegen, daß Msgr. A. de Castro Mayer, der an der Liturgie, die Lefebvre vornahm (vgl. A. 47), teilgenommen hatte, gemäß der Erklärung des Apostolischen Stuhles nicht von can. 1382 erfaßt wurde. Vielmehr wurde auf ihn der can. 1364 § 1 angewandt.

⁵⁰ »Episcopus aliquem consecrans in Episcopum, Episcopi vel, loco Episcoporum, presbyteri assistentes, et qui consecrationem recipit sine apostolico mandato contra praescriptum can. 953, ipso iure suspensi sunt, donec Sedes Apostolica eos dispensaverit« (can. 2370 CIC/1917). Vgl. MÖRSDORF 465 f.

⁵¹ »Consecratio episcopalis reservatur Romano Pontifici ita ut nulli Episcopo liceat quemquam consecrare in Episcopum, nisi prius constet de pontificio mandato« (can. 953 CIC/1917).

⁵² Vgl. dazu CIPROTTI 121, A. 23 und 125 f.

⁵³ »Episcopi, qui alicui sine auctoritatis competentis mandato ordinationem episcopalem ministraverunt, et is, qui ab ipsis ordinationem hoc modo suscepit, excommunicatione maiore puniantur« (can. 1459 § 1 CCEO).

1. Im can. 1015[54] wird die Zuständigkeit für die Priester- und Diakonenweihe geregelt.[55]

2. Die Erteilung einer Diakonen- oder Priesterweihe durch einen Bischof an einen Nichtuntergebenen ohne rechtmäßiges Entlaßschreiben hat sowohl für den Spender als auch für den Empfänger strafrechtliche Folgen.

3. Einem Bischof, der einen fremden Untergebenen ohne die rechtmäßigen Weiheentlaßschreiben *geweiht hat,* wird für ein Jahr verboten, diese Weihestufe[56] zu spenden. Wer aber eine Weihe so *empfangen hat,* ist ohne weiteres von der empfangenden Weihe suspendiert.

4. Im CIC/1917 war die entsprechende Materie in den cann. 2373 n. 1[57] und 2374[58] geregelt. Das Recht der katholischen Ostkirchen hat eine entsprechende Norm.[59]

---

[54] Can. 1015 – § 1. Jeder Weihebewerber zum Presbyterat und zum Diakonat ist vom eigenen Bischof oder aufgrund von dessen rechtmäßigem Weiheentlaßschreiben zu weihen.
§ 2. Seine Untergebenen hat der eigene Bischof persönlich zu weihen, wenn er nicht aus gerechtem Grund daran gehindert ist; einen untergebenen Angehörigen eines orientalischen Ritus aber kann er ohne apostolisches Indult erlaubt nicht weihen.
§ 3. Wer Entlaßschreiben für den Empfang von Weihen ausstellen kann, darf diese Weihen auch persönlich erteilen, sofern er geweihter Bischof ist.

[55] Vgl. H. MÜLLER, Die Ordination, in: HdbKathKR 715–727.

[56] Gemeint ist *nur* jene Weihestufe, die er (verbotenerweise) gespendet hat. »Nach c. 18 sind Strafgesetze eng auszulegen, deshalb wird wohl anzunehmen sein, daß allein der Selbsteintritt der Suspension bezüglich der in Frage stehenden Weihestufe erfolgt« (PAARHAMMER 418).

[57] »In suspensionem per annum ab ordinum collatione Sedi Apostolicae reservatam ipso facto incurrunt: 1. Qui contra praescriptum can. 955, alienum subditum sine Ordinarii proprii litteris dimissoriis ordinaverint« (can. 2373 n. 1 CIC/1917).

[58] »Qui sine litteris vel cum falsis dimissoriis litteris, vel ante canonicam aetatem, vel per saltum ad ordines malitiose accesserit, est ipso facto a recepto ordine suspensus; qui autem sine litteris testimonialibus vel detentus aliqua censura, irregularitate aliove impedimento, gravibus poenis secundum rerum adiuncta puniatur« (can. 2374).

[59] »Episcopus, qui alicui ordinationem diaconalem vel presbyteralem contra praescripta canonum ministravit, congrua poena puniatur« (can. 1459 § 2 CCEO).

Can. 1384

Qui, praeter casus, de quibus in cann. 1378–1383, sacerdotale munus vel aliud sacrum ministerium illegitime exsequitur, iusta poena puniri potest.

Wer, außer in den in den cann. 1378–1383 genannten Fällen, eine priesterliche Aufgabe oder einen anderen geistlichen Dienst unrechtmäßig ausübt, kann mit einer gerechten Strafe belegt werden.

1. Im vorliegenden Kanon[60] geht es um die widerrechtliche Ausübung eines priesterlichen oder sonstigen geistlichen Dienstes. In den cann. 1378 bis 1383 sind Normen für einzelne Fälle aufgestellt. Was kann darüber hinaus noch vorkommen? Es ist zu denken an »Predigtdienst, widerrechtliche Gewährung eines kirchlichen Begräbnisses (vgl. c. 1184), Mißachtung liturgischer Vorschriften«.[61]

2. Wer solches tut, kann mit einer gerechten Strafe belegt werden. Es handelt sich also hier um eine freigestellte Bestrafung.

3. Im CIC/1917 war die entsprechende Problematik in can. 2322 n. 2 geregelt.[62].

4. Im Recht der katholischen Ostkirchen gibt es eine entsprechende Norm, die noch mehr ins einzelne geht.[63]

---

[60] »Despite criticism of the sweeping character of this canon and canon 1389, they are restated unchanged in the revised law« (GREEN 926).

[61] PAARHAMMER 438.

[62] »Ad ordinem sacerdotalem non promotus: ... 2. Si alia munia sacerdotalia usurpaverit, ab Ordinario pro gravitate culpae puniatur« (can. 2322 n. 2 CIC/1917). »Andere Dienste sind alle sonstigen dem Priester vorbehaltenen Funktionen; außer der Feier des heiligen Opfers und des Beichthörens, z. B. Eheassistenz, Spendung der letzten Ölung sowie der meisten Sakramentalien« (MÖRSDORF 433).

[63] Can. 1464 CCEO – § 1. Qui praeter casus iure iam praevisos potestate, officio, ministerio vel alio munere in Ecclesia per actum vel omissionem abusus est, congrua poena puniatur non exclusa eorundem privatione, nisi in hunc abusum alia poena est lege vel praecepto statuta.
§ 2. Qui vero ex culpabili neglegentia actum potestatis, officii, ministerii

Can. 1385

Qui quaestum illegitime facit ex Missae stipe, censura vel alia iusta poena puniatur.

Wer unrechtmäßig aus einem Meßstipendium Gewinn zieht, soll mit einer Beugestrafe oder einer anderen gerechten Strafe belegt werden.

1. Im vorliegenden Kanon[64] geht es um Meßstipendiengeschäfte. Es läßt sich denken an: »Annahme von Meßstipendien und deren Weitergabe mit Gewinn; Nichtpersolvierung angenommener Stipendien; rechtswidrige eigenmächtige Verminderung der Zahl; eigenmächtiges Kassieren eines höheren Meßstipendienbetrages«.[65]

2. a) Wer solches tut, muß mit einer Beugestrafe oder einer anderen gerechten Strafe belegt werden. Es handelt sich also um eine verpflichtende und bestimmte Spruchstrafe. b) Wer Meßstipendiengeschäfte betreibt, wird nicht nur bestraft, er muß auch Wiedergutmachung des angerichteten Schadens leisten.

3. Im CIC/1917 handelten die cann. 827, 828, 840 § 1 und 2324 über die entsprechende Materie.[66]

Can. 1386

Qui quidvis donat vel pollicetur ut quis, munus in Ecclesia exercens, illegitime quid agat vel omittat, iusta poena puniatur; item qui ea dona vel pollicitationes acceptat.

---

vel alterius muneris in Ecclesia illegitime cum damno alieno posuit vel omisit, congrua poena puniatur.

[64] Vgl. auch can. 947: »Von dem Meßstipendium ist selbst jeglicher Schein von Geschäft oder Handel gänzlich fernzuhalten.«

[65] PAARHAMMER 428.

[66] Vgl. dazu MÖRSDORF 434.

Wer irgend etwas schenkt oder verspricht, damit jemand, der einen Dienst in der Kirche ausübt, etwas unrechtmäßig tut oder unterläßt, soll mit einer gerechten Strafe belegt werden; ebenso, wer diese Schenkungen oder Versprechungen annimmt.

1. a) Es handelt sich hier um Bestechung und Geschenkannahme. »Die widerrechtliche Setzung oder Unterlassung einer pflichtmäßigen Handlung aufgrund einer Bestechung ist ein Sonderfall des Amtsmißbrauches.«[67] Der Amtsmißbrauch im allgemeinen wird in can. 1389 behandelt. b) Man unterscheidet eine *aktive* (jemand versucht,[68] einen anderen zu einer Handlung oder Unterlassung zu verleiten) und eine *passive* (jemand läßt sich von einem anderen verleiten) Beamtenbestechung. Die Bestechungshandlung »kann in der Hingabe von Geschenken (z. B. Geld, Naturalien) oder in dem Versprechen irgendwelcher Vorteile (z. B. Geld, Naturalien, Dienstleistungen, Begünstigung) bestehen. Sie ist Verleitung zum Amtsmißbrauch, wenn der Beamte dadurch bestimmt werden soll, eine Handlung (z. B. Preisgabe eines Amtsgeheimnisses, Fällung eines ungerechten Urteils) oder eine Unterlassung (z. B. einer pflichtmäßigen Berufung) zu begehen, die eine Amtspflichtsverletzung darstellt.«[69]

2. Aktive oder passive Beamtenbestechung muß mit einer gerechten Strafe belegt werden. Es handelt sich also um eine unbestimmte, aber verpflichtende Spruchstrafe.

3. Im CIC/1917 war nur die aktive Beamtenbestechung erfaßt.[70]

---

[67] PAARHAMMER 435.
[68] »The penalty is incurred even if the officeholder refuses to break the law« (GREEN 926).
[69] MÖRSDORF 480.
[70] »Qui Curiae officiales seu administros quosvis ecclesiasticos, iudices, advocatos vel procuratores donis aut pollicitationibus ad actionem vel omissionem officio suo contrariam inducere tentaverit, congrua poena plectatur et ad reparanda damna, si qua illata sint, compellatur« (can. 2407 CIC/1917).

4. Im Recht der katholischen Ostkirchen ist eine entsprechende Norm aufgestellt worden.[71]

Can. 1387

Sacerdos, qui in actu vel occasione vel praetextu confessionis paenitentem ad peccatum contra sextum Decalogi praeceptum sollicitat, pro delicti gravitate, suspensione, prohibitionibus, privationibus puniatur, et in casibus gravioribus dimittatur e statu clericali.

Ein Priester, der bei der Spendung des Bußsakramentes oder bei Gelegenheit oder unter dem Vorwand der Beichte einen Pönitenten zu einer Sünde gegen das sechste Gebot des Dekalogs zu verführen versucht, soll, je nach Schwere der Straftat, mit Suspension, mit Verboten, mit Entzug von Rechten und, in schwereren Fällen, mit der Entlassung aus dem Klerikerstand bestraft werden.

1. Der vorliegende Kanon behandelt den Fall der Verführung eines Pönitenten. Ein Priester,[72] der im Zusammenhang mit der Beichte einen Pönitenten zu einer Sünde gegen das sechste Gebot zu verführen versucht, muß bestraft werden. Es handelt sich um drei verschiedene Tatbestände: a) bei der Spendung des Bußsakramentes; b) bei Gelegenheit der Beichte; c) unter dem Vorwand der Beichte.[73]

2. Ein Priester, der so handelt, soll, je nach Schwere der

---

[71] »Qui quidvis donavit vel pollicitus est, ut aliquis officium, ministerium vel aliud munus in Ecclesia exercens illegitime aliquid ageret vel omitteret, congrua poena puniatur; item, qui ea dona vel pollicitationes acceptavit« (can. 1463 CCEO).

[72] Es ist nicht notwendig, daß der entsprechende Priester eine (gültige) Jurisdiktionsvollmacht besitzt. – Das Wort »sacerdos« umgreift hier auch den Bischof. Vgl. DE PAOLIS 1990, 202 f.; L. CHIAPPETTA, Il codice di diritto canonico II, Neapel: Dehoniane o. J. (1988) 516, n. 4507. Gegenteiliger Meinung ist NIGRO 813.

[73] »Nach hergebrachter Anschauung ist der Tatbestand auch gegeben, wenn die Verführung vom Pönitenten selbst ausgeht und der Beichtvater darauf eingeht; diese Auffassung scheint auch durch c. 1387 klar abgedeckt« (PAARHAMMER 429).

Straftat, mit Suspension, mit Verboten, mit Entzug von Rechten und, in schwereren Fällen, mit der Entlassung aus dem Klerikerstand[74] bestraft werden. Es handelt sich also um eine verpflichtende und bestimmte Spruchstrafe.[75] Die Suspension ist eine Beugestrafe, bei den anderen Strafen handelt es sich um Sühnestrafen[76].

3. Der CIC/1917 behandelte die vorliegende Materie in can. 2368 § 1.[77] In den neuen CIC ist die Anzeigepflicht[78] des verführten Beichtenden mit Strafdrohung[79] für den Fall der Unterlassung nicht mehr übernommen worden. Man wird auch aus dieser Anzeigepflicht keine (nur) moralische Forderung machen dürfen.[80]

4. Das Recht der katholischen Ostkirchen hat eine entsprechende Strafbestimmung.[81]

Can. 1388

§ 1. Confessarius, qui sacramentale sigillum directe violat, in excommunicationem latae sententiae Sedi Apostolicae reservatam incurrit; qui vero indirecte tantum, pro delicti gravitate puniatur.

---

[74] Vgl. Erl. n. 2 zu can. 1364 § 2.

[75] Letztlich zuständig ist die Congregatio pro Doctrina Fidei (vgl. Erl. n. 2 zu can. 1378 § 1).

[76] Vgl. DE PAOLIS 1990, 203.

[77] »Qui sollicitationis crimen de quo in can. 904, commiserit, suspendatur a celebratione Missae et ab audiendis sacramentalibus confessionibus vel etiam pro delicti gravitate inhabilis ad ipsas excipiendas declaretur, privetur omnibus beneficiis, dignitatibus, voce activa et passiva, et inhabilis ad ea omnia declaretur, et in casibus gravioribus degradationi quoque subiiciatur« (can. 2368 § 1 CIC/1917).

[78] Vgl. can. 904 CIC/1917.

[79] Vgl. can. 2368 § 2 CIC/1917.

[80] »Difficulter concipi potest quod negetur absolutio ex eo quod christifidelis poenitens non vult confessarium sollicitantem denuntiare« (DE PAOLIS 1990, 209).

[81] »Sacerdos, qui in actu vel occasione vel praetextu confessionis paenitentem ad peccatum contra castitatem sollicitavit, congrua poena puniatur non exclusa depositione« (can. 1458 CCEO).

Ein Beichtvater, der das Beichtgeheimnis direkt verletzt, zieht sich die dem Apostolischen Stuhl vorbehaltene Exkommunikation als Tatstrafe zu; verletzt er es aber nur indirekt, so soll er je nach Schwere der Straftat bestraft werden.

1. In can. 1388 § 1 geht es um das Beichtgeheimnis[82] und den Beichtsiegelbruch.[83] Man unterscheidet einen *direkten* und *indirekten* Beichtsiegelbruch. Der direkte[84] Beichtsiegelbruch besteht in einer Äußerung, die ein dem Beichtsiegel

---

[82] In can. 1388 § 1 geht es um das Beichtgeheimnis (sacramentale sigillum), in can. 1388 § 2 um das Geheimnis (secretum). »Sigillum« und »secretum« sind *materialiter identisch* (sie haben denselben Gegenstand, nämlich das in der Beichte Gesagte), aber *formaliter verschieden* (der Beichtvater hört das in der Beichte Gesagte als »minister Ecclesiae«, die anderen hören es als Privatpersonen). »Hoc modo distinctio clarissima fit inter secretum confessarii et secretum aliorum: secretum confessarii est ›sigillum‹, quia novit peccata in foro Dei qua confessarius, id est minister Ecclesiae in foro Dei; secretum aliorum est secretum, quod obligationem parit vi ipsius legis naturalis a lege ecclesiastica firmatae. Materia autem secreti et sigilli eadem est: mutat tantum subiectum; sacerdos in foro Dei; alii in foro humano« (DE PAOLIS 1990, 192).

[83] »Das Beichtgeheimnis ist unverletzlich; dem Beichtvater ist es daher streng verboten, den Pönitenten durch Worte oder auf irgendeine andere Weise und aus irgendeinem Grund irgendwie zu verraten« (can. 983 § 1). Es ist unter den Kanonisten noch keine Einigkeit erzielt worden, ob das Beichtgeheimnis auf dem göttlichen Recht beruht (so z. B. DE PAOLIS 1990, 191) oder naturrechtlich begründet werden kann (so z. B. R. WEIGAND, Das Bußsakrament, in: HdbKathKR 692–707, hier 703, A. 50).

[84] Obwohl die Distinktion zwischen direktem und indirektem Beichtsiegelbruch seit langem in der Moral und im Kirchenrecht vorgenommen wird, fehlt es noch immer an einer *klaren* Unterscheidung. Tot opiniones quot auctores! Hier sei die Meinung von V. DE PAOLIS referiert. »Violatio sigilli directa habetur quando et peccatum in confessione accusatum et persona poenitentis perfecte manifestatur. Manifestatio tamen fieri potest expresse, sive explicite sive implicite, sive ex adiunctis« (DE PAOLIS 1990, 187). Bei dem Schluß aus den Umständen (adiuncta) gibt es naturgemäß *verschiedene Sicherheitsgrade*. Ist die Sicherheit absolut, oder relativ hoch, so redet DE PAOLIS von direktem Beichtsiegelbruch. Ist die Sicherheit nur gering oder handelt es sich nur um eine Wahrscheinlichkeit oder gar nur um eine Vermutung, so spricht DE PAOLIS von indirektem Beichtsiegelbruch. »Violatio... indirecta habetur cum peccatum narratur sine aperta designatione personae, vel persona designatur sine peccati indicatione, sed

unterliegendes Wissen so an andere kundgibt, daß dabei das Beichtkind *klar erkannt* wird. Der indirekte Beichtsiegelbruch besteht darin, daß der Beichtinhalt bekanntgemacht wird, und zwar unter Umständen, die Rückschlüsse auf die Person des Pönitenten zulassen, wenn auch der Pönitent *nicht klar erkannt* werden kann.

2. Ein Beichtvater, der das Beichtgeheimnis direkt verletzt, zieht sich die dem Apostolischen Stuhl vorbehaltene[85] Exkommunikation als Tatstrafe zu. Ein indirekter Beichtsiegelbruch soll je nach Schwere der Straftat bestraft werden. Der Gebrauch des in der Beichte erworbenen Wissens ist zwar dem Beichtvater gemäß can. 984[86] verboten, aber nicht unter Strafe gestellt.[87]

3. Im CIC/1917 war der Beichtsiegelbruch mit einer ähnlichen Strafe bedroht.[88] Auch das Recht der katholischen Ostkirchen hat eine entsprechende Strafe.[89]

---

cum periculo aut manifestandi personam, aut ingerendi suspicionem de persona eiusque peccato« (ebd.).

[85] Dem Apostolischen Stuhl sind fünf Tatstrafen vorbehalten. Vgl. Erl. n. 2 zu can. 1367.

[86] Can. 984 – § 1. Ein Gebrauch des aus der Beichte gewonnenen Wissens, der für den Pönitenten belastend wäre, ist dem Beichtvater streng verboten, auch wenn jede Gefahr, daß etwas bekannt werden könnte, ausgeschlossen ist.

§ 2. Wer eine leitende Stellung einnimmt, darf die Kenntnis von Sünden, die er zu irgendeiner Zeit aus der Entgegennahme einer Beichte erlangte, auf keine Weise bei der äußeren Leitung gebrauchen.

[87] »De facto est fere impossibile punire violatores huiusmodi legis, quia non potest percipi et determinari haec violatio« (DE PAOLIS 1990, 197).

[88] »Confessarium, qui sigillum sacramentale directe violare praesumpserit, manet excommunicatio specialissimo modo Sedi Apostolicae reservata; qui vero indirecte tantum, obnoxius est poenis, de quibus in can. 2368, § 1« (can. 2369 § 1 CIC/1917).

[89] »Confessarius, qui sacramentale sigillum directe violavit, excommunicatione maiore puniatur firmo can. 728, § 1, n. 1; si vero alio modo hoc sigillum fregit, congrua poena puniatur« (can. 1456 § 1 CCEO).

§ 2. Interpres aliique, de quibus in can. 983, § 2, qui secretum violant, iusta poena puniantur, non exclusa excommunicatione.

Dolmetscher und andere in can. 983, § 2 genannte Personen, die das Geheimnis verletzen, sollen mit einer gerechten Strafe belegt werden, die Exkommunikation nicht ausgenommen.

1. Dolmetscher und andere, die zufällig von dem Inhalt der Beichte Kenntnis haben, sind zur Wahrung des Geheimnisses (secretum)[90] verpflichtet.[91] Veröffentlichungen von Tonbandaufzeichnungen echter oder vorgetäuschter Beichten und andere Vorkommnisse haben Anlaß gegeben zu einer entsprechenden Erklärung der Glaubenskongregation.[92]

2. Wer solches tut, soll mit einer gerechten Strafe belegt werden, die Exkommunikation nicht ausgenommen.[93] Der CIC/1917 sah entsprechende Bestimmungen vor.[94]. Auch das Recht der katholischen Ostkirchen kennt eine solche Norm.[95]

---

[90] Zum Unterschied zwischen »sigillum« und »secretum« vgl. Erl. n. 1 zu can. 1388 § 1.

[91] »Zur Wahrung des Geheimnisses sind auch, falls beteiligt, der Dolmetscher und alle anderen verpflichtet, die auf irgendeine Weise aus der Beichte zur Kenntnis von Sünden gelangt sind« (can. 983 § 2).

[92] SC pro doctrina fidei, Decretum quo, ad Poenitentiae sacramentum tuendum, excommunicatio latae sententiae illi quicumque ea quae a confessario et a poenitente dicuntur vel per instrumenta technica captat vel per communicationis socialis instrumenta evulgat, infertur, in: AAS 80 (1988) 1367. Eine entsprechende Erklärung gab es bereits im Jahr 1973. Sie ist abgedruckt in: AAS 65 (1973) 678.

[93] Die in dem eben zitierten Dekret der Glaubenskongregation Genannten ziehen sich die Exkommunikation als Tatstrafe zu.

[94] »Quicunque praescriptum can. 889, § 2 temere violaverit, pro reatus gravitate plectatur salutari poena, quae potest esse etiam excommunicatio« (can. 2369 § 2 CIC/1917).
»Obligatione servandi sacramentale sigillum tenentur quoque interpres aliique omnes ad quos notitia confessionis quoquo modo pervenerit« (can. 889 § 2 CIC/1917).

[95] »Qui notitias ex confessione habere quoquo modo conatus est vel

Can. 1389

§ 1. Ecclesiastica potestate vel munere abutens pro actus vel omissionis gravitate puniatur, non exclusa officii privatione, nisi in eum abusum iam poena sit lege vel praecepto constituta.

Wer kirchliche Gewalt oder einen kirchlichen Dienst mißbraucht, soll je nach Schwere der Tat oder Unterlassung bestraft werden, den Amtsentzug nicht ausgenommen, es sei denn, daß gegen diesen Mißbrauch schon eine Strafe durch Gesetz oder Verwaltungsbefehl festgesetzt worden ist.

1. In can. 1386 ging es um Bestechung und Geschenkannahme. Beides kann zu Amtsmißbrauch führen. Im vorliegenden can. 1389 § 1 handelt es sich um (schlichten) Amtsmißbrauch, ohne daß dieser besonders qualifiziert wäre. »Der Kanon kommt zum Tragen in allen Fällen, wo eine spezielle Amtspflichtverletzung nicht schon durch ein eigenes Gesetz oder ein Strafgebot erfaßt ist.«[96]

2. Wer solches tut, soll je nach Schwere der Tat oder Unterlassung bestraft werden, den Amtsentzug nicht ausgenommen. Es handelt sich also hier um eine verpflichtende, aber unbestimmte Spruchstrafe.

3. Auch das Recht der katholischen Ostkirchen kennt eine solche Strafe.[97]

§ 2. Qui vero, ex culpabili neglegentia, ecclesiasticae potestatis vel ministerii vel muneris actum illegitime cum damno alieno ponit vel omittit, iusta poena puniatur.

---

illas iam habitas aliis transmisit, excommunicatione minore aut suspensione puniatur« (can. 1456 § 2 CCEO).

[96] PAARHAMMER 435.

[97] »Qui praeter casus iure iam praevisos potestate, officio, ministerio vel alio munere in Ecclesia per actum vel omissionem abusus est, congrua poena puniatur non exclusa eorundem privatione, nisi in hunc abusum alia poena est lege vel praecepto statuta« (can. 1464 § 1 CCEO).

Wer aber aus schuldhafter Nachlässigkeit eine Handlung kirchlicher Gewalt, eines kirchlichen Dienstes oder einer kirchlichen Aufgabe unrechtmäßig zu fremdem Schaden setzt oder unterläßt, soll mit einer gerechten Strafe belegt werden.

1. Im vorliegenden Paragraphen[98] wird eine *fahrlässige* Amtspflichtverletzung[99] mit Strafen bedroht.[100] »Es liegt hier im Bereich des speziellen Strafrechts die einzige Stelle vor, wo eine Strafe auch für Fahrlässigkeit angedroht ist.«[101]

2. Wer so handelt, muß mit einer gerechten Strafe belegt werden. Es handelt sich hier um eine verpflichtende aber unbestimmte Spruchstrafe.

3. Im Recht der katholischen Ostkirchen ist eine entsprechende Norm vorgesehen.[102]

Exkurs: Amtspflichtverletzung seitens kirchlicher Richter und Gerichtspersonen

Nicht unter den Normen des speziellen Strafrechts der Kirche benannt sind Tatbestände der Amtspflichtverletzung kirchlicher Richter und Gerichtsbediensteter. Jedoch finden sich im Prozeßrecht des CIC Bestimmungen, welche unter diese Kategorie von Straftatbeständen eingeordnet werden

---

[98] Im Prozeßrecht finden sich außerdem Bestimmungen, mit denen Strafen angedroht werden für den Fall, daß Gerichtspersonal Geschenke und Vergünstigungen annimmt. Vgl. die cann. 1456, 1488 und 1489.

[99] Beispiel: Ein Priester assistiert bei einer Trauung, ohne sich um die notwendige Delegation bemüht zu haben. Die Eheschließung ist folglich ungültig. Dies ist ein Schaden für das Brautpaar.

[100] Die Pflicht zum Schadenersatz bleibt dabei unberührt (vgl. can. 1347 § 2).

[101] PAARHAMMER 436.

[102] »Qui vero ex culpabili neglegentia actum potestatis, officii, ministerii vel alterius muneris in Ecclesia illegitime cum damno alieno posuit vel omisit, congrua poena puniatur« (can. 1464 § 2 CCEO).

können. Insofern werden die im speziellen Strafrecht aufgeführten Tatbestände durch diese prozeßrechtlichen Sonderstrafbestimmungen ergänzt.[103] Es werden im Prozeßrecht (zusätzlich zum Strafrecht) noch drei Straftatbestände aufgezählt:

1. Im ersten Straftatbestand handelt es sich um die Verweigerung des richterlichen Dienstes. Es geht um die Fälle, in denen Richter schuldhaft *nicht* tätig werden. Die entsprechende Norm wird durch can. 1457 aufgestellt: »§ 1. Mit entsprechenden Strafen, einschließlich der Absetzung vom Amt, können von der zuständigen Autorität Richter bestraft werden, die, obwohl sie sicher und offenkundig zuständig sind, den richterlichen Dienst verweigern oder sich ohne gesetzliche Grundlage für zuständig erklären und Sachen behandeln und entscheiden oder das Amtsgeheimnis verletzen oder vorsätzlich oder grob nachlässig den Streitparteien sonstigen Schaden zufügen. § 2. Denselben Strafandrohungen unterliegen Gerichtspersonen und Gehilfen des Richters, wenn sie ihre Amtspflicht in der genannten Weise verletzen; sie alle kann auch der Richter bestrafen.«[104]

2. Der zweite Straftatbestand wird im can. 1488 beschrieben. Es geht dort um Prozeßvertreter und Anwälte, die ihre Amtspflichten verletzen. »§ 1. Beiden ist es verboten, die Streitsache der Partei abzukaufen oder sich vertraglich einen übermäßigen Vorteil oder einen Anteil am Streitobjekt sichern zu lassen. Wenn sie dies tun, ist die Vereinbarung nichtig, und sie können vom Richter mit einer Geldstrafe belegt werden. Darüber hinaus kann ein Anwalt seines Dienstes enthoben werden und, wenn er rückfällig ist, von dem Bischof, der Gerichtsherr ist, aus der Anwaltsliste gestrichen werden. § 2. Auf gleiche Weise können Anwälte und Prozeßbevollmächtigte mit Strafen belegt werden, die in

---

[103] Vgl. PAARHAMMER 441.
[104] Vgl. dazu LÜDICKE 1457.

betrügerischer Absicht Sachen den zuständigen Gerichten entziehen, damit sie von anderen Gerichten günstiger entschieden werden.«[105]

3. Der dritte Straftatbestand schließlich wird durch can. 1489 beschrieben: »Anwälte und Prozeßbevollmächtigte, die durch Annahme von Geschenken, durch Versprechungen oder auf irgendeine andere Weise ihren Dienst mißbraucht haben, sind von der Ausübung ihres Beistandsauftrages zu suspendieren und mit Geldstrafen oder anderen angemessenen Strafen zu belegen.«[106]

---

[105] Vgl. dazu LÜDICKE 1488.
[106] Vgl. dazu LÜDICKE 1489.

Titel IV

FÄLSCHUNGSDELIKT

Can. 1390

§ 1. Qui confessarium de delicto, de quo in can. 1387, apud ecclesiasticum Superiorem falso denuntiat, in interdictum latae sententiae incurrit et, si sit clericus, etiam in suspensionem.

Wer einen Beichtvater wegen der in can. 1387 genannten Straftat fälschlich bei einem kirchlichen Oberen anzeigt, zieht sich die Tatstrafe des Interdiktes zu und, wenn es sich um einen Kleriker handelt, auch die Suspension.

1. Das Delikt der *Falschanzeige* (falsa delatio) besteht darin, daß jemand einen Beichtvater[1] bei einem kirchlichen Oberen anklagt, er habe gelegentlich der Beichte eine Verführung des Pönitenten zu einer unsittlichen Handlung versucht. »Die Strafdrohung gilt nicht nur für einen verleumderischen Pönitenten, sondern auch für Dritte, die von jemandem angestiftet wurden, eine solche Falschanzeige zu erstatten.«[2] Sinn und Zweck dieser Norm ist der Schutz des an die Schweigepflicht gebundenen Beichtvaters gegen Verleumdungen.

2. Wer so handelt, zieht sich die Tatstrafe[3] des Interdiktes

---

[1] »Hoc delictum habetur tantum si denuntiatur ›confessarius‹, non ergo sacerdos, qui caret facultate audiendi confessiones« (DE PAOLIS 1990, 209).

[2] PAARHAMMER 419.

[3] Für dieses Delikt hat die Congregatio pro Doctrina Fidei die Letztzuständigkeit (vgl. Erl. n. 2 zu can. 1378 § 1).

zu und, wenn es sich um einen Kleriker handelt, auch die Suspension.[4] Der Pönitent darf erst absolviert werden, wenn er vorher in aller Form die falsche Anzeige zurückgezogen hat und bereit ist, angerichteten Schaden wiedergutzumachen (vgl. can. 982)[5].

3. Im CIC/1917 war der vorliegende Straftatbestand in den cann. 894[6] und 2363[7] geregelt. Im Recht der katholischen Ostkirchen ist der Tatbestand in den cann. 731[8] und 1454[9] behandelt.

---

[4] »Der ganze Fragenkomplex um die Falschanzeige ist nicht problemlos: Man sollte beachten, daß der Sachverhalt der ›sollicitatio‹ selbst schon in c. 1387 mit einer angemessenen Spruchstrafe bedroht ist. Der Gesetzgeber war sich offensichtlich klar, daß ein so gravierender Tatbestand doch erst überprüft werden muß, bevor strafrechtliche Konsequenzen gezogen werden. Es stellt sich daher die Frage, warum gerade eine Falschanzeige wegen ›sollicitatio‹ mit einer Tatstrafe bedroht ist. Würde nicht gerade eine solche Anzeige äußerste Vorsicht geboten erscheinen lassen und auf jeden Fall eine Prüfung erforderlich machen?« (PAARHAMMER 419).

[5] »Haec retractatio esse debet formaliter facta: id est probari debet foro externo ita ut efficax sit medium ad restaurandam bonam famam« (DE PAOLIS 1990, 210).

[6] »Unicum peccatum ratione sui reservatum Sanctae Sedi est falsa delatio, qua sacerdos innocens accusatur de crimine sollicitationis apud iudices ecclesiasticos« (can. 894 CIC/1917). Im CIC/1983 ist diese Sünde nicht mehr »ratione sui« reserviert. »Ratio habetur in eo quod non amplius viget in codice institutum reservationis peccatorum ›ratione sui‹« (DE PAOLIS 1990, 210).

[7] »Si quis per seipsum vel per alios confessarium de sollicitationis crimine apud Superiores falso denuntiaverit, ipso facto incurrit in excommunicationem speciali modo Sedi Apostolicae reservatam, a qua nequit ullo in casu absolvi, nisi falsam denuntiationem formaliter retractaverit, et damna, si qua inde secuta sint, pro viribus reparaverit, imposita insuper gravi ac diuturna poenitentia, firmo praescripto can. 894« (can. 2363 CIC/1917). Vgl. dazu JONE 613–615.

[8] »Qui confitetur se falso confessarium innocentem apud auctoritatem ecclesiasticam denuntiavisse de delicto sollicitationis ad peccatum contra castitatem, ne absolvatur, nisi antea falsam denuntiationem formaliter retractavit et paratus est damna, si quae habentur, reparare« (can. 731 CCEO).

[9] »Qui falso de quovis delicto aliquem denuntiavit, congrua poena puniatur, non exclusa excommunicatione maiore, praesertim si denuntiatur

§ 2. Qui aliam ecclesiastico Superiori calumniosam praebet delicti denuntiationem, vel aliter alterius bonam famam laedit, iusta poena, non exclusa censura, puniri potest.

Wer einem kirchlichen Oberen eine andere verleumderische Anzeige eines Delikts macht oder sonst den guten Ruf eines anderen verletzt, kann mit einer gerechten Strafe belegt werden, eine Beugestrafe nicht ausgenommen.

1. Es handelt sich hier um eine verleumderische Anzeige bei einem kirchlichen Oberen. »Die Ehre und der gute Ruf eines Menschen oder einer Personengemeinschaft (Familie, Kollegium) werden geschützt durch die Strafbestimmung gegen eine Mißachtung in Wort, Schrift, Bild, Gebärde.«[10]

2. Wer solches tut, kann mit einer gerechten Strafe belegt werden. Es handelt sich also um eine freigestellte Bestrafung.

3. Der CIC/1917 kannte eine entsprechende Strafe.[11] Für das Recht der katholischen Ostkirchen gilt can. 1452.[12]

§ 3. Calumniator potest cogi etiam ad congruam satisfactionem praestandam.

Der Verleumder kann auch gezwungen werden, eine angemessene Wiedergutmachung zu leisten.

---

confessarius, Hierarcha, clericus, religiosus, sodalis societatis vitae communis ad instar religiosorum aut laicus in munere ecclesiastico constitutus firmo can. 731« (can. 1454 CCEO).

[10] PAARHAMMER 438.

[11] »Si quis non re, sed verbis vel scriptis vel alia quavis ratione iniuriam cuiquam irrogaverit vel eius bonam famam laeserit, non solum potest ad normam can. 1618, 1938 cogi ad debitam satisfactionem praestandam damnaque reparanda, sed praeterea congruis poenis ac poenitentiis puniri, non exclusa, si de clericis agatur et causa ferat, suspensione aut remotione ab officio et beneficio« (can. 2355 CIC/1917). Vgl. dazu MÖRSDORF 455 f.

[12] »Qui gravem iniuriam cuiquam intulit vel eius bonam famam per calumniam graviter laesit, ad congruam satisfactionem praestandam cogatur; si vero recusavit, excommunicatione minore vel suspensione puniatur« (can. 1452 CCEO).

1. Der Verleumder kann zu einer angemessenen Wiedergutmachung gezwungen werden. Kann diese erst in der Zukunft geschehen, so wird man sich mit einem ernstlichen Versprechen der Wiedergutmachung begnügen.

Can. 1391

Iusta poena pro delicti gravitate puniri potest:
1. qui ecclesiasticum documentum publicum falsum conficit, vel verum mutat, destruit, occultat, vel falso vel mutato utitur;
2. qui alio falso vel mutato documento utitur in re ecclesiastica;
3. qui in publico ecclesiastico documento falsum asserit.

Je nach Schwere des Vergehens kann mit einer gerechten Strafe belegt werden:
1. *wer ein falsches öffentliches kirchliches Dokument herstellt oder ein echtes verändert, zerstört, unterdrückt oder ein falsches oder verändertes Dokument benutzt;*
2. *wer ein sonstiges gefälschtes oder verändertes Dokument in einer kirchlichen Angelegenheit verwendet;*
3. *wer in einem öffentlich kirchlichen Dokument falsche Angaben macht.*

1. Im vorliegenden Kanon geht es um *Urkundenmißbrauch*. Sinn und Zweck dieses Kanons ist die Sicherung der Dokumentenechtheit und des Dokumentenbeweises. Es werden drei Fälle von Dokumentenmißbrauch aufgezählt: a) Urkundenfälschung (= Herstellung falscher oder Verfälschung echter kirchlicher öffentlicher[13] Urkunden[14]), Ver-

---

[13] »The... law refers to public documents in number one and three, e. g., testimony in a marriage case, and it deals with private documents in number two, e. g., premarital letter of spouse indicating marital intent« (GREEN 928).

[14] Can. 1540 – § 1. Öffentliche kirchliche Urkunden sind jene, die eine Amtsperson in Ausübung ihres Amtes in der Kirche und unter Beachtung der rechtlich vorgeschriebenen Förmlichkeiten ausgestellt hat.
§ 2. Öffentliche weltliche Urkunden sind jene, die nach den Gesetzen des

wendung derartiger Falsifikate, Urkundenunterdrückung (= Vernichtung oder Verheimlichung kirchlicher öffentlicher Urkunden); b) Gebrauch falscher oder verfälschter nichtkirchlicher Urkunden in einer kirchlichen Sache; c) mittelbare Falschbeurkundung (= inhaltlich unrichtige Erklärung zu einer kirchlich öffentlichen Urkunde).

2. Wer solches tut, kann mit einer gerechten Strafe belegt werden. Es handelt sich also um eine freigestellte Bestrafung.

3. Im CIC/1917 waren die verschiedenen Bestimmungen, die den Urkundenmißbrauch betreffen, verstreut aufgeführt.[15] Das Recht der katholischen Ostkirchen enthält eine entsprechende Norm.[16]

---

jeweiligen Ortes als solche rechtlich anerkannt werden.
§ 3. Sonstige Urkunden sind private Urkunden.

[15] Vgl. die cann. 2360, 2362, 2405, 2406.

[16] »Qui documentum ecclesiasticum falsum conficit aut in eo falsum asseruit aut qui quolibet falso vel mutato documento scienter usus est in re ecclesiastica aut verum documentum mutavit, destruxit vel occultavit, congrua poena puniatur« (can. 1455 CCEO).

TITEL V

STRAFTATEN GEGEN BESONDERE VERPFLICHTUNGEN

1. Die hier aufgeführten Straftaten[1] waren im CIC/1917 im Titel 17 (De delictis contra obligationes proprias status clericalis vel religiosi) zusammengefaßt. Mit Ausnahme von can. 1393 sind auch diesmal nur Strafen gegen Kleriker oder Religiosen aufgeführt.

2. Can. 1392 handelt von verbotenem Handel und Gewerbe. In can. 1393 geht es um die Verletzung auferlegter Verpflichtungen. Can. 1394 handelt von der versuchten Eheschließung von Klerikern und Religiosen. In can. 1395 geht es um andere Sünden gegen das sechste Gebot; in can. 1396 schließlich um die Verletzung der Residenzpflicht.

Can. 1392

Clerici vel religiosi mercaturam vel negotiationem contra canonum praescripta exercentes pro delicti gravitate puniantur.

Kleriker oder Religiosen, die entgegen den kanonischen Vorschriften Handel oder Gewerbe betreiben, sollen je nach Schwere des Vergehens bestraft werden.

1. Wenn Kleriker oder Religiosen[2] Handelsgeschäfte oder sonstige kommerzielle Unternehmungen entgegen den

---

[1] Vgl. SCHWENDENWEIN 468 f.

[2] Mitglieder von Säkularinstituten und Mitglieder von Gesellschaften des apostolischen Lebens sind (wenn es sich nicht um Kleriker handelt) von der *strafrechtlichen* Norm des can. 1392 nicht betroffen. Sie sind auch nicht an die *Verbotsnorm* von can. 672 gebunden. Es wäre aber denkbar und

Rechtsvorschriften betreiben, begehen sie eine Straftat. Unter der Strafe von can. 1392 stehen die Handelsgeschäfte[3] also nur dann, wenn sie durch Rechtsvorschriften verboten sind.[4] Für Kleriker[5] gilt die Verbotsnorm von can. 286.[6]; für Religiosen[7] die Verbotsnorm von can. 672.

2\. Die hier vorgesehene Strafe ist eine unbestimmte, aber verpflichtende Spruchstrafe.

3\. Der CIC/1917 hatte in can. 2380 eine entsprechende Strafe vorgesehen.[8]

---

sinnvoll, wenn das Eigenrecht der beiden Gruppen eine entsprechende Norm aufstellen würde.

[3] »Handelsgeschäft ist der in Gewinnabsicht betätigte An- und Verkauf von Waren oder Wertpapieren (z. B. Tätigkeit des Kaufmannes, Bankiers, Geldwechslers, Börsenmaklers). Unter das Verbot fällt auch der Ankauf von Waren zur Bearbeitung oder Verarbeitung durch angestellte Kräfte und gewinnbringenden Verkauf (Tätigkeit des Fabrikanten), aber nicht der Verkauf eigener Wirtschaftserzeugnisse. Das Verbot trifft nur die gewerbsmäßige Ausübung, die im allgemeinen einen wiederholten Geschäftsvorgang erfordert, aber auch bei einem einzigen Geschäft gegeben sein kann, wenn dieses seiner Art und seinem Umfange nach gewerbsmäßigen Charakter hat. Der Besitz von Aktien bedeutet Teilnahme an dem Geschäft der AG und ist Geistlichen grundsätzlich verboten, auch wenn sie sich nicht in den Geschäftsbetrieb einmischen. Ein Aktienerwerb, der nur als eine Art der Kapitalanlage gedacht ist, dürfte indessen nicht von dem Verbot erfaßt werden; Erwerb und Abstoßen von Aktien dürfen sich aber nicht zu handelsgeschäftlicher Tätigkeit ausweiten. Spekulations- und Differenzgeschäfte sind streng verboten« (K. MÖRSDORF, Lehrbuch des Kirchenrechts I, Paderborn ¹¹1964, 269).

[4] Eine Erlaubnis der rechtmäßigen kirchlichen Autorität kann diese Verbotsnorm allerdings aufheben – wie can. 286 eigens betont.

[5] Ständige Diakone fallen nicht unter die Verbotsnorm des can. 286, falls das Partikularrecht nicht anders bestimmt (vgl. can. 288).

[6] »Gewerbe oder Handel dürfen Kleriker nicht ausüben, gleichgültig, ob in eigener Person oder durch andere, zu ihrem eigenen oder zu anderer Nutzen, außer mit Erlaubnis der rechtmäßigen kirchlichen Autorität« (can. 286).

[7] Diese Verbotsnorm gilt in gleicher Weise auch für die *weiblichen* Mitglieder von Religioseninstituten (vgl. can. 606).

[8] »Clerici vel religiosi mercaturam vel negotiationem per se aut per alios

Diese Strafdrohung wurde durch Dekret vom 22. März 1950 wesentlich verschärft.[9]

4. Das Recht der katholischen Ostkirchen hat eine entsprechende Norm, die in ihrem Umfang über die Religiosen hinausgreift.[10]

Can. 1393

Qui obligationes sibi ex poena impositas violat, iusta poena puniri potest.

Wer die ihm aus einer Bestrafung auferlegten Verpflichtungen verletzt, kann mit einer gerechten Strafe belegt werden.

1. Es handelt sich im vorliegenden Kanon um die Mißachtung kirchlicher Strafen.[11] Es geht also um den Fall, daß ein Bestrafter Verpflichtungen, die ihm aufgrund einer Strafe auferlegt wurden, nicht beachtet bzw. nicht erfüllt.[12]

2. Wer solches tut, kann mit einer gerechten Strafe belegt werden.

3. Der CIC/1917 hatte die Mißachtung kirchlicher Stra-

---

exercentes contra praescriptum can. 142, congruis poenis pro gravitate culpae ab Ordinario coerceantur« (can. 2380 CIC/1917).

[9] SC Concilii, Dekret vom 22. 3. 1950, in: AAS 42 (1950) 330 f.

[10] »Clericus, religiosus vel sodalis societatis vitae communis ad instar religiosorum negotiationem aut mercaturam contra canonum praescripta exercens congrua poena puniatur« (can. 1466 CCEO).

[11] Die Strafe kann z. B. darin bestehen, daß jemandem verboten wird (vgl. can. 1333), ein bestimmtes Amt auszuüben.

[12] Es muß freilich bezweifelt werden, ob auf diese Weise das Ziel des vorliegenden Kanons erreicht wird. Die Nichtbeachtung kirchlicher Strafen läßt sich vermutlich nicht durch eine Androhung von neuen Strafen erzwingen. Der Ineffizienz des kirchlichen Strafrechts kann man auf diese Weise nicht beikommen. Gegen gesellschaftliche Entwicklungen, Trends und weit verbreitete Grundrichtungen helfen Strafrechtspositionen meist sehr wenig.

fen in den cann. 2338 bis 2340 detailliert geregelt.[13] Im Recht der katholischen Ostkirchen ist eine entsprechende Strafe festgesetzt.[14]

Can. 1394

§ 1. Firmo praescripto can. 194, § 1, n. 3, clericus matrimonium, etiam civiliter tantum, attentans, in suspensionem latae sententiae incurrit; quod si monitus non resipuerit et scandalum dare perrexerit, gradatim privationibus ac vel etiam dimissione e statu clericali puniri potest.

Unbeschadet der Vorschrift des can. 194, § 1, n. 3 zieht sich ein Kleriker, der eine Eheschließung, wenn auch nur in ziviler Form, versucht, die Tatstrafe der Suspension zu; wenn er aber trotz Verwarnung nicht zur Einsicht gekommen ist und fortfährt, Ärgernis zu geben, kann er schrittweise mit Entzug von Rechten und auch mit der Entlassung aus dem Klerikerstand bestraft werden.

1. Es handelt sich im vorliegenden Paragraphen um einen unzulässigen[15] Eheschließungsversuch[16] eines Klerikers, sei er Welt[17]- oder Ordensgeistlicher[18].

---

[13] Es wurden folgende Straftatbestände behandelt: Lossprechung ohne Vollmacht (can. 2338 § 1), Begünstigung des vitandus (can. 2338 § 2), unrechtmäßige Feier des Meßopfers (can. 2338 § 3), Verursachung einer Gottesdienstsperre (can. 2338 § 4), widerrechtliches Begräbnis (can. 2339), Verharren in Beugestrafen (can. 2340).

[14] »Qui obligationes sibi ex poena impositas violat, graviore poena puniri potest« (can. 1467 CCEO).

[15] Vgl. die cann. 1087 (»Ungültig schließen die Ehe, die eine heilige Weihe empfangen haben«) und 1088 (»Ungültig schließen die Ehe, die durch das öffentliche und ewige Gelübde der Ehelosigkeit in einem Religioseninstitut gebunden sind«).

[16] Da die *Zivilehe* formpflichtiger Personen (vgl. can. 1117) ungültig ist, wird auch sie als Eheschließungs*versuch* gewertet.

[17] Der Weltkleriker ist kraft can. 277 an den Zölibat gebunden.

[18] Der evangelische Rat der Ehelosigkeit ist in can. 599 normiert. – Da hier von Klerikern schlechthin (also von allen Klerikern) die Rede ist, werden auch solche in Säkularinstituten und Gesellschaften des apostolischen Lebens betroffen.

2. Es sind im vorliegenden Falle drei Strafen vorgesehen: a) Der entsprechende Kleriker verliert gemäß can. 194 § 1 n. 3[19] sein Kirchenamt.[20] b) Der entsprechende Kleriker zieht sich die Tatstrafe der Suspension[21] zu. c) Gegebenenfalls kann der entsprechende Kleriker schrittweise mit Entzug von Rechten und auch mit der Entlassung aus dem Klerikerstand[22] bestraft werden.

3. Im Recht von 1917 war eine entsprechende Strafe[23] festgesetzt.[24] Im Recht der katholischen Ostkirchen ist eine ähnliche Strafe vorgesehen.[25]

§ 2. Religiosus a votis perpetuis, qui non sit clericus, matrimonium etiam civiliter tantum attentans, in interdictum latae sententiae incurrit, firmo praescripto can. 694.

Ein Religiose mit ewigen Gelübden, der nicht Kleriker ist, zieht sich die Tatstrafe des Interdikts zu, wenn er versucht, eine Ehe,

---

[19] Vgl. AYMANS-MÖRSDORF 499.

[20] »Kirchenamt ist jedweder Dienst, der durch göttliche oder kirchliche Anordnung auf Dauer eingerichtet ist und der Wahrnehmung eines geistlichen Zweckes dient« (can. 145 § 1). Vgl. AYMANS-MÖRSDORF 445–449.

[21] Gemäß can. 1333 § 1 verbietet die Suspension: a) alle oder einige Akte der Weihegewalt; b) alle oder einige Akte der Leitungsgewalt; c) die Ausübung aller oder einiger der mit einem Amt verbundenen Rechte oder Aufgaben. – Der Suspendierte verliert also nicht eo ipso sein Kirchenamt, er kann es nur nicht mehr oder nicht mehr voll ausüben.

[22] Vgl. Erl. n. 2 zu can. 1364 § 2.

[23] Can. 2388. § 1. Clerici in sacris consituti vel regulares aut moniales post votum sollemne castitatis, itemque omnes cum aliqua ex praedictis personis matrimonium etiam civiliter tantum contrahere praesumentes, incurrunt in excommunicationem latae sententiae Sedi Apostolicae simpliciter reservatam; clerici praeterea, si moniti, tempore ab Ordinario pro adiunctorum diversitate praefinito, non resipuerint, degradentur, firmo praescripto can. 188, n. 5.
§ 2. Quod si sint professi votorum simplicium perpetuorum tam in Ordinibus quam in Congregationibus religiosis, omnes ut supra, excommunicatio tenet latae sententiae Ordinario reservata.

[24] Vgl. MÖRSDORF 471 f.

[25] »Clericus, qui prohibitum matrimonium attentavit, deponatur« (can. 1453 § 2 CCEO).

auch nur in ziviler Form, zu schließen, unbeschadet der Vorschrift des can. 694.

1\. Der vorliegende Paragraph behandelt den unzulässigen Eheschließungsversuch eines Religiosen mit ewigen[26] Gelübden, der nicht[27] Kleriker ist.

2\. Es sind im vorliegenden Fall zwei Strafen vorgesehen: a) Gemäß can. 694 § 1 n. 2 gilt ein Mitglied als ohne weiteres aus dem Institut entlassen, das eine Ehe geschlossen oder den Abschluß einer solchen, wenn auch nur in Form der Zivilehe, versucht hat. b) Der entsprechende Religiose[28] zieht sich die Tatstrafe des Interdikts zu.

3\. Für das Recht von 1917 vgl. Erl. n. 3 zu can. 1394 § 1. Das Recht der katholischen Ostkirchen kennt eine entsprechende Strafe.[29]

Can. 1395

§ 1. Clericus concubinarius, praeter casum de quo in can. 1394, et clericus in alio peccato externo contra sextum decalogi praeceptum cum scandalo permanens, suspensione puniantur, cui, persistente post monitionem delicto, aliae poenae gradatim addi possunt usque ad dimissionem e statu clericali.

---

[26] »Bei Religiosen mit zeitlichen Gelübden nimmt man offenbar an, daß sie im Falle der Heiratswilligkeit um vorzeitige Befreiung von den Gelübden nachsuchen oder wenigstens warten, bis die zeitlichen Gelübde von selbst abgelaufen sind« (PAARHAMMER 420).

[27] Religiosen, die Kleriker sind, werden von can. 1394 § 1 erfaßt.

[28] »While nothing is stated explicitly about the spouse of the abovementioned cleric or religious, canon 1329, § 2 on complicity in an offense punished by a *latae sententiae* penalty is relevant here« (GREEN 929).

[29] »Religiosus, qui votum publicum perpetuum castitatis emisit et non est in ordine sacro constitutus, haec delicta [gemeint ist der Versuch einer Eheschließung oder eine andere äußere Sünde gegen die Keuschheit] committens congrua poena puniatur« (can. 1453 § 3 CCEO).

Ein Kleriker, der, außer dem in can. 1394 erwähnten Fall, in einem eheähnlichen Verhältnis lebt, sowie ein Kleriker, der in einer anderen äußeren Sünde gegen das sechste Gebot des Dekalogs verharrt und dadurch Ärgernis erregt, sollen mit der Suspension bestraft werden, der stufenweise andere Strafen bis zur Entlassung aus dem Klerikerstand hinzugefügt werden können, wenn die Straftat trotz Verwarnung andauert.

1. In can. 1395 § 1 werden das Konkubinat und andere ärgerniserregende Sittlichkeitsverbrechen von Klerikern behandelt: a) Als *Konkubinat* ist eine Nichtehe zu bezeichnen, wenn keine Eheschließung stattgefunden hat und auch der Wille zu einer Ehe fehlt, aber eine tatsächliche Geschlechtsgemeinschaft zwischen zwei Partnern besteht. Das Konkubinat unterscheidet sich also zum einen von der Ehe, zum andern vom freien Geschlechtsverkehr. b) Unter einem *ärgerniserregenden Sittlichkeitsverbrechen* eines Klerikers »versteht man ein in der Gemeinschaft bekanntes und anhaltendes, Ärgernis erregendes sexuelles Beziehungsverhalten eines Geistlichen«.[30]

2. Kleriker, die solches tun, sollen mit der Suspension bestraft werden, der stufenweise andere Strafen bis zur Entlassung aus dem Klerikerstand[31] hinzugefügt werden können. Es handelt sich also um eine verpflichtende und bestimmte Spruchstrafe.

3. Im CIC/1917 gab es[32] eine entsprechende Strafe.[33]

---

[30] PAARHAMMER 429.
[31] Vgl. Erl. n. 2 zu can. 1364 § 2.
[32] Vgl. MÖRSDORF 457 f.
[33] Can. 2359. § 1. Clerici in sacris sive saeculares sive religiosi concubinarii, monitione inutiliter praemissa, cogantur ab illicito contubernio recedere et scandalum reparare suspensione a divinis, privatione fructuum officii, dignitatis, servato praescripto can. 2176–2181.
§ 3. Si aliter contra sextum decalogi praeceptum deliquerint, congruis poenis secundum casus gravitatem coerceantur, non excepta officii vel beneficii privatione, maxime si curam animarum gerant.

Auch das Recht der katholischen Ostkirchen sieht in solchen Fällen eine Strafe vor.[34]

§ 2. Clericus qui aliter contra sextum Decalogi praeceptum deliquerit, si quidem delictum vi vel minis vel publice vel cum minore infra aetatem sedecim annorum patratum sit, iustis poenis puniatur, non exclusa, si casus ferat, dimissione e statu clericali.

Ein Kleriker, der sich auf andere Weise gegen das sechste Gebot des Dekalogs verfehlt hat, wenn er z. B. die Straftat mit Gewalt, durch Drohungen, öffentlich oder an einem Minderjährigen unter sechzehn Jahren begangen hat, soll mit gerechten Strafen belegt werden; unter Umständen muß er sogar aus dem Klerikerstand entlassen werden.

1. Es handelt sich in can. 1395 § 2 um *qualifizierte Sittlichkeitsvergehen* von Klerikern.[35] Es kommen in Betracht: »Sittlichkeitsvergehen mit Minderjährigen..., Ehebruch, Notzucht, widernatürlicher Geschlechtsverkehr mit Tieren (Bestialität) oder mit Männern (Sodomie), Kuppelei, Blutschande, und zwar der Geschlechtsverkehr mit Verwandten und Verschwägerten im ersten Grade«.[36]

2. Ein Kleriker, der solches tut, muß mit gerechten Strafen belegt werden. U. U. muß er sogar aus dem Klerikerstand entlassen werden. Es handelt sich um eine verpflichtende, aber unbestimmte Spruchstrafe. In den vorliegenden Fällen ist zumeist auch das staatliche Recht zu beachten.

---

[34] »Clericus concubinarius vel aliter in peccato externo contra castitatem cum scandalo permanens suspensione puniatur, cui persistente delicto aliae poenae gradatim addi possunt usque ad depositionem« (can. 1453 § 1 CCEO).

[35] Unter Kleriker ist jedwede Person zu verstehen, welche die Diakonenweihe empfangen hat, einerlei ob es sich um Welt- oder Ordensgeistliche handelt.

[36] MÖRSDORF 458.

3. Das Recht von 1917 hatte eine ähnliche Strafe vorgesehen.[37] Für das Recht der katholischen Ostkirchen vgl. Erl. n. 3 zu can. 1395 § 1.

Can. 1396

Qui graviter violat residentiae obligationem cui ratione ecclesiastici officii tenetur, iusta poena puniatur, non exclusa, post monitionem, officii privatione.

Wer die Residenzpflicht schwer verletzt, an die er aufgrund eines Kirchenamtes gebunden ist, soll mit einer gerechten Strafe belegt werden, nach erfolgter Verwarnung den Amtsentzug nicht ausgenommen.

1. Can. 1396 beschreibt die *Residenzpflichtverletzung*, an die jemand aufgrund eines Kirchenamtes gebunden ist. Die Residenzpflicht wird ausdrücklich genannt für Kardinäle (can. 356), für Diözesanbischöfe[38] (can. 395 § 1, can. 410)[39], für den Diözesanadministrator (can. 429), für den Pfarrer (can. 533 § 1), für Priester, denen solidarisch der pastorale Dienst einer Pfarrei oder verschiedener Pfarreien anvertraut ist (can. 543 § 2 n. 1), für den Pfarradministrator (can. 540 § 1).

2. Wer die Residenzpflicht verletzt, soll mit einer gerech-

---

[37] »Si delictum admiserint contra sextum decalogi praeceptum cum minoribus infra aetatem sexdecim annorum, vel adulterium, stuprum, bestialitatem, sodomiam, lenocinium, incestum cum consanguineis aut affinibus in primo gradu exercuerint, suspendantur, infames declarentur, quolibet officio, beneficio, dignitate, munere, si quod habeant, priventur, et in casibus gravioribus deponantur« (can. 2359 § 2 CIC/1917).

[38] »Nothing is said explicitly about the coadjutor or auxiliary bishop who seriously violates the obligation of residence; presumably the residential bishop would report the matter to the holy See for appropriate action« (GREEN 930, A. 73).

[39] J. M. HUELS, The Correction and Punishment of a Diocesan Bishop, in: The Jurist 49 (1989) 507–542, hier 523–526.

ten Strafe belegt werden[40]. U. U. wird ihm sein Amt entzogen.

3. Im Recht von 1917 war eine ähnliche Strafe[41] vorgesehen.[42]

4. Das Recht für die katholischen Ostkirchen normiert im vorliegenden Fall keine Strafdrohung.

---

[40] »The residential bishop would take the penal initiative in the case of pastors and parochial vicars. In the case of the residential bishop, the metropolitan reports the problem to the Holy See, which is to take appropriate action (c. 395, § 4)« (GREEN 930, A. 73).

[41] Can. 2381. Qui officium, beneficium, dignitatem obtinet cum onere residentiae, si illegitime absit:

1. Eo ipso privatur omnibus fructibus sui beneficii vel officii pro rata illegitimae absentiae, eosque tradere debet Ordinario, qui ecclesiae vel alicui pio loco vel pauperibus distribuat;

2. Officio, beneficio, dignitate privetur, ad normam can. 2168–2175.

[42] Vgl. MÖRSDORF 469 f.

TITEL VI

STRAFTATEN GEGEN LEBEN UND FREIHEIT
DES MENSCHEN

Can. 1397

Qui homicidium patrat, vel hominem vi aut fraude rapit vel detinet vel mutilat vel graviter vulnerat, privationibus et prohibitionibus, de quibus in can. 1336, pro delicti gravitate puniatur; homicidium autem in personas de quibus in can. 1370, poenis ibi statutis punitur.

Wer einen Menschen tötet oder durch Gewalt oder Täuschung entführt, festhält, verstümmelt oder schwer verletzt, soll je nach Schwere der Straftat mit den in can. 1336 genannten Rechtsentzügen und Verboten bestraft werden; die Tötung aber einer der in can. 1370 genannten Personen wird mit den dort festgesetzten Strafen belegt.

1. Es geht in can. 1397[1] um Vergehen gegen Leben, Freiheit und körperliche Unversehrtheit. Bestraft werden soll, wer einen Menschen tötet oder durch Gewalt oder Täuschung entführt, festhält, verstümmelt oder schwer verletzt.[2]

2. Wer solches tut, soll je nach Schwere der Straftat mit

---

[1] Für die Kommentierung der cann. 1397 und 1398 vgl. R. SAGMEISTER, Das neue kirchliche Strafrecht und der Schutz des Lebens, in: K. LÜDICKE/ H. PAARHAMMER/D. A. BINDER (Hgg.), Recht im Dienste des Menschen (= Festschrift Schwendenwein), Graz: Styria 1986, 493–516, bes. 510–513.

[2] Selbstmord (can. 2350 § 2) und Zweikampf (can. 2351), die im CIC/ 1917 als Delikte aufgeführt waren, erscheinen im neuen CIC nicht mehr. Diese Entpönalisierung, welche das allgemeine Recht vorgenommen hat, bedeutet freilich nicht, daß die entsprechenden Tatbestände nun erlaubt seien. Im übrigen wäre es möglich, daß das Partikularrecht diese Delikte wieder pönalisiert. Zum Zweikampf vgl. A. LAUN, Die moraltheologische

den in can. 1336³ genannten Rechtsentzügen und Verboten bestraft werden. Die Tötung einer der in can. 1370 genannten Personen wird mit den dort festgesetzten Strafen⁴ belegt.⁵ Es handelt sich also im vorliegenden Kanon um eine bestimmte und verpflichtende Spruchstrafe.

3. Der CIC/1917 hatte eine ähnliche Strafandrohung⁶ erlassen.⁷

4. Das Recht der katholischen Ostkirchen benutzt zwei

---

und kirchenrechtliche Bewertung der Mensur, in: Theologisch-praktische Quartalschrift 135 (1987) 52–57.

³ Can. 1336 – § 1. Sühnestrafen, die den Täter entweder auf Dauer oder für eine bestimmte oder unbestimmte Zeit treffen können, sind außer anderen, die etwa ein Gesetz festgelegt hat, folgende:
1. Verbot oder Gebot, sich in einem bestimmten Ort oder Gebiet aufzuhalten;
2. Entzug einer Vollmacht, eines Amtes, einer Aufgabe, eines Rechtes, eines Privilegs, einer Befugnis, eines Gunsterweises, eines Titels, einer Auszeichnung, auch wenn sie nur ehrenhalber verliehen wurde;
3. Verbot, das auszuüben, was unter n. 2 aufgeführt ist, oder Verbot, dieses an einem bestimmten Ort oder außerhalb eines bestimmten Ortes auszuüben; diese Verbote haben niemals die Nichtigkeit von Akten zur Folge;
4. Strafversetzung auf ein anderes Amt;
5. Entlassung aus dem Klerikerstand.
§ 2. Tatstrafen können nur jene Sühnestrafen sein, die in § 1, n. 3 aufgeführt werden.

⁴ Im übrigen ist hier auch das staatliche Strafrecht zu beachten.

⁵ Im Eherecht sind außerdem die cann. 1089 (Freiheitsberaubung) und 1090 (Gattenmord) zu beachten.

⁶ Can. 2354. § 1. Laicus qui fuerit legitime damnatus ob delictum homicidii, raptus impuberum alterutrius sexus, venditionis hominis in servitutem vel alium malum finem, usurae, rapinae, furti qualificati vel non qualificati in re valde notabili, incendii vel malitiosae ac valde notabilis rerum destructionis, gravis mutilationis vel vulnerationis vel violentiae, ipso iure exclusus habeatur ab actibus legitimis ecclesiasticis et a quolibet munere, si quod in Ecclesia habeat, firmo onere reparandi damna.
§ 2. Clericus vero qui aliquod delictum commiserit de quibus in § 1, a tribunali ecclesiastico puniatur, pro diversa reatus gravitate, poenitentiis, censuris, privatione officii ac beneficii, dignitatis, et, si res ferat, etiam depositione; reus vero homicidii culpabilis degradetur.

⁷ Vgl. MÖRSDORF 454 f.

verschiedene Kanones[8] zur Umschreibung der entsprechenden Straftatbestände.

Can. 1398

Qui abortum procurat, effectu secuto, in excommunicationem latae sententiae incurrit.

Wer eine Abtreibung vornimmt, zieht sich mit erfolgter Ausführung die Tatstrafe der Exkommunikation zu.

1. a) In diesem Kanon geht es um die beabsichtigte und mit Erfolg durchgeführte Tötung eines Ungeborenen durch Herbeiführung des Abganges der Leibesfrucht, die außerhalb des Mutterschoßes noch nicht lebensfähig ist. b) Es ist unerheblich, auf welche Weise die Tötung der Leibesfrucht vorgenommen wird.[9] c) Es werden alle bestraft, die an der Abtreibung mitgewirkt und sie gebilligt haben (cooperatio formalis).[10] »Strafbar sind somit alle, ohne deren physische oder moralische Initiative und Beihilfe die Abtreibung nicht geschehen wäre (Arzt, Apotheker, Auftrag- oder Geldgeber).«[11]

2. Für das hier vorliegende Delikt ist die Tatstrafe der Exkommunikation angedroht.[12] Außerdem ist can. 1041 n. 4[13] zu beachten.

---

[8] »Qui homicidium patravit, puniatur excommunicatione maiore; clericus praeterea aliis poenis puniatur non exclusa depostione« (can. 1450 § 1 CCEO).
»Qui hominem rapuit aut iniuste detinet, graviter vulneravit vel mutilavit, ei torturam physicam vel psychicam intulit, congrua poena puniatur non exclusa excommunicatione maiore« (can. 1451 CCEO).

[9] Vgl. die Entscheidung des PCI vom 23.5.1988, in: AAS 80 (1988) 1818 f.

[10] Eine reine »cooperatio materialis« ist somit nicht strafbar. Vgl. can. 1329.

[11] PAARHAMMER 420.

[12] Bezüglich deren Nachlassung vgl. auch Erl. n. 4 zu can. 1357 § 2.

[13] Can. 1041 – Irregulär für den Empfang der Weihen ist: ... 4. wer

3. Das Recht von 1917[14] enthielt eine analoge Bestimmung.[15]

4. Das Recht der katholischen Ostkirchen sieht in can. 1450 § 2 eine »excommunicatio maior« für die Abtreibung vor.

---

vorsätzlich einen Menschen getötet oder eine vollendete Abtreibung vorgenommen hat, sowie alle, die positiv daran mitgewirkt haben.

[14] Vgl. MÖRSDORF 451 f.

[15] »Procurantes abortum, matre non excepta, incurrunt, effectu secuto, in excommunicationem latae sententiae Ordinario reservatam; et si sint, clerici, praeterea deponantur« (can. 2350 § 1 CIC/1917).

TITEL VII

ALLGEMEINE NORM

Can. 1399

Praeter casus hac vel aliis legibus statutos, divinae vel canonicae legis externa violatio tunc tantum potest iusta quidem poena puniri, cum specialis violationis gravitas punitionem postulat, et necessitas urget scandala praeveniendi vel reparandi.

Außer den Fällen, die in diesem oder in anderen Gesetzen geregelt sind, kann die äußere Verletzung eines göttlichen oder eines kanonischen Gesetzes nur dann mit einer gerechten Strafe belegt werden, wenn die besondere Schwere der Rechtsverletzung eine Bestrafung fordert und die Notwendigkeit drängt, Ärgernissen zuvorzukommen oder sie zu beheben.

1. Der kirchliche Gesetzgeber hat sich im CIC/1983 – wie schon im CIC/1917 durch den can. 2222[1] – den Grundsatz »nulla poena sine lege poenali praevia«[2] *prinzipiell* zu eigen gemacht.[3] Er wurde dabei von der modernen profanrechtlichen Entwicklung[4] beeinflußt. »Der Satz ›nulla poena sine

---

[1] Vgl. H. HERRMANN, Erwägungen zu einer Revision des c. 2222, in: ÖAKR 20 (1969) 3–20.
[2] Vgl. F. E. ADAMI, Continuità e variazioni di tematiche penalistiche nel nuovo Codex Iuris Canonici: sezione terza. Il diritto penale canonico e il principio »nullum crimen, nulla poena sine lege«, in: Ephemerides Iuris Canonici 40 (1989) 137–172; DE PAOLIS 1986, 230 f.
[3] Vgl. CALABRESE 291–293; T. J. GREEN, Penal Law: A Review of Selected Themes, in: The Jurist 50 (1990) 221–256, hier 244–247.
[4] U. a. spielen hier die Prinzipien der Souveränität des Volkes und der Gewaltenteilung eine Rolle.

lege‹ ist ein Produkt des individualistischen Denkens der Aufklärung. Er verdankt seine Formulierung den Bestrebungen jener Zeit, die Einzelperson gegen Übergriffe des absolutistischen Staates zu schützen.«[5]

2. Dennoch wird die Kirche dem Prinzip »nulla poena sine lege poenali praevia« *nicht in exklusiver Weise* zustimmen können.

»Der spezifische Charakter der Kirche als Heilsgemeinschaft bietet Angriffsflächen, die nicht alle von vornherein kalkulierbar sind, so daß sich die möglicherweise auftretenden Verletzungen ihrer Ordnung auch nicht in ausschließender Aufzählung festlegen lassen. Die Kirche wird sich daher nicht dazu verstehen können, daß alles, was nicht ausdrücklich durch eine mit Strafsanktion bewehrte Norm verboten ist, straffrei bleiben solle.«[6] Deshalb hat die Kirche die Generalklausel des can. 1399 aufgestellt.

3. Es ist theoretisch noch nicht ausdiskutiert, wie can. 1399 mit den cann. 19 (Verbot des Prinzips der Analogie in Strafsachen) und 221 § 3 (»Die Gläubigen haben das Recht, daß kanonische Strafen über sie nur nach Maßgabe des Gesetzes verhängt werden«) in Einklang gebracht werden kann. Dies gilt um so mehr, als die Lex Ecclesiae Fundamentalis den Grundsatz »nulla poena sine lege« ganz grundsätzlich und ohne Ausnahme sanktionieren wollte.[7]

4. Die Kirche durchbricht[8] in zwei Fällen die allgemeine Norm: wenn die besondere Schwere der Rechtsverletzung

---

[5] STRIGL 948.

[6] Ebd.

[7] »Nemo puniri potest nisi in casibus ipsa lege definitis atque modo ab eadem determinato« (can. 21 Schema Legis Ecclesiae Fundamentalis. Textus emendatus cum relatione de ipso schemate deque emendationibus receptis, Typ. Pol. Vat. 1971, S. 19).

[8] Der entsprechende Beschluß wurde in der Vollversammlung vom 24.–27. Mai 1977 der Reformkommission gefaßt (vgl. CIPROTTI 124).

eine Bestrafung fordert und die Notwendigkeit drängt, Ärgernissen[9] zuvorzukommen oder sie zu beheben.

5. Woran die Kirche freilich ohne jede Ausnahme festhält, ist der Grundsatz: *Keine Bestrafung ohne (vorhergehende) Schuld.* »Alle menschliche Strafgewalt leitet ihre Autorität unmittelbar oder mittelbar von der göttlichen Strafgerechtigkeit her. Gott will, daß die böse Tat bestraft und die gute Tat belohnt werde. In vollkommener Weise wird dies erreicht werden durch das von Gott gefällte Urteil nach unserer irdischen Pilgerschaft. Gott straft, weil die von ihm gesetzte Ordnung verletzt, weil gegen seine Ordnung gefrevelt worden ist. Dieser auch für die Anwendung der menschlichen Strafgewalt verbindliche Grundsatz findet seinen Ausdruck in dem Prinzip: Nulla poena sine culpa.«[10]

---

[9] J. WERCKMEISTER, Theologie et droit penal: autour du scandale, in: Revue de droit canonique 39 (1989) 93–109.

[10] R. A. STRIGL, Das Funktionsverhältnis zwischen kirchlicher Strafgewalt und Öffentlichkeit, München 1965 (= MThS.K 21) 206 f.

PERSONENVERZEICHNIS

Die Angaben verweisen auf die Seitenzahlen

Adami, F. E. 22, 31, 44, 106, 233
Ahlers, R. 158 f., 199
Appel, R. 181
Arregui, A. M. 56
Astrath, W. 111
Aymans, W. 34 f., 128, 148, 163, 223

Baresch, K. 181
Bartoccetti, V. 29
Binder, D. A. 181
Borras, A. 21, 78, 97 f., 126, 148, 155

Calabrese, A. 22, 233
Castro Mayer, A. de 199 f.
Chiappetta, L. 190, 205
Ciprotti, P. 19, 23 f., 50, 76, 92, 110, 182, 199 f., 234
Coccopalmerio, F. 24 f., 48, 70, 82

De Paolis, V. 21, 25–27, 31, 34, 38, 40, 42, 44, 46–50, 73, 75, 78–81, 87, 101, 110 f., 117, 122, 126–129, 133, 138 f., 144 f., 189 f., 193 f., 205–208, 214 f., 233

Felici, P. 16
Fellay, B. 199
Flatten, H. 15
Fürst, C. G. 161

Galarreta, A. de 199
Gerosa, L. 78
Green, T. J. 20, 51, 125, 155, 159 f., 165, 169, 176, 178 f., 181 f., 184, 190, 202, 204, 217, 224, 227 f., 233

Hendriks, J. 51, 84
Henseler, R. 158
Herrmann, H. 233
Hierold, A. E. 22, 181 f.
Huels, J. M. 94, 227
Huizing, P. J. M. 142
Hunzinger, C.-H. s. *Welten, P.*

Jasonni, M. 65
Johannes XXIII. 15
Johannes Paul II. 16, 190
Jone, H. 7, 167, 172, 191, 215

Kaiser, M. 96, 193 f.
Kehl, A. 181
Klein, J. 21
Knauer, P. 57
Kotzula, S. 78
Krämer, P. s. *Ahlers, R.*

Laun, A. 229
Lefebvre, M. 159, 199
Link, C. s. *Welten, P.*
Lüdicke, K. 212 f.

May, G. 7; s. auch *Welten, P.*
McDonaugh, E. 23, 46, 51, 60
Mörsdorf, K. 7, 15, 23, 31 f., 45 f., 49, 56 f., 62, 68, 70 f., 75, 77, 87, 98, 130, 135 f., 158, 165, 168 f., 174, 176–178, 181, 186 f., 193 f., 196, 200, 202–204, 216, 220,

223, 225 f., 228, 230, 232; s. auch Aymans, W.
Müller, H. 201

Naurois, L. de 22
Nigro, F. 41, 104, 113, 141 f., 205

Ochoa, X. 49, 79, 136

Paarhammer, H. 22, 155, 160 f., 163, 165 f., 171, 175–179, 185 f., 190, 192, 195–198, 201–205, 210–212, 214–216, 224 f., 231
Paul VI. 15, 184
Pfahl, R.-D. 48
Pree, H. 44 f., 51, 108
Puza, R. 186

Ratzinger, J. 15

Sagmeister, R. 229
Schaffran, G. 15
Schauf, H. 22, 103
Scheuermann, A. 159; s. auch Naurois, L. de

Schmitz, H. 19
Schneider, J. 15
Schröffer, J. 15
Schwendenwein, H. 157, 171, 189, 219
Sebott, R. 21, 28, 45, 78, 177, 181
Semmelroth, O. 15
Sohm, R. 21
Stickler, A. M. 21
Stimpfle, J. 181
Strigl, R. A. 85, 155, 160, 167, 234 f.

Tissier de Mallerais, B. 199
Thoma, C. s. Welten, P.
Thomas von Aquin 28

Vorgrimmler, H. s. Appel, R.

Weigand, R. 207
Welten, P. 78
Werckmeister, J. 235
Williamson, R. 199

SACHWORTVERZEICHNIS

Die Angaben verweisen auf die Seitenzahlen

abiectio specierum s. Verunehrung der Eucharistie
absolutio complicis s. Absolution des Mitschuldigen
Absolution des Mitschuldigen 189–191
Absolution, sakramentale 191–195
Abtreibung 231 f.
actio
– criminalis s. Strafklage
– poenalis s. Vollstreckungsklage
Ärgernis (scandalum) 38 f., 71 f., 103 f., 109–111, 114 f., 118, 123 f., 139 f., 161, 222 f., 224 f.
Aktenfälschung 217 f.
Allgemeine Norm 233–235
Alter 54, 62
Amtsanmaßung 189–213
Amtsmißbrauch 189–213
Anathem 80
Apostat 157–162
Apostolischer Stuhl 129–133, 175–179
Aufenthaltsbeschränkung 93 f., 97
Aufenthaltsgebot 93 f., 97 f.
Aufhören der Strafe 126–151
Aussetzung einer Strafe 91 f., 121–124
Austritt aus der Kirche 160
Autorität 66 f., 114 f., 167 f., 171–175

Befehl s. Strafbefehl
Befugnis zur Beichte 191–195
Begnadigung (dispensatio) 127
Begräbnis, kirchliches 77
Beichtgeheimnis 206–209
Beichthören ohne Priesterweihe 191–195
Beichtjurisdiktion s. Befugnis zur Beichte
Berufung (appellatio) 124 f.
Beschwerde (recursus) 124 f.
Beschwernis s. Notlage
Besserungsstrafe s. Beugestrafe
Bestechung 203–205
Beugestrafe 24–26, 38 f., 77–92, 99 f., 117, 119, 134–144, 164 f., 177 f., 203, 216
Bezichtigung, falsche 214–217
Bischof 132, 198–201
Bischofsweihe 198–200
Buße s. Strafbuße
Bußkanoniker 138

communicatio in sacris s. Gottesdienstgemeinschaft, verbotene
complex s. Mitschuldiger
concursus in delictum s. Mittäterschaft
contumacia s. Widersetzlichkeit
cooperatio s. Mittäterschaft
culpa s. Fahrlässigkeit

delictum s. Delikt
Delikt 19 f., 27–33, 36, 38 f., 43–48, 52, 58–76, 102, 114–118, 147–149, 153, 157, 171, 189, 214–216, 219, 224 f., 229

Dienstenthebung s. Suspension
Diözesanbischof 37
Dokumentenfälschung 217 f.
dolus s. Vorsatz
Dringlichkeitsfall 134–139
Duell s. Zweikampf

Eheschließung
– der Kleriker 222 f.
– der Religiosen 223 f.
Eidbruch s. Meineid
Entführung 229–231
Entlassung aus dem Klerikerstand 37 f., 93–96, 120, 161 f., 165–167, 171 f., 222–227
Entziehung
– der Aufgaben 79–82, 93–96
– der Dienste 79–82, 93–96
– des Amtes 79–82, 93–96
Erklärung, als Straftat 74–76
Erziehung, nichtkatholische 164 f.
Eucharistie, Verunehrung der 165–167
excommunicatus 79–82
excommunicatus toleratus 80
excommunicatus vitandus 80
Exkommunikation
– allgemein 38 f., 82–84, 194 f., 209
– als Tatstrafe 134–139, 157–161, 165–167, 171 f., 189–191, 198–200, 206–208, 231 f.

Fälschungsdelikte 214–218
Fahrlässigkeit 43–51
Fall, dringender 134–139
Falschanzeige s. Verleumdung
forum
– allgemein 134–139
– Arten 136
Freiheit 171–175, 184 f., 229–231
Freimaurerei 180–184
Furcht 52–63, 115 f., 145 f.

Gebot s. Strafgebot
Geheimbund 180–184
Geisteskrankheit 52
Generalklausel 233–235
Gesetz s. Strafgesetz
Gewalt, physische s. Zwang
Gewerbe s. Handelsgeschäfte von Klerikern und Religiosen
Gottesdienstgemeinschaft, verbotene 162 f.
Gottesdienstsperre s. Interdikt
Gotteslästerung 168–170

Häretiker 157–161
Häufung (von Straftaten) 116 f.
Handelsgeschäfte von Klerikern und Religiosen 219–221
Hartnäckigkeit s. Widersetzlichkeit
Hirtengewalt s. Leitungsgewalt

Interdikt
– allgemein 84–86, 134–139, 178–183, 196 f.
– als Tatstrafe 172 f., 191–194, 214 f., 222–224
Irrglaube s. Häretiker
Irrtum 54 f., 63

Jurisdiktionsgewalt s. Leitungsgewalt

Kenntnis s. Unkenntnis
Kindererziehung 164 f.
Kirchenaustritt 160
Kirchenbann s. Exkommunikation
Kirchenvermögen 186–188
Körperverletzung 229–231
Kommunikationsmittel 168–170
Konkubinat 224–226
Konzil 175–178

Leidenschaft, schwere 61, 64 f., 115 f.
Leitungsgewalt (potestas regiminis) 40 f., 86–88

Lossprechung, sakramentale 134–142

Mangel des Vernunftgebrauchs 52
Meineid 167 f.
Mensur 229–231
Messelesen ohne Priesterweihe 191–195
Meßstipendienhandel 203
minderjährig 54, 62
Mitschuldiger 189–191
Mittäterschaft 72–74
Mord 229–231

Notlage 56 f., 62, 115 f.
Notwehr 57, 62
Notwehrexzeß 57, 62
nulla poena sine lege 233–235
nulla poena sine culpa 235

Oberer s. Superior
Ordensleute s. Religiosen
Ordinarius 102 f., 107, 109–111, 118–120, 131–133, 175–179
Ortsordinarius 41 f., 97 f., 131–133

paenitentia s. Strafbuße
Papst (Romanus Pontifex) 171 f., 175 f.
Partikuläre Strafgesetze 33–36
poena ferendae sententiae s. Spruchstrafe
poena latae sententiae s. Tatstrafe
praeceptum poenale s. Strafgebot
Provokation 57, 62 f.

Raub 229–231
Realinjurie 171–175
Recht auf Strafmittel 20–24
recursus s. Beschwerde
Rekurs 139–142
Religionsverbrechen 157–170
Religiosen 41 f., 97, 173–175, 219–221, 223 f.

Reservation der Lossprechung s. Vorbehalt
Residenzpflicht, Verletzung der 227 f.
Richter 34–36, 64, 66–68, 112–117, 119, 150
Rotarier 183 f.
Rückfall 66 f., 114 f.
Rücktritt vom Versuch 69–71

Sache, heilige 185 f.
Sakramentenempfang 79–82
Sakramentenspendung 79–82
Sakramentenspendung, Vortäuschung 195 f.
Sakrileg 165–167
Schaden(s)ersatz 118
Schismatiker 157–162
Schuld 43–51
Schuldausschließungsgründe 52–64
Schuldformen 48–50
Schuldminderungsgründe 58–64
Schuldverschärfungsgründe 66–68
Schwachsinn 52
Simonie 196
Sittlichkeitsverbrechen 224–227
Skandal s. Ärgernis
sollicitatio s. Verführung eines Pönitenten
Spruchstrafe 29–33, 38 f., 72–74, 116 f., 133
Strafausschließungsgründe 52–58
Strafbefehl s. Strafgebot
Strafbuße 27, 58–63, 68, 71 f., 105–107, 111–115, 139 f., 144
Strafe
– Arten 29–36
– Begriff 24–26
– Einteilung 77–107
– Notwendigkeit 37 f.
Straferlaß (remissio poenae) 126–151

Straffreiheit 52–58
Strafgebot 28–42
Strafgesetz
– Änderung 28 f.
– allgemein 28–42
– partikuläres 36–38, 41, 68 f., 147–149
– universelles 36
– Urheber 33–42
Strafgewalt, Inhaber der 33 f.
Strafklage (actio criminalis) 109–111, 147–149
Strafmilderung 58–64
Strafprozeß 109–111
Strafsicherungsmittel 27, 102–104, 118 f.
Straftäter 43–76
Straftat s. Delikt
Strafverhängung 108–125
Strafverschärfung 66–68
Strafversetzung 95
Strafversuch s. Versuch
Strafvorbeugemittel 102–104
Sühnestrafen 24–27, 40 f., 92–100, 114 f.
Superior 88 f., 98 f., 112 f., 134–141, 175–177
Suspension
– allgemein 86–91
– als Tatstrafe 90 f., 172 f.

Täter s. Straftäter
Tatstrafe 29–33
Taufe, nichtkatholische 164 f.
Todesgefahr 91 f., 121–123, 141 f.
Tötung 229–231
Trunkenheit 60 f., 64 f., 115 f.

Unachtsamkeit s. Fahrlässigkeit
Ungehorsam 175–179
Unkenntnis
– Arten 64 f.
– der Strafe 63
– des Gesetzes 54 f.
Unzucht s. Sittlichkeitsverbrechen

Unzurechnungsfähigkeit 52–64
Urkundenfälschung 217 f.
Urteil s. Strafverhängung

Veräußerung von Kirchengut 186–188
Verantwortlichkeit 43–51
Verbrechen s. Delikt
Verbrechenskonkurrenz 72–74
Vereinigung, antikirchliche 180–184
Verführung eines Pönitenten 205 f.
Vergeltungsstrafen s. Sühnestrafen
Verjährung
– der Strafklage 147–149
– der Vollstreckungsklage 114 f., 150 f.
Verletzung 229–231
Verleumdung 214–217
Vermutung 50 f.
Vernunftgebrauch, mangelnder 52, 57 f., 60 f., 115 f.
Verstümmelung 229–231
Versuch
– Bestrafung 69–72
– Rücktritt 69–72
– untauglicher 69–72
– unterbrochener 69–72
Verunehrung der Eucharistie 165–167
Veruntreuung von Kirchengut 186–188
Verwaltungsbefehl s. Befehl
Verwarnung (monitio) 102–104
Verweis (correptio) 102–104
Vollstreckungsklage (actio poenalis) 114 f., 150 f.
Vorbehalt 129 f., 141 f., 147–149, 165–167, 171 f., 189–191, 198–200, 206–208
Vorsatz 49

Weihegewalt (potestas ordinis) 86–88, 99

Weihespendung s. Weiheverbrechen
Weiheverbrechen 198–201
Widersetzlichkeit (contumacia) 117 f., 143 f., 161 f.

Zensur s. Beugestrafe
Zufall 55 f.
Zurechenbarkeit 43–51
Zwang 55, 62
Zweikampf 229–231

KANONESVERZEICHNIS (CIC/1917)

Kanon	Seite	Kanon	Seite
12	22 f.	2204	54
24	28	2205	56 f., 62
188	223	2206	61
409	75	2207	67
588	103	2208	66 f.
619	42	2209	72
727	196 f.	2212	69 f.
730	197	2214	20, 38, 77, 100
827	203	2215	25
828	203	2217	30 f.
840	203	2218	64
884	191	2220	40
889	209	2222	233
894	215	2223	60
904	206	2224	117
953	200	2226	29
1367	103	2228	43
1470	197	2232	139
1555	148	2241	26
1618	216	2243	125
1703	148 f.	2245	31
1743	168	2251	139
1755	168	2254	123 f., 135–137, 140
1794	168	2255	78, 85
1938	216	2257	80
2158	103	2258	80, 172
2160	103	2259	82
2166	103	2268	84 f.
2168	228	2269	85
2175	228	2278	87
2176	225	2281	87
2181	225	2286	26, 92 f.
2195	46 f.	2290	124
2197	43	2291	77, 93–95
2200	49–51	2297	93
2201	52, 60	2298	93–96, 98
2202	55, 63	2305	93
2203	50, 68	2306	100 f.

Kanon	Seite	Kanon	Seite
2309	103 f.	2351	229
2312	106	2354	230
2313	77, 100 f., 107	2355	216
2314	155	2359	155, 225, 227
2317	176	2360	155, 218
2319	155, 165	2362	218
2320	155, 167	2363	155, 215
2322	192 f., 198, 202	2364	155
2323	168 f.	2366	194
2324	197, 203	2367	190 f.
2325	186, 197	2368	206, 208
2327	197	2369	208 f.
2328	186	2370	200
2329	155, 186	2371	197
2330	155	2373	201
2331	177, 179	2374	201
2332	178	2375	155
2334	185	2376	155
2335	181 f.	2380	220 f.
2336	181 f.	2381	228
2337	185	2388	223
2338	222	2389	155
2339	222	2390	155, 185
2340	222	2392	197
2343	80, 172–174	2394	198
2344	169	2401	198
2345	185	2403	155
2346	185	2404	155
2347	187	2405	218
2349	155	2406	218
2350	155, 229, 232	2407	204
		2414	155

KANONESVERZEICHNIS (CIC/1983)

Kanon	Seite	Kanon	Seite
6	29, 44, 182	230	82
7	28	266	41, 174, 192
9	28	273	176
11	22, 43, 164	277	222
12	43	281	120 f.
13	43	286	220
15	55	288	220
18	28, 182, 190, 201	290	95 f., 120, 162
19	234	291	98
20	29	292	120
22	28	293	95 f., 162
37	104, 147	316	160
48	40	356	227
51	147	368	173
58	40	392	34
87	128, 131	395	227 f.
96	43, 62, 81	410	227
97	54	429	227
125	49, 55 f., 145 f.	508	126, 134, 138
129	40, 128 f.	533	227
130	129	540	227
134	37, 40, 42, 90, 103, 110, 132	543	227
		566	126, 138
135	82	586	41
137	129	591	41
144	40, 128 f., 193	594	42
145	82, 197, 223	596	40, 42
146	197	599	222
149	160	606	220
171	160	617	42
184	198	620	34, 42
194	157, 159, 222 f.	631	42
196	198	638	186
204	21	672	219 f.
212	176	678	42
220	102	679	97
221	234	683	42
226	164	694	160, 223 f.

Kanon	Seite	Kanon	Seite
715	41	1290	186
736	41	1292	186
738	97	1296	186
751	157 f.	1311	20–24
752	175 f.	1312	19, 23–27, 46, 77, 92, 101
774	164		
844	162	1313	28 f.
867	164	1314	24, 29–33, 39, 64, 81, 109, 156
898	166		
900	192	1315	25, 30, 33–37, 42, 68, 156, 182, 185
907	192		
908	162	1316	37
915	51, 84, 86, 183	1317	23, 37 f., 41, 96, 162
917	81	1318	38 f., 41
919	81	1319	38, 40–42
947	203	1320	41 f.
966	193	1321	25, 43–51, 60, 63, 67, 75, 105, 138, 146, 166, 183
976	122, 126, 134, 138, 141, 194		
		1322	52, 54, 182
977	189 f.	1323	52–66, 68 f.
981	105	1324	53, 57–66, 116, 143, 182
982	215		
983	207, 209	1325	49, 53, 55, 57 f., 61, 64 f.
984	208		
1013	199	1326	32, 54, 66–69, 116
1015	200 f.	1327	53 f., 68 f.
1036	167	1328	69–72
1041	160, 231 f.	1329	69, 72–74, 199 f., 224, 231
1060	51		
1071	160	1330	45–47, 52, 69, 74–76
1079	136	1331	24 f., 77, 79–84, 86, 91, 100, 122, 145, 160
1086	22, 160		
1087	222		
1088	222	1332	79, 84–86, 122
1089	230	1333	24, 79, 86–91, 173, 221, 223
1090	230		
1098	49	1334	25, 40, 79, 89–91, 173
1117	22, 160, 222		
1124	22, 160	1335	77, 82, 91 f., 99, 122, 139
1125	164		
1136	164	1336	24 f., 77, 92–100, 157, 159, 162, 175, 229 f.
1171	185		
1184	77, 160, 202		
1199	168		

Kanon	Seite	Kanon	Seite
1337	92, 94, 97 f.	1369	35, 155, 165, 168–170
1338	25, 77, 92, 98–100, 122	1370	31, 33, 35, 130, 155, 162, 166, 171–175, 229 f.
1339	77, 102–105, 110, 117	1371	35, 44, 175–177, 179
1340	77, 105–107	1372	34, 177 f.
1341	23, 25, 38, 109–111	1373	34, 178 f.
1342	96, 109, 111–113, 162	1374	34, 180–183
1343	25, 109, 113–115	1375	35, 184 f.
1344	23, 25, 109, 114 f., 148	1376	35, 185 f.
1345	23, 109, 115 f.	1377	35, 155, 186–188
1346	109, 116 f., 144	1378	31, 33, 106, 130, 149, 155 f., 166, 189–195, 202, 206, 214
1347	25 f., 109, 117 f., 143, 211	1379	35, 190, 193, 195 f.
1348	109, 118 f., 144	1380	34, 196 f.
1349	25, 109, 119, 163	1381	35, 197 f.
1350	109, 120	1382	31, 33, 130, 167, 198–200
1351	109, 121		
1352	109, 121–124, 127, 135, 139	1383	33, 200–202
		1384	35, 202
1353	109, 124 f.	1385	34, 203
1354	127–131, 133, 136	1386	35, 203–205, 210
1355	127 f., 131–134	1387	34, 42, 162, 190, 205 f., 214 f.
1356	127 f., 133 f., 136		
1357	122, 127, 134–142, 146, 231	1388	31, 33, 106, 130, 167, 206–209
1358	25 f., 77, 127, 143 f.	1389	39, 49 f., 155, 204, 210 f.
1359	127, 144 f.	1390	33, 36, 155, 190, 214–217
1360	127, 144–146		
1361	127, 144, 146 f.	1391	36, 155, 217 f.
1362	127, 147–150	1392	35, 155, 219–221
1363	127, 136, 148, 150 f.	1393	36, 219, 221 f.
1364	33, 38, 155, 157–162, 167, 172, 175, 182 f., 199 f., 206, 223, 225	1394	33, 71, 147, 149, 162, 219, 222–224
		1395	34 f., 147, 149, 162, 219, 224–227
1365	35, 162 f.	1396	35, 155, 219, 227 f.
1366	34, 164 f.		
1367	31, 33, 130, 162, 165–167, 172, 191, 199, 208	1397	34, 147, 149, 155, 175, 229–231
		1398	33, 73, 141, 147, 149, 155, 229, 231 f.
1368	35, 44, 167 f.		

Kanon	Seite	Kanon	Seite
1399	23, 46 f., 155, 233–235	1489	211, 213
		1540	217 f.
1404	178	1651	150
1425	96, 162	1717	109
1456	211	1727	23
1457	212	1731	109
1488	211 f.	1752	110